Damaris Kofmehl

Der Dealer

Die Geschichte des Ricco Sotelo

Damaris Kofmehl

Der Dealer

Die Geschichte des Ricco Sotelo

SCM Hänssler

SCM

Stiftung Christliche Medien

Dieses Buch basiert auf einer wahren Geschichte. Sie wird aus Riccos Perspektive weitergegeben und muss nicht unbedingt die Ansichten der Autorin oder die Empfindungen von Dritten widerspiegeln. Einige Namen und Details wurden aus Gründen des Persönlichkeitsschutzes und anderen Gründen geändert.

MIX
Papier aus verantwortungsvollen Quellen
FSC® C006701
FSC www.fsc.org

SCM Hänssler im SCM-Verlag GmbH & Co. KG · 71088 Holzgerlingen
Internet: www.scm-haenssler.de · E-Mail: info@scm-haenssler.de

Die Bibelverse sind, wenn nicht anders angegeben, folgender Ausgabe entnommen:
Neues Leben. Die Bibel, © der deutschen Ausgabe 2002 und 2006
SCM R.Brockhaus im SCM-Verlag GmbH & Co. KG, Witten.

Umschlaggestaltung: agentur krauss, Arne Claußen
Titelbild: shutterstock.com
Satz: Breklumer Print-Service, Breklum
Druck und Bindung: CPI – Ebner & Spiegel, Ulm
Gedruckt in Deutschland
ISBN 978-3-7751-5432-1
Bestell-Nr. 395.432

Für Sabine Ruocco, eine Frau, die ihre Vergangenheit überwunden hat und sie heute einsetzt, um Hoffnung zu den Hoffnungslosen zu tragen. Sabine, du bist eine wundervolle Frau.

Inhalt

Prolog

Ein lauter Knall. Gary Smith schrie auf und wirbelte herum. Er hatte das Gefühl, als würde seine Bauchhöhle explodieren. Die Kugel drang in seinen Körper ein und schleuderte ihn auf den Korridor. Gary versuchte sich aufzurappeln, doch der Schmerz, der durch seinen Unterleib jagte, hielt ihn davon ab. Er blickte an sich herunter und sah, wie sich sein Hemd rasch mit Blut vollsog.

Gott, nein!, dachte er. *Ich bin getroffen!*

Er hätte überhaupt nicht hier sein sollen. Es war Sonntagmorgen, und er hatte dienstfrei. Doch wieder mal hatte der Chefinspektor der Drogenbekämpfungsbehörde es vorgezogen, der dicken Luft zu Hause zu entfliehen und sich in die Arbeit zu stürzen. Das hätte er wohl besser bleiben lassen. Aber wer konnte denn ahnen, dass der Dealer, den sie in seiner Wohnung verhaften wollten, Panik kriegen und einfach durch die Tür schießen würde?

»Officer verletzt!«, rief ein Polizist in sein Funkgerät. »Wir brauchen hier einen Arzt! Schnell!«

Während zwei Polizisten die Wohnung des Verdächtigen stürmten, lag Gary auf dem Flur und spürte, wie er langsam die Besinnung verlor.

»Halten Sie durch, Inspektor!«, hörte er neben sich eine Stimme wie durch Watte. »Hilfe ist unterwegs. Halten Sie durch!«

Doch Gary merkte, wie seine Augen schwerer und schwerer wurden. Die Umrisse des Korridors wurden immer verschwommener. Die Welt um ihn herum begann langsam zu verschwinden.

Das war's wohl, ging es Gary durch den Kopf. Dann wurde es ihm schwarz vor den Augen.

1 Ein Traum von einem Leben

Oktober 1975

Ricco war sehr zufrieden mit sich. Der Drogendeal mit Bosko war reibungslos über die Bühne gegangen. Bosko hatte seine bestellten zwölf Kilo Kokain und acht Kilo Heroin erhalten, und Riccos Drogenring war wieder mal um 588 000 Dollar reicher geworden. Das Geschäft florierte. Es hätte nicht besser laufen können. Die neue Verkaufsstrategie, die Ricco eingeführt hatte, funktionierte einwandfrei, sodass das Geld in rauen Mengen floss.

Noch vor einem Jahr hätte sich der schnurrbärtige Mexikaner, der eigentlich Ricardo Sotelo hieß, aber von den meisten einfach Ricco genannt wurde, nicht träumen lassen, dass er an der Seite seines Cousins Simon zu einem der mächtigsten Drogenbarone Nordkaliforniens aufsteigen würde. Damals noch hatte er auf der anderen Seite des Gesetzes gestanden und jeden Tag hart gearbeitet, um sich, seine Frau und seine fünf Kinder durchzubringen. Aber dann traf Ricco eine radikale Entscheidung und wechselte von einem Tag auf den anderen die Seiten. Und hier war er nun: 29 Jahre jung, unantastbar, reich. Er hatte mehrere Luxusschlitten in der Garage seines Hauses in Modesto, Kalifornien, stehen und außerdem einen Swimmingpool im Garten. In der gesamten mexikanischen Gemeinschaft wurde er geachtet und auf der Straße ehrfurchtsvoll als »Don Ricardo Sotelo« angesprochen. Klar, es gab auch Schattenseiten, die der Beruf mit sich brachte. Die DEA[1], die Drogenbekämpfungsbehörde, saß ihnen ständig im Nacken. Vor allem dieser Gary Smith, der zuständig war für die Metropolregion um die Bucht von San Francisco, war hartnäckig wie ein Kaugummi an der Schuhsohle. Aber Ricco machte sich keine Sorgen. Er wusste, wie man Spuren verwischte, und bisher waren sie dem Mann immer einen Schritt voraus gewesen.

---

1 Im Englischen »**D**rug **E**nforcement **A**dministration«.

Simon Sotelo war ebenfalls sehr zufrieden, wie die Dinge sich entwickelten, seitdem er seinen Cousin Ricco an Bord des Familienunternehmens geholt hatte. Sie waren zu sechst und alle miteinander verwandt: Simon, dessen Bruder Carlos, dann die Cousins Chale[2] und Raul sowie Ricco und sein Bruder Alfredo, auch Fredo genannt. Simon war der Kopf des Drogenrings und Ricco seine rechte Hand. Die beiden waren nicht nur Geschäftspartner und Cousins, sondern auch beste Freunde.

Nach dem erfolgreich abgeschlossenen Drogendeal mit Bosko standen die Cousins auf der Terrasse von Simons Villa in San José, Kalifornien, und unterhielten sich. Simon fand, sie hätten sich ein paar Tage Urlaub verdient.

»Ricco«, sagte er und legte seinem Partner feierlich den Arm um die Schulter. »Genug gearbeitet. Jetzt hauen wir mal ordentlich auf den Putz. Ich hab uns einen Learjet gemietet. Wir fliegen nach Las Vegas. Nächstes Wochenende. Alle kommen mit. Die teuersten Suiten im *Caesars Palace* sind schon reserviert. Wir werden eine Menge Spaß haben.«

»Cool. Ich war noch nie in Las Vegas.«

»Es wird dir gefallen, Cousin. Die Stadt ist der absolute Wahnsinn. All die Shows. Die Kasinos. Die hübschen Mädchen. Wow, ich sag dir, die Mädchen bringen dich um den Verstand. Vielleicht lässt du deinen Ehering besser zu Hause.« Simon zwinkerte seinem Cousin verheißungsvoll zu.

Ricco grinste zurück. »Scheint ja das perfekte Wochenende zu werden. Wie viel Kleingeld soll ich denn mitnehmen?«

»Ach, 100 000 sollten reichen«, sagte Simon mit einer legeren Handbewegung. »Aber mach dir mal keine Gedanken. Ich hab genug für uns alle dabei. Ich hol dich dann um neun beim Flughafen in Modesto ab.«

»Wie beim Flughafen?«

»Na, mit dem Jet kann ich schlecht vor deiner Einfahrt landen.«

---

2 Gesprochen »Kail«.

»Moment mal. Du holst mich mit dem *Jet* ab? Du fliegst extra die paar Kilometer von San José nach Modesto, um mich *abzuholen*?«

»Aber sicher, Cousin. Man lebt schließlich nur einmal. Also, wie gesagt: neun Uhr beim Flughafen in Modesto.«

»Alles klar. Ich werde da sein.«

Als Ricco spät abends bei offenem Fenster mit seinem *Chevrolet El Camino Pick-up* nach Modesto zurückfuhr, fühlte er sich wie ein König. Mit einem Privatjet nach Las Vegas fliegen. In der teuersten Suite des *Caesars Palace* übernachten. Glücksspiele. Essen. Frauen. Partys. Vergnügen pur. Das war genau nach seinem Geschmack.

Was für ein traumhaftes Leben!, dachte Ricco und sog die warme Nachtluft tief ein.

***

Was für ein ätzendes Leben!, dachte Johnny und zog die weiße Kokainlinie, die sich auf dem Couchtisch vor ihm befand, in seine Nase. Genervt ließ er seinen Blick durch seine verdreckte Bude in Modesto schweifen. *Warum krepier ich nicht einfach? Es würde mich sowieso keiner vermissen. Was tu ich hier eigentlich? Wozu um alles in der Welt bin ich hier? Ich bin ein elender Versager genau wie mein Vater. Mann, wie ich ihn hasse! Warum schwängert er meine Mutter, wenn er sowieso keine Kinder haben will? Und dann macht er sich einfach aus dem Staub, dieser Drecksack. Ich weiß nicht, wie Mom das all die Jahre durchgestanden hat. Und jetzt ist sie tot, und ich werde bestimmt auch bald tot sein. Aber was spielt das schon für eine Rolle. Nichts spielt eine Rolle. Das Leben ist Schrott. Ich bin Schrott. Vielleicht sollte ich dem allen ein Ende setzen. Dann ist es endlich vorbei.*

Das Kokain begann zu wirken und Johnny hatte das Gefühl, als würde er mit gefühlter Lichtgeschwindigkeit einmal zum Mond und wieder zurück katapultiert. Der Puls des Mexikaners begann zu rasen. Seine Pupillen weiteten sich. Das Licht an der Decke schien auf einmal so hell wie die Sonne. Er sah schillernde Farben und Musik. Ja, er *sah* Klänge. Sie schwebten wie Linien vor ihm durch die Luft. Johnny musste plötzlich heftig lachen und ließ sich zurückfallen. Er hatte das Gefühl, als würde er schweben. Der Boden unter ihm war verschwunden. Alles war weg. Der Frust, die Depressionen, die Probleme. Alles war wie weggewischt. Nur noch das irre Gefühl von Schwerelosigkeit und absolutem Glücklichsein war da. Johnny fühlte sich entspannt und war gleichzeitig hellwach und voller Energie. Er hätte Bäume ausreißen können. Ja, das war es, was er gebraucht hatte. Genau nach diesem Kick hatte er sich den ganzen Tag lang gesehnt. Oh, es tat so gut, die Welt hinter sich zu lassen, diese kleine, erbärmliche Welt, in der er lebte, dieses armselige Leben, das keinen Sinn ergab.

Im Grunde war sein Leben schon immer armselig gewesen. Seinen Vater hatte er nie kennengelernt. Der Feigling hatte seine Mutter gleich nach Johnnys Geburt verlassen und war nie mehr aufgetaucht. Johnny war der Nachzügler der Familie. Sein Bruder und seine zwei Schwestern waren schon in der Schule, als er geboren wurde. Johnnys Mutter war eine sehr einfache Frau, die aber einen unerschütterlichen Glauben an Gott hatte. Jeden Sonntag nahm sie die Kinder mit zur Kirche. Wenn Johnny abends am Zimmer seiner Mutter vorbeiging und durch den Türspalt guckte, sah er, wie sie vor ihrem Bett kniete und betete.

Als Johnny in die fünfte Klasse kam, zog die Familie in eine Sozialwohnung in Modesto, Kalifornien. Das war kein guter Ort, um dort seine Kindheit zu verbringen. Die Wohnblöcke waren heruntergekommen und unfreundlich. Überall auf dem Gelände lagen Bierflaschen und Müll herum. Die engen Korridore waren nur schlecht beleuchtet und dessen Wände mit Graffiti überzogen. Die Wände zwischen den Wohnungen waren so dünn, dass man jeden Streit hören konnte, den die Nachbarn hatten. Johnny begann, sich mit den Kindern aus der Nachbarschaft anzufreunden. Sie kamen alle aus schwierigen Familienverhältnissen und hatten Väter, die nur selten zu Hause waren, oder Stiefväter, die ständig wechselten. Die großen Vorbilder der Kinder waren die harten Jungs, die nachts vor den Wohnblocks herumlungerten, laute Musik hörten, tranken und kifften. Johnny wollte so werden wie sie. Sie waren so lässig und schienen ihr Leben im Griff zu haben.

Eines Tages nahm Phil, der Mann seiner Schwester Marcia, Johnny mit zum Einkaufen und bot ihm eine Haschischzigarette an. Da war Johnny gerade mal elf Jahre alt. Er wollte die Kippe nicht rauchen, aber er wollte auch nicht, dass sein Schwager dächte, er habe Angst. Also rauchte er den Joint.

Als Johnny 14 Jahre alt war, starb seine Mutter an einer Infektion. Von nun an entglitt ihm sein Leben immer mehr. Ein Jahr lang wohnte er bei Marcia und Phil. Seine Schwester ließ ihn tun und lassen, was er wollte, und Phil dachte nur daran, den Teenager mit Drogen zu versorgen. Mit 15 lernte Johnny einen achtzehnjährigen Burschen namens Sergio kennen. Die beiden wurden gute Kumpel, und da Sergio noch ein Zimmer in seiner Wohnung frei hatte, zog Johnny bei ihm ein. Er brach die Schule ab und fand einen Job als Pizzabote. Abends, wenn er und Sergio von der Arbeit kamen, pumpten sie sich gemeinsam mit allem voll, was ihnen zwischen die Finger kam: Heroin, Kokain, Marihuana, Crystal Meth oder irgendwelche Drogencocktails.

An all das musste Johnny nun denken, während er seinen Rausch genoss. Hier war er nun: 18 Jahre alt, chronisch pleite, drogenabhängig und ein absolutes Wrack. Er hasste sein Leben. Er hasste es, von einem Flash zum anderen zu jagen. Aber es war eben, wie es war. Er konnte es nicht ändern. Und nur Gott allein wusste, wie lange sein Körper und seine Seele diesen Wahnsinn noch mitmachen würden.

***

Am Freitagmorgen landete der Businessjet pünktlich um neun Uhr auf dem Rollfeld des Flughafens in Modesto. Die Passagiere im Warteraum blickten neugierig auf das Flugfeld hinaus. Die Treppe des zweistrahligen Flugzeugs wurde ausgeklappt, und eine Limousine fuhr vor der Glastür der Abflughalle vor.

»Entschuldigen Sie! Lassen Sie mich mal bitte durch. Entschuldigen Sie bitte!«, sagte Ricco und drängte sich durch die Menge. Er kam sich unglaublich wichtig vor. Und es amüsierte ihn, die verstohlenen Blicke zu sehen, die ihm die Leute zuwarfen. Wahrscheinlich dachten sie, er sei irgendein berühmter Schauspieler oder ein wichtiger Politiker, um einen derartigen VIP-Service zu beanspruchen. Mit geschwellter Brust schritt Ricco zur Glastür und nahm in der bereitstehenden Limousine Platz, die ihn auf kürzestem Weg zu dem Privatflugzeug brachte. Seine Cousins Simon, Carlos, Raul, Chale und sein Bruder Alfredo erwarteten ihn bereits im Inneren der Maschine, gut gelaunt und jeder mit einem Glas Champagner in der Hand.

»Na, Cousin!«, rief Simon, kam mit offenen Armen auf ihn zu und küsste ihn auf die linke und dann auf die rechte Wange. »Willkommen an Bord! Champagner gefällig?«

»Du weißt doch, dass ich das Zeug nicht vertrage.«

Simon lachte. »War nur ein Scherz. Wir wollen ja nicht, dass sich deine Hochzeitsnacht wiederholt. Oh, das ist übrigens Ron von unserem Kautionsbüro. Du weißt schon, der Schutzpatron der Straßendealer.«

»Du meinst Suzuki?« Ricco betonte das Wort, als wäre es eine Art Code.

»Ganz genau«, grinste Simon. »Darf ich vorstellen: Ron, das ist mein berühmter Cousin Ricco.«

»Freut mich sehr«, sagte Ron und schüttelte Riccos Hand. »Endlich lernen wir uns mal persönlich kennen.«

»Auf unseren Trip nach Las Vegas!«, rief Simon unterdessen und hob das Champagnerglas. »Und immer daran denken: Was in Las Vegas passiert, bleibt in Las Vegas.«

Ron und die schnurrbärtigen Mexikaner mit ihren Cowboystiefeln, farbigen Seidenhemden und Goldkettchen lachten und prosteten einander zu. Dann kehrten sie auf ihre Plätze zurück. Ricco nahm neben Ron Platz.

»Du verträgst also keinen Champagner?«, fragte Ron, nachdem die Maschine gestartet war und die Häuser unter ihnen immer kleiner wurden.

»Ich vertrage überhaupt keinen Alkohol«, erklärte Ricco. »Ich war ein einziges Mal in meinem Leben so richtig betrunken. Da war ich 15 und hab an einem einzigen Abend vier Liter von einem billigen

Rotwein getrunken mit dem Resultat, dass ich volle drei Tage außer Gefecht gesetzt war. Es war furchtbar. Ich dachte, ich müsste sterben.«

»Und seither trinkst du nicht mehr?«

»Genau. Irgendwie ist damals wohl mein Organismus durcheinandergekommen. Keine Ahnung. Jedenfalls rühre ich seither keinen Alkohol mehr an.«

»Und ... ich will ja nicht aufdringlich sein, aber was hat es mit deiner Hochzeitsnacht auf sich?«, wollte Ron wissen.

»Oh, das!« Ricco verdrehte die Augen. »Ach ja, unsere Hochzeitsnacht. Ich dachte, wenigstens in unserer Hochzeitsnacht könnte ich eine Ausnahme machen und mit meiner Frau auf unsere Ehe anstoßen. Fehlanzeige. Ich habe nur ein einziges Glas Champagner getrunken, nur ein klitzekleines Glas, und trotzdem habe ich den Rest der Nacht kniend vor der Toilettenschüssel verbracht.«

»Ist nicht wahr!«, meinte Ron und lachte. »Und habt ihr wenigstens ...«

Ricco schüttelte den Kopf und begann auch zu lachen. »Es war ein Desaster. Meine Frau rief die ganze Zeit vom Schlafzimmer aus: ›Schatz, wann kommst du endlich ins Bett?‹ Und ich umklammerte die Klobrille und würgte, was das Zeug hielt. Nein, als sehr romantisch würde ich unsere Hochzeitsnacht *nicht* bezeichnen. Wie steht's mit dir? Bist du verheiratet?«

»Nein, aber verliebt.« Ron griff in seine hintere Hosentasche, holte seine Brieftasche hervor und nahm ein Foto heraus. »Hier. Das ist sie. Natalia, die schönste Frau der Welt.«

»Sie ist hübsch.«

»Sie ist fantastisch. Schon mal erlebt, dass deine Hormone verrücktspielen, nur weil diese eine Frau dich mit diesem ganz bestimmten Blick ansieht?«

Ricco atmete tief durch. »Ich weiß ganz genau, wovon du redest.«

Ron kam ins Schwärmen. »Du schließt die Augen, und alles, was du siehst - ist sie. Du wachst auf, und alles, woran du denken kannst - ist sie. Du hast das Gefühl, du würdest sterben, wenn du nicht in ihrer Nähe bist. Kennst du das?«

»O ja«, murmelte Ricco und nickte. Seine Gedanken schweiften zwölf Jahre zurück in die Vergangenheit. »Das kenne ich nur allzu gut.«

2 Judy

September 1963

Es war Liebe auf den ersten Blick. Und das an Riccos erstem Schultag an der neuen Highschool in Morgan Hill, Kalifornien! Dabei war er alles andere als ein Romantiker. Er war tough, so wie es sich für einen echten Mexikaner gehörte. Außerdem wirkte er allein schon wegen seiner Größe und seines kräftigen Körperbaus wie einer, der sich nicht so leicht einschüchtern ließ. Doch als er sich kurz vor Beginn seiner ersten Englischstunde ausgerechnet hinter dieses blondhaarige Mädchen setzte, es sich völlig überraschend zu ihm umdrehte und ihn mit großen blauen Augen anstrahlte, war's um ihn geschehen.

»Hi«, sagte sie und streckte ihm die Hand entgegen. »Ich bin Judy. Judy Tiger.«

Sie lächelte ihn freundlich an. Es war das bezauberndste Lächeln, das Ricco je gesehen hatte, und er fühlte sich, als würden schlagartig tausend Feuerfunken in seinem Herzen sprühen.

»Ricardo Sotelo«, stellte sich der Siebzehnjährige vor und schüttelte ihre Hand, ohne seinen Blick von ihr abzuwenden. »Aber alle nennen mich Ricco.«

»Hi, Ricco«, sagte Judy fröhlich. »Willkommen an der Live Oak Highschool. Wenn du irgendetwas brauchst, ich helfe dir gerne.«

»Danke«, nuschelte Ricco verlegen.

Judy drehte sich wieder nach vorne. Ricco starrte von hinten auf ihre goldblonden Haare, während die Schmetterlinge ordentlich in seinem Bauch tanzten.

Judy ...

Irgendetwas war anders an ihr. Ricco hätte es nicht benennen können. Aber da war etwas in ihren Augen, als sie ihn angesehen hatte, das ihn völlig verzauberte. Ja, noch mehr als das. Es entwaffnete ihn. Und das war ihm noch nie passiert. Er war es gewohnt, die Kontrolle zu haben. Er war derjenige, der den anderen sagte, wo's langging, und nicht umgekehrt. Dem letzten Kerl, der ihm sein Mädchen ausgespannt hatte, hatte er mitten auf dem Pausenhof eine ordentliche Abreibung verpasst. Dass er damals seine Freundin verloren hatte, fand er weniger tragisch, als dass er sein Gesicht und damit seine Würde als Mann verloren hatte. Mut, Tapferkeit, Ehre, Männlichkeit - das waren Worte, die in der mexikanischen Kultur großgeschrieben wurden. Ein Mann weinte nicht. Ein Mann zeigte keine Gefühle. Jemandem zu sagen, dass man ihn liebte, galt als Zeichen von Schwäche. Und da tauchte dieses Mädchen auf und brachte mit einem einzigen Lächeln seine gesamte Machofassade zum Bröckeln. Ricco erkannte sich selbst kaum wieder.

Was zum Geier ist nur los mit mir? Woher kommen all diese Empfindungen für Judy? Ich kenne sie doch gar nicht! Was soll das?

Die Englischlehrerin betrat den Raum, und der Unterricht begann. Nach der Stunde verabschiedete sich Judy von Ricco, und bevor er die Gelegenheit hatte, nochmals mit ihr zu reden, war sie weg.

Erst in der Mittagspause begegneten sich die beiden wieder. Judy saß draußen auf einer Bank und las in einem Buch. Ricco lief absichtlich so langsam an ihr vorbei, dass sie ihn unweigerlich bemerken musste.

»Oh, hi, Ricco«, sagte sie.

»Hi, Judy«, antwortete Ricco und blieb stehen, die Hände in den Hosentaschen vergraben. Eine Hitzewelle jagte durch seinen ganzen Körper. Er ertappte sich sogar bei dem Gedanken, dass er sich neben Judy setzen, sie einfach in den Arm nehmen und küssen könnte.

»Und, die ersten Stunden gut überstanden?«, fragte sie.

»Wie?«

Judy lächelte. »Ob du den Morgen gut überstanden hast.«

»Ach so, ja«, stammelte Ricco. »Ja, alles bestens soweit.«

»Von welcher Schule aus Morgan Hill kommst du eigentlich?«, wollte Judy wissen.

»Von keiner. Wir sind vor einer Woche aus San José hergezogen.«

»Wow, du kommst aus der Großstadt. Hab gehört, es wäre ganz schön brutal an den Schulen dort. Viel Gewalt und Drogen und all so was.«

»Deswegen sind wir auch umgezogen«, erklärte Ricco. »Mein Vater war der Ansicht, die Schule habe einen schlechten Einfluss auf mich und meinen Bruder.«

»Und hatte er recht?«

»Was meinen Bruder angeht auf jeden Fall. Fredo hat sich immer mehr in einen Bandido verwandelt und gründete seine eigene kleine Gang, lief bewaffnet rum und so.«

»Und du?«

»Ich bin kein Gangster, wenn es das ist, was du wissen möchtest. Ich will später mal Polizist werden.«

Judy zog überrascht die Augenbrauen hoch. »Polizist? Im Ernst?«

»Wieso denn nicht? Ich will was erreichen im Leben, verstehst du?« Ricco spürte, wie die anfängliche Nervosität Judy gegenüber ein wenig nachließ. Langsam wurde er wieder ganz der Alte. »Mein Vater war früher Plantagenpflücker. Mein Bruder und ich mussten ihm jeden Sommer dabei helfen. Ist furchtbar ätzend, das kannst du mir glauben. Erstens schwitzt du wie ein Schwein, wenn du in der sengenden Sonne Aprikosen, Pfirsiche und Walnüsse pflückst. Und der Lohn ist erbärmlich. Also, wenn es etwas gibt, das ich bestimmt nicht werden möchte, dann Plantagenpflücker.«

»Kann ich gut nachvollziehen«, meinte Judy. »Und warum Polizist?«

Ricco nahm die Hände aus den Hosentaschen und begann zu strahlen. »Ich will Cop werden, seit ich denken kann. Ich meine, was kann es Besseres geben? Türen eintreten, mit Blaulicht durch die Straßen rasen, die bösen Jungs jagen, ihnen Handschellen anlegen. Du hast jede Menge Action und wirst auch noch dafür bezahlt.«

Judy schüttelte lachend den Kopf. »Na ja, mein Ding wäre das nicht. Aber ich find's ehrlich toll, dass du das machen willst. Weißt du, die meisten Mexikaner an unserer Schule schummeln sich gerade so durch und stecken sich keine Ziele im Leben. Schon gar nicht das Ziel, Polizist zu werden. Siehst du die Jungs da drüben?« Sie deutete mit einer Kopfbewegung auf eine Clique Mexikaner, die über das Schulgelände schlenderten. »Das ist Sanchos Bande. Die sind ständig in irgendwelche Ladendiebstähle verwickelt. Manchmal klauen sie auch Autos. Von denen hältst du dich besser fern. Oder du stehst schneller auf der falschen Seite, als dir lieb ist.«

Ricco zwinkerte dem Mädchen verschmitzt zu. »Keine Sorge. Ich sag dir doch, ich bin einer von den Guten. Aber danke für den Tipp.«

»Gern geschehen«, sagte Judy und lächelte.

Ricco lächelte zurück. Eine peinliche Pause trat ein, und Ricco merkte, wie die Schmetterlinge wieder in seinem Bauch zu tanzen begannen.

»Also dann«, sagte er rasch und wandte sich zum Gehen. »War nett mit dir zu plaudern, Judy. Man sieht sich.«

»Ja, bis dann, Ricco.«

Vielleicht war es etwas voreilig von Ricco gewesen, zu behaupten, er sei einer von den Guten. Der Nachmittag war noch nicht vorüber, als ihn Sancho, ein großer Bursche mit einem Totenkopf-Tattoo am Hals, im Schulflur ansprach und ihm nahelegte, sich seiner Gang anzuschließen.

»Ich weiß ja nicht, wie es an deiner alten Schule lief. Aber hier kümmern wir uns um unsere Leute«, war Sanchos banale Begründung. »Außerdem siehst du nicht aus, als wärst du auf den Kopf gefallen. Leute wie dich können wir gebrauchen. Was meinst du? Interessiert, bei uns einzusteigen?«

Ricco zögerte. Er hatte nicht vergessen, was Judy ihm über Sancho und seine Jungs erzählt hatte. Es war definitiv nicht sein Plan, in Häuser einzusteigen oder Autos zu klauen. Aber er wusste auch, dass man einem Kerl wie Sancho nicht einfach so eine Absage erteilte, es sei denn, man wollte bis zum Ende der Schulzeit ein Opfer sein. Nicht dass Ricco ein Schwächling war. Rein körperlich hätte er es locker mit Sancho aufnehmen können. Doch sich mit einer ganzen Horde mexikanischer Jungs anzulegen, hielt Ricco für keine gute Idee. Schon gar nicht an seinem ersten Schultag.

»Bin dabei«, sagte er, da ihm keine andere Lösung einfiel. »Wir Mexikaner müssen schließlich zusammenhalten, richtig?«

Sancho grinste und versetzte ihm einen kameradschaftlichen Boxhieb zwischen die Rippen. »Du gefällst mir, Mann. Hör zu, nach der Schule hängen wir für gewöhnlich bei dem Maschendrahtzaun neben dem Baseballfeld ab. Schau einfach vorbei. Dann können wir in aller Ruhe quatschen.«

»Geht in Ordnung.«

Als Ricco nach Schulschluss bei dem vereinbarten Treffpunkt auftauchte, löste sich Sancho sofort aus der Gruppe und trabte mit einem breiten Grinsen auf ihn zu.

»Hey, Ricco! Super, dass du gekommen bist.« Er legte Ricco den rechten Arm um die Schulter und streckte ihm eine Haschischzigarette entgegen. »Magst du einen Zug?«

Ricco schüttelte den Kopf. »Nein, danke. Verzichte.«

»Du rauchst nicht?«

»Ist nicht mein Ding«, sagte Ricco. »Weder rauchen noch trinken. Ich hab da meine Prinzipien.«

»Ein Mann mit Grundsätzen«, meinte Sancho und zog erstaunt die Augenbrauen hoch. »Trifft man heutzutage selten. Find ich stark.«

Dass seine Haltung herzlich wenig mit Stärke zu tun hatte, verschwieg Ricco wohlweislich. Der Grund, warum er tatsächlich noch nie in seinem Leben einen Joint geraucht hatte, war seine Mutter. Früher, als er noch klein gewesen war, hatte sie ihm immer eingeschärft, sich von den Marihuanos fernzuhalten. Ricco hatte damals keine Ahnung gehabt, wovon sie redete. Jedenfalls hörte es sich ziemlich ernst an. Was auch immer Marihuanos waren, Ricco war fest entschlossen, sich nie mit ihnen einzulassen. Eines Tages – Ricco war bereits 16 Jahre alt – war er auf dem Pausenhof ein paar älteren Schülern begegnet, die ihm eine Zigarette angeboten hatten.

»Willst du mal dran ziehen?«

»Was ist das?«, fragte Ricco.

Die Kerle lachten. »Das ist Marihuana, du Dummkopf.«

Das Wort ging wie ein elektrischer Schlag durch Riccos Körper. *Marihuana!,* schoss es ihm durch den Kopf. Das *sind also Marihuanos!* Das *sind die Kerle, vor denen mich meine Mutter gewarnt hat!*

»Nein, danke«, hatte er das Angebot abgelehnt. »Verzichte.«

Und dabei war er bis zum heutigen Tag geblieben.

Sancho zog an dem Joint und inhalierte. »Ganz sicher, dass du nicht probieren willst?«

»Ganz sicher«, sagte Ricco.

»Na gut. Dann eben nicht. Komm mit.«

Sie schlenderten hinüber zu den anderen Jungs und Sancho, immer noch den Arm um Riccos Schulter gelegt, verkündete laut: »Leute, das ist Ricco. Ist heute sein erster Schultag. Also seid nett zu ihm.«

Die Schüler umringten Ricco, und einer nach dem anderen reichte ihm die Hand, um ihn zu begrüßen.

»Ach, und noch was«, ergänzte Sancho, nachdem die Vorstellungsrunde zu Ende war, und hielt den Joint in die Höhe. »Ricco steht weder auf Drogen noch auf Alkohol. Ist nicht sein Stil. Also bedrängt ihn nicht damit, klar?«

Sanchos Ansage wurde kopfnickend akzeptiert. Somit war Ricco offiziell in die mexikanische Jugendgang aufgenommen und das, obwohl er eigentlich gar nicht die Absicht gehabt hatte, ihr beizutreten. Manchmal kommen die Dinge eben anders, als man denkt. Und wäre Ricco ein Blick in seine Zukunft gestattet worden, hätte er festgestellt, dass er dies noch öfter erleben sollte. Es würde alles anders kommen. Gefährlich anders ...

***

In vielen Familien gibt es ein schwarzes Schaf. Bei den Sotelos war es Simon. Er war Riccos und Fredos Cousin, zwei Jahre älter als Ricco und somit genauso alt wie Fredo. Simon, Fredo und Ricco waren von klein auf beste Freunde. Ricco war total fasziniert von Simon, der für ihn der toughste Cousin überhaupt war. Simon war lustig, frech, abenteuerlustig und unglaublich reif für sein Alter. Wenn er mit seinen Eltern bei Riccos Familie zu Besuch war und die Erwachsenen sich in den Garten setzten, jagten die drei Cousins davon und streiften durch die Felder.

Ricco und sein Bruder lebten damals auf einem großen Gutshof in der Nähe von San José, wo die Welt noch in Ordnung war. Die

Brüder wuchsen zwischen Hühnern und Pferden auf und gingen mit den anderen Kindern aus dem Dorf zur Schule. Bevor die Brüder die Highschool in der großen Stadt besuchten, lebten sie völlig abgeschirmt von der Außenwelt und hatten keine Ahnung, was draußen in der Welt so alles passierte. Ganz anders Simon. Er kam aus der Großstadt Oakland, einer Stadt mit einer hohen Kriminalitätsrate. Wenn er mit Ricco und Fredo unterwegs war, erzählte er die haarsträubendsten Geschichten aus seinem Viertel, Geschichten von Schießereien, Streitigkeiten zwischen verfeindeten Gangs, Einbrüchen und Polizeirazzias. Er berichtete davon, wie er von älteren Jungs in der Schule angegriffen wurde und wie er sich mit den Fäusten verteidigen musste. Er konnte sogar voller Stolz ein paar Narben vorweisen, die er sich bei diversen Auseinandersetzungen zugezogen hatte. Ricco fand das alles ungemein spannend.

Natürlich kannte Simon auch jede Menge Slangwörter, die er seinen Cousins beibrachte und mit denen sie sich an ihrer ländlichen Schule brüsten konnten. Überdies war Simon ein wandelndes Lexikon, was Drogen anbelangte. Ricco kannte zu diesem Zeitpunkt noch nicht mal Drogen, während Simon wie ein Experte daherredete und genauestens über Kokain, Heroin, LSD, PCP, Speed, halluzinogene Pilze und solche Dinge Bescheid wusste. Hätte jemand spaßeshalber behauptet, Simon würde einmal seinen eigenen Drogenring gründen – Ricco hätte es glatt geglaubt. Aber natürlich ahnte damals noch niemand, wie die Dinge sich entwickeln und welche Rolle Ricco und sein Bruder Fredo dabei spielen sollten. Sie waren nichts weiter als Kinder, und ihre Zukunft war noch ein unbeschriebenes Blatt, eine Geschichte, die erst noch geschrieben werden musste und von der niemand sagen konnte, ob sie gut oder schlecht enden würde.

Was Ricco betraf, so war ihm das Leben gut gesinnt. Er wurde in eine intakte und harmonische Familie hineingeboren. Riccos Großeltern, sowohl väterlicher- als auch mütterlicherseits, waren aus Mexiko in die Vereinigten Staaten eingewandert. Seine Eltern hatten sich auf einer Ranch in Texas kennengelernt. Alechandro, Riccos Vater, arbeitete dort als Cowboy. Aurora, seine Mutter, war als Dienstmädchen angestellt. Sie verliebten sich, heirateten, und zwei Jahre später, am 25. Oktober 1944, wurde Alfredo geboren. Kurz nach seiner Geburt zog die junge Familie von Texas nach Kalifornien, und 1946 kam Ricardo zur Welt.

Alechandro war ein Mann, der keine Arbeit scheute. In Texas hatte er auf einem Luftwaffenstützpunkt als Klempner gearbeitet. Doch in Kalifornien hatten viele Menschen große Vorurteile gegenüber Mexikanern, und niemand wollte Alechandro einstellen. Schließlich landete er wie viele andere Mexikaner als Tagelöhner auf den Feldern, um Früchte und Nüsse zu pflücken. Der Job war hart und sehr schlecht bezahlt. Aber Riccos Vater hielt um seiner Familie willen durch, bis er Jahre später endlich die Gelegenheit hatte, wieder seinen alten Beruf auszuüben, was er denn auch ohne zu zögern tat.

Ricco hatte großen Respekt vor seinem Vater. Trotz schwieriger Zeiten hatte er ihn nie außer Kontrolle erlebt oder betrunken. Er hatte seinen Vater überhaupt nie trinken sehen, auch seine Mutter nicht. Die beiden führten eine vorbildliche Ehe. Und interessanterweise zog sich dieses Muster auch durch die gesamte Verwandtschaft. Sämtliche Onkel und Tanten waren noch mit ihrem ersten Ehepartner verheiratet. Es gab auch keine familiären Dramen oder Reibereien. Alle kamen gut miteinander aus. Man besuchte sich, traf sich auf Familienfeiern und unterstützte sich gegenseitig, wenn jemand Hilfe brauchte.

Die Familienbande war auch unter den Cousins sehr stark. Vor allem Simon, sein Bruder Carlos, Ricco, Fredo und die Cousins Chale und Raul standen sich sehr nahe. Aber die Person, die Ricco mit Abstand am meisten bedeutete, war sein Bruder Alfredo. Er liebte Fredo über alles, und der liebte ihn genauso. Fredo nahm Ricco überallhin mit, und wenn jemand seinen kleinen Bruder verprügeln wollte, war Fredo sofort zur Stelle, um ihn zu verteidigen. Die beiden waren unzertrennlich.

1963, gleich nach Fredos Schulabschluss, zog die Familie von San José in den weiter südlich gelegenen Ort Morgan Hill, einem verschlafenen Nest inmitten von Hügeln, saftig grünen Wiesen und großen Bäumen. Fredo begann als Verkäufer in einem Warenhaus zu arbeiten, und Ricco trat seine letzten beiden Schuljahre an der Live Oak Highschool an.

***

Wahrscheinlich wäre Riccos Vater nicht sehr begeistert gewesen, wenn er erfahren hätte, dass nun auch sein jüngerer Sohn dabei war, sich mit den falschen Leuten einzulassen. Aber für Ricco war es eine Frage des Überlebens. Entweder hing er mit Sancho und seinen Jungs ab und spielte das raue Spiel mit, oder er würde zum absoluten Außenseiter und sich jede Menge Probleme aufhalsen, die er beim besten Willen nicht haben wollte.

Von nun an zählte der Siebzehnjährige also zu den bösen Jungs. Wo auch immer er mit seinen sogenannten Freunden auftauchte, machten die Schüler den Weg frei. Besonders bei den Jüngeren war Ricco gefürchtet, denn er war der neue Geldeintreiber von Sanchos Truppe. Täglich knöpfte er sich ein paar der Kleinen vor, versperrte ihnen im Flur den Weg, beugte sich zu ihnen hinunter und flüsterte ihnen ins Ohr: »Du kennst die Routine, ja? Rück dein Pausengeld raus, oder du kannst deine Zähne vom Boden aufsammeln. Haben wir uns verstanden?«

Manchmal brachen er und Sancho auch die Schränke[3] anderer Schüler auf und klauten ihnen ihr Pausenbrot. Worauf sich Ricco allerdings nie einließ, waren die Diebstähle, die Sancho und seine Jungs außerhalb des Schulgeländes verübten. Er konzentrierte sich in seiner Freizeit lieber auf andere Dinge und hatte sich deshalb dem Baseballteam seiner Schule angeschlossen. Sport war schon immer eine Leidenschaft von ihm gewesen, und die intensiven Trainingsstunden nach der Schule boten ihm das perfekte Alibi, wenn Sancho ihn fragte, ob er ihn auf seiner Diebestour durch Morgan Hill begleiten wolle.

Eigentlich war Ricco sehr zufrieden an der neuen Highschool.

---

3 In den USA ist es üblich, dass jeder Schüler ein eigenes Schließfach besitzt, in dem er seine Schulbücher usw. aufbewahrt.

Das Lernen fiel ihm leicht, er investierte viel Zeit in den Sport und stand auf gutem Fuß mit Sancho, ohne sich an seinen kriminellen Machenschaften beteiligen zu müssen. Und dann war da noch Judy.

Judy Tiger ... Seit ihrer ersten Begegnung im Englischunterricht hatte sich nichts an Riccos Gefühlen für sie geändert. Er war nach wie vor hoffnungslos in sie verliebt. Natürlich hätte er ihr das niemals gestanden. Judy war ein anständiges Mädchen, sanftmütig und freundlich. Sie kicherte, tuschelte und tratschte nicht blöd rum wie die anderen Mädchen. Sie war eine echte Lady. Und genau deswegen fühlte sich Ricco ihrer nicht würdig. Ein edles Mädchen wie sie hatte etwas Besseres verdient als jemanden wie ihn. Aber das Bedürfnis, ihr nahe zu sein, war unglaublich stark. Alles, was er wollte, war, sie zu berühren, ihre Hand zu halten oder sie wenigstens einmal im Arm zu halten - und wenn es nur für ein paar Sekunden wäre. Er war so verrückt nach ihr, dass er begann, Pläne zu schmieden.

Er beobachtete Judy. Es gab einen Korridor, den sie fast immer zur gleichen Zeit entlangging, um von einem Klassenraum zum anderen zu gelangen. Ricco stoppte die Zeit, die Judy nach dem Klingeln der Schulglocke brauchte, um das Zimmer zu verlassen, den Flur entlangzugehen und in den nächsten Quergang abzubiegen. Dann stellte er sich hinter die Mauer, zählte die Sekunden, und genau im richtigen Moment, wenn Judy seinen Berechnungen nach um die Ecke kommen sollte, lief er los, um aus Versehen mit ihr zusammenzuprallen. Die ersten paar Male verfehlte er sie. Aber eines Tages war das Timing perfekt. Judy lief ihm direkt in die Arme.

»Oh, Ricco! Entschuldige bitte!«, rief sie.

Ricco hielt sie so lange fest, wie er nur konnte, ohne ihr Misstrauen zu wecken, und sagte: »Ist schon okay, Judy. Nichts passiert.«

Während der zwei Jahre bis zum Highschoolabschluss war Ricco in Judy verknallt und stellte sich vor, wie es wohl wäre, mit ihr zusammen zu sein. Aber er traute sich nicht, sie darauf anzusprechen, geschweige denn, sie um ein Rendezvous zu bitten.

Nachdem Judy und Ricco die Schule 1965 erfolgreich abgeschlossen hatten, kam endlich seine große Chance. Ricco arbeitete bei einer Tankstelle und sparte Geld für sein erstes Auto. Er hatte Judy seit der Abschlussfeier nicht mehr gesehen. An einem gewöhnlichen Mittwochmorgen kam sie plötzlich zur Tür herein. Außer ihr war gerade keine Kundschaft da. Judy nahm sich eine Tüte Chips aus dem Regal und eine Cola aus dem Sichtkühlschrank und schritt damit zur Kasse.

»Hi, Ricco!«, sagte sie und strahlte. Da war es wieder, dieses bezaubernde, magische Judy-Lächeln, das es nur einmal auf der Welt gab. Ricco schmolz dahin wie Schnee in der Sonne.

»Hi, Judy!«, begrüßte er sie, während ein Gedanke durch seinen Kopf raste: *Bitte sie um ein Date! Frag sie, ob sie mit dir ausgehen will! Jetzt oder nie!*

Riccos Puls schoss in die Höhe. Sein Herz klopfte so heftig, dass er glaubte, man müsste es im Umkreis von 100 Kilometern hören.

Judy stand jetzt unmittelbar vor ihm und sah ihn direkt an. »Ich dachte, du wolltest Polizist werden.«

»Äh, ja, richtig. Will ich auch«, stimmte Ricco zu und kratzte sich verlegen an der Stirn. »Das hier ist nur vorübergehend. Nächstes Jahr melde ich mich bei der Polizeischule an. Und was machst du so?«

»Nichts Aufregendes. Ich betreue den Popcornstand vor dem Einkaufszentrum. Also wenn du mal Lust auf Karamellpopcorn hast, komm vorbei. Ich gebe dir sogar einen Mitarbeiterrabatt.« Sie lachte, und Ricco lachte ebenfalls, wenn auch ziemlich angespannt.

Jetzt frag sie schon!, spornte er sich selbst an, während sie Chips und Cola auf die Theke packte und ihre Geldbörse aus der Handtasche holte. *Na los! Gib dir einen Ruck! Das Schlimmste, was passieren kann, ist, dass sie Nein sagt.*

Ricco knetete nervös seine Finger hinter dem Ladentisch. Dann nahm er all seinen Mut zusammen, öffnete den Mund, um das zu sagen, was er eigentlich schon seit Jahren loswerden wollte - und stockte. Nein. Nein! Er konnte Judy unmöglich um ein Date bitten. Wenn sie ihm einen Korb gäbe, zerbräche sein Herz in tausend Stücke und er fiele auf der Stelle tot um. Nein. Er konnte sie nicht fragen. Niemals.

»Ist was?«, fragte Judy.

Ricco schreckte dann aus seinen Gedanken auf. »Nein, nichts. Ich, ähm ...«

Feigling!, schrie er sich selbst an. *Jetzt hab dich nicht so!*

»Das macht dann drei Dollar und fünfundachtzig Cent«, sagte er und biss sich verlegen auf die Lippen.

Judy gab ihm das Geld. Ihre Finger berührten sich, und wieder jagte es wie ein elektrischer Schlag durch Riccos Körper. Warum nur liebte er dieses Mädchen so sehr? Er wusste es nicht. Er wusste nur, dass ein Kerl wie er einem Mädchen wie Judy niemals das Wasser reichen konnte und dass er sie loslassen musste, schließlich konnte er sich nicht ewig innerlich an ein Mädchen binden, das ihm doch nie gehören würde.

»Mach's gut, Ricco«, sagte Judy und hob verschmitzt den Zeigefinger. »Und fürs Protokoll: Das Angebot mit dem Karamellpopcorn steht.«

Sie lachte unbekümmert, wirbelte herum und tanzte wie ein Schmetterling davon.

»Danke. Ich werde es mir merken!«, rief ihr Ricco hinterher. »Bis bald, Judy!«

Er schaute ihr nach, bis sie aus seinem Blickfeld verschwand. Die Augen immer noch auf die Stelle gerichtet, wo Judy eben noch gestanden hatte, seufzte er tief. »Werde glücklich, mein Engel.«

3 Zeiten des Umbruchs

Oktober 1975

Noch eine Flugstunde bis Las Vegas. Der Motor des Learjet summte sein gleichmäßiges Lied. Ron hatte sich in dem weißen Ledersessel zurückgelehnt und schlief mit offenem Mund. Auch Raul, Chale und Carlos machten ein Nickerchen. Simon unterhielt sich mit Fredo. Und Ricco blickte gedankenversunken aus dem Fenster hinaus in den stahlblauen, wolkenlosen Himmel und dachte an Judy. Es war schon verrückt. Noch heute, zehn Jahre, nachdem sich ihre Wege getrennt hatten, wurde es Ricco warm ums Herz, wenn er an Judy dachte. Judy Tiger - seine große Jugendliebe.

Was wohl aus ihr geworden ist? Ob sie geheiratet hat? Ob sie glücklich ist?

Wahrscheinlich würde er es nie erfahren. Und sie würde nie erfahren, dass er ein Dealer geworden war.

Was, wenn ich sie damals gefragt hätte?, überlegte Ricco. *Was, wenn ich sie um ein Date gebeten und sie Ja gesagt hätte?*

Nachdenklich drehte Ricco seinen Ehering zwischen den Fingern.

Und was, wenn es keinen Krieg gegeben hätte?, dachte er. *Hätte ich dieselben Entscheidungen getroffen? Oder wäre ich heute mit Judy verheiratet?*

In Gedanken reiste er zurück zu jenem Tag im Dezember 1965, als er endlich den Mut aufgebracht hatte, ein Mädchen um ein Rendezvous zu bitten. Allerdings war es nicht Judy gewesen, die er um ein Date gebeten hatte.

Dezember 1965

Eigentlich kannten sich die beiden seit ihrer Kindheit. Ihre Familien hatten früher auf demselben Anwesen außerhalb von San José gewohnt, und Ricco und Corinna hatten dort oft zusammen gespielt. Dann war Corinnas Familie nach Texas gezogen. Corinna war damals sieben Jahre alt gewesen und Ricco acht. Seither hatte er nie mehr etwas von ihr gehört, bis seine Mutter eines Tages ganz nebenbei erwähnte: »Ach, übrigens, hast du schon gehört? Die Souzas sind wieder da. Stell dir vor, sie wohnen jetzt auch in Morgan Hill. Haben sich drüben an der Oak Glen Avenue ein Häuschen gekauft. Wir sollten sie mal einladen.«

Neugierig, was aus Corinna geworden war, erkundigte sich Ricco am nächsten Tag nach der genauen Adresse, schnappte sich das Auto seines Vaters und fuhr zu Familie Souza, die in einem netten, kleinen Häuschen mit Veranda und blauen Fensterläden wohnte. Ricco klingelte. Er hörte Schritte, die Tür ging auf - und da stand sie: Corinna. Ricco blieb der Mund offen stehen. Sie war wunderschön. Sie hatte langes pechschwarzes Haar, braune Haut und mandelförmige schwarze Augen mit langen Wimpern. Aus dem kleinen siebenjährigen Mädchen von vor elf Jahren war eine attraktive junge Frau geworden.

»Ricco?! Bist du das?!«, fragte sie erstaunt.

Ricco lächelte. »Corinna! Wow! Du bist ... gewachsen.«

»Du aber auch«, lachte sie. »Komm doch rein.«

Ricco folgte ihr ins Haus. Sie setzten sich in die Küche, tranken Eistee und brachten sich gegenseitig auf den neuesten Stand der Dinge.

Als Ricco zwei Stunden später wieder nach Hause fuhr, war ihm klar, dass er Corinna auf jeden Fall wiedersehen wollte. Gleich am nächsten Abend rief er sie an.

»Hör zu, Corinna: Am Samstag ist doch Jahrmarkt. Ein Freund von mir hat mich eingeladen, mit ihm und seiner Freundin da hinzugehen. Da dachte ich mir, ich frag dich, ob ... na ja, ob du mich begleiten möchtest. Was meinst du?«

»Ist das ein Date?«

»Nein! Ich meine ... vielleicht«, stammelte Ricco und kam sich wie ein Anfänger vor. »Ich ... ich kann natürlich verstehen, wenn du nicht mitkommen möchtest ...«

»Wer sagt denn, dass ich nicht mitkommen möchte?«

»Das heißt, du bist dabei?«

»Klar bin ich dabei. Wo treffen wir uns?«

»Ich hol dich gegen 20 Uhr ab. Ist das okay für dich?«

»Natürlich. Ich freu mich.«

»Gut. Dann bis Samstag.«

»Bis Samstag.«

Ricco war noch nie mit einem Mädchen ausgegangen. Seine erste Freundin an der Highschool war eher so was wie eine Trophäe gewesen, um nicht als Einziger ohne Freundin dazustehen. Mit Liebe hatte das wenig zu tun gehabt. Aber jetzt war Ricco 19, und ein Mädchen um ein Rendezvous zu bitten, war schon eine große Sache. Er war furchtbar nervös. Und Corinna auch.

Am Samstagabend erzählte sie Ricco, dass es gar nicht so einfach gewesen sei, sich mit ihm zu treffen. »Meine Mutter hat mir noch nie erlaubt, mit einem Jungen auszugehen. Mütter eben. Haben immer Angst, es würde etwas passieren.«

»Und was hast du gemacht, um sie umzustimmen?«

»Ich sagte ihr, sie könne gar nicht anders, als mich gehen zu lassen. Immerhin seist du Alechandros Sohn und nicht irgendein Fremder. Da hat sie eingelenkt. Aber ich musste ihr versprechen, bis Mitternacht zurück zu sein.«

»Kein Problem«, winkte Ricco ab. »Du wirst pünktlich um Mitternacht zu Hause sein.«

Es wurde ein toller Abend. Sie fuhren Achterbahn, Geisterbahn, aßen Zuckerwatte und schossen auf Blechdosen. Riccos Gefühle für Corinna wurden immer stärker, je später der Abend wurde. Eigentlich hatte er sich vorgenommen, nichts zu überstürzen. Aber als sie auf dem Riesenrad saßen, sah er sich gezwungen, den Prozess zu beschleunigen, denn Corinna eröffnete ihm völlig überraschend: »Ich werde zurück nach Texas gehen.«

Ricco sah sie entsetzt an. »Wieso das denn? Ihr seid doch eben erst hergezogen.«

»Ich weiß«, sagte Corinna und zog den Mund schief. »Aber hier gibt es nichts für mich. Was soll ich hier? Ich hab ja noch nicht mal einen Freund.«

O Mann, dachte Ricco. *Wenn ich jetzt nichts unternehme, um sie hierzubehalten, verlier ich sie.*

»Wie wär's mit mir?«, platzte es unverhofft aus ihm heraus. »Ich könnte doch dein Freund sein ... ich meine, sofern du Interesse hast.«

Corinna sah ihn perplex an. Dann lächelte sie verlegen. »Ich würde dich sehr gerne zum Freund haben, Ricco.«

Weitere Worte erübrigten sich. Ricco beugte sich zu Corinna hinüber, legte seine Hand an ihre zarte Wange und küsste sie. Eine Hitzewelle durchflutete ihn von Kopf bis Fuß.

Ich habe eine Freundin! Und sie ist das schönste Mädchen in ganz Kalifornien! Ich bin der größte Glückspilz auf Erden!

Von diesem Tag an waren sie ein Paar. Sie schmiedeten keine großen Zukunftspläne, aber Ricco wollte nach wie vor Polizist werden und wusste nur noch nicht, wann er mit der Ausbildung beginnen sollte. Sie waren jung und hatten alle Zeit der Welt - das dachten sie zumindest, bis ein einfacher Brief ihrem unbeschwerten Leben ein radikales Ende setzte.

Es war im Mai 1966. Ricco hatte sich bereits schlafen gelegt, als seine Mutter ins Zimmer stürmte und ihn wachrüttelte.

»Ricardo!«, sagte sie aufgeregt. »Grüße vom Präsidenten der Vereinigten Staaten! Hier ist dein Einberufungsbescheid!«

»Was?!« Ricco knipste die Nachttischlampe an und setzte sich verschlafen auf. »Was sagst du da?«

»Hier! Ist heute mit der Post gekommen«, erklärte Riccos Mutter und wedelte mit einem sehr offiziell aussehenden Brief vor seinem Gesicht herum.

»Zeig her!« Ricco nahm ihr den Umschlag aus der Hand, riss ihn auf und nahm ein dickes, zusammengefaltetes Papier heraus.

»Mein Sohn bei der Armee!«, schwärmte die Mutter, ein stolzes Glänzen in den Augen. »Du wirst wunderbar aussehen in einer Uniform. Wo werden sie dich einsetzen?«

Ricco ließ das Schreiben auf die Bettdecke sinken und starrte entgeistert vor sich hin.

»Vietnam«, murmelte er mit trockener Kehle.

Ricco war zum Heulen zumute. Am 2. März 1965 hatte die Intervention der USA gegen Nordvietnam begonnen. Seit einem knappen

Jahr waren nun schon US-Kampftruppen in Vietnam stationiert. Es gab Zehntausende von Toten. Ricco wusste von mehreren ehemaligen Mitschülern aus der Highschool, die bei diesem grausamen Krieg ums Leben gekommen waren; Jungs, mit denen er Baseball gespielt und an Meisterschaften teilgenommen hatte; Jungs, die genauso lebensfroh gewesen waren wie er.

Und ich werde der Nächste sein!, war alles, was er denken konnte. *Ich will nicht sterben! Ich bin viel zu jung, um zu sterben!*

»Du bist zäh, Ricco«, versuchte ihn Fredo aufzuheitern, als die Brüder am nächsten Tag gemeinsam in einem Restaurant zu Mittag aßen, wie sie es häufig taten. »Die werden dich schon nicht kriegen, kleiner Bruder. Unsere Verwandten haben im Zweiten Weltkrieg und im Koreakrieg gekämpft. Keiner ist dabei draufgegangen. Die Sotelos haben noch jeden Krieg überlebt.«

»Dann werde ich wohl der Erste aus unserer Familie sein, der nicht so viel Glück hat«, meinte Ricco, während er dumpf vor sich auf den Teller starrte. »Vietnam ist mein Todesurteil, Fredo.«

»Jetzt sei nicht so pessimistisch. Mutter ist wahnsinnig stolz auf dich. Sie ist davon überzeugt, dass du eine Ehrenmedaille nach Hause bringen wirst.«

»Wie oft denn noch?«, entgegnete Ricco und sah seinen Bruder ernst an. »Meine Truppe wird für die Tankfüllung der Panzer und Helikopter zuständig sein. Wir werden mit 10 000 Litern hochexplosiven Treibstoffs durch den Dschungel fahren. Wie hoch, denkst du, ist die Wahrscheinlichkeit, dabei *nicht* in die Luft gesprengt zu werden? Ich hab keine Chance, da lebend wieder rauszukommen, Fredo, nicht die geringste!«

Der 19. Mai 1966 war der festgesetzte Termin, an dem Ricco in die Armee einrücken musste. Je näher der Tag kam, desto aufgewühlter war er. Der Gedanke, mit 19 Jahren bereits vor dem Ende seines Lebens zu stehen, war einfach unerträglich. Außerdem machte ihm noch etwas anderes zu schaffen: Sein Leben würde keine Spuren hinterlassen. Wenn er schon sterben musste, dann wollte er wenigstens in der Gewissheit sterben, einen Sohn zu hinterlassen, durch den er indirekt weiterleben würde.

Am Tag seiner Einrückung begleitete Corinna Ricco zum Bus, der ihn zu seinem Stützpunkt bringen sollte. Sie kämpfte die ganze Zeit gegen die Tränen an, und nachdem das Gepäck verstaut war und sie sich zum Abschied umarmten und küssten, weinte sie hemmungslos.

»Du wirst doch zurückkommen, ja?«, schniefte sie. »Versprich mir, dass du zurückkommst.«

»Ich verspreche es dir«, antwortete Ricco und schluckte den Kloß in seinem Hals hinunter. »Ich komme zurück.«

Der Busfahrer ließ den Motor laufen.

»Junger Mann, ich kann nicht ewig warten!«, rief er zur offenen Tür hinaus.

»Einen Moment noch!«, sagte Ricco.

Er löste sich aus Corinnas Umarmung, hielt seine Freundin mit beiden Händen an den Schultern fest und blickte ihr tief in die Augen.

»Corinna«, sagte er und nahm all seinen Mut zusammen. »Ich weiß, das kommt jetzt etwas überraschend, aber ... ich mag dich wirklich sehr. Und ich kann nicht gehen, bevor ich dir nicht diese Frage gestellt habe: Willst du meine Frau werden?«

Corinna hielt sich die Hände vor den Mund. Sie lachte, und gleichzeitig rollten ihr Tränen übers Gesicht. »Ja!«, rief sie und fiel Ricco erneut um den Hals. »Ja, ich will! Ich will! Ich will!«

»Ich unterbreche die Turteltäubchen ja nur ungern«, meldete sich der ungeduldige Busfahrer wieder zu Wort. »Aber wenn Sie mitfahren wollen, müssen Sie jetzt schon einsteigen, Soldat.«

»Sekunde noch«, sagte Ricco. Er lächelte Corinna an. »Im Sommer, sobald ich Urlaub habe, werden wir heiraten, ja?«

»Ja, das tun wir!«, antwortete Corinna strahlend vor Glück.

Ricco stieg in den Bus ein und schickte seiner Freundin einen letzten Handkuss zu, bevor die Tür sich hinter ihm schloss. Corinna rannte ein Stück weit neben dem trägen Überlandbus her und winkte Ricco so lange zu, bis der Bus zu schnell wurde und die beiden Verliebten sich aus den Augen verloren.

Als Ricco im Sommer 1966 die militärische Grundausbildung abgeschlossen und zwei Wochen Urlaub hatte, heirateten er und Corinna. Viel Zeit für romantische Stunden blieb ihnen allerdings nicht. Schon ein paar Tage nach der Hochzeit zog Corinna bei Riccos Eltern ein, die sie wie eine eigene Tochter aufnahmen, und Ricco flog quer durch die Vereinigten Staaten nach Virginia, 300 Kilometer vom Atlantik entfernt, um sich auf dem *Fort-Lee*-Militärstützpunkt auf seinen Einsatz in Vietnam vorzubereiten.

Als Ricco mit zugeknöpfter Uniform und dem Seesack über der Schulter seine Baracke betrat und sich suchend nach einem freien Bett umsah, gab ihm einer der Soldaten, der es sich bereits auf dem oberen Bett der insgesamt zehn Betten bequem gemacht hatte, ein Zeichen mit der Hand.

»Hey, du! Hier ist noch frei!«, sagte er und deutete auf das untere Bett. »George«, stellte er sich auch gleich vor und streckte Ricco vom oberen Bett aus die Hand entgegen. »George Ventura.«

»Ricco Sotelo«, antwortete Ricco und schüttelte seine Hand.

»Verlobt?«, fragte George mit Blick auf den Ring an Riccos linker Hand[4].

»Verheiratet. Seit einer Woche, um genau zu sein.«

»Seit einer Woche? Junge, du hast vielleicht Nerven.« George setzte sich auf und grinste. »Sieht ganz danach aus, als müsstet ihr die Flitterwochen verschieben, bis wir wieder aus Vietnam zurück sind. Hier. Das ist meine Angebetete.« Er angelte ein Foto aus der Brusttasche und zeigte es Ricco. Ein hübsches Mädchen mit rostbraunem, gekraustem Haar und Sommersprossen war darauf zu sehen. »Ihr Name ist Nora.«

»Nettes Mädchen«, meinte Ricco. »Hast du vor, sie zu heiraten?«

»Unbedingt!«, sagte George. »Sie ist die Liebe meines Lebens.« Er küsste das Foto und steckte es zurück in die Tasche. »Ich komme übrigens aus Ohio. Und du?«

»Kalifornien.«

Sie unterhielten sich noch eine Weile über dieses und jenes, bis

---

4 Im Gegensatz zu Deutschland tragen Ehepaare in den USA den Ehering nicht an der rechten, sondern an der linken Hand.

ihr Vorgesetzter breitbeinig in der Tür erschien und die jungen Soldaten anbellte, die Grundstellung einzunehmen. In Sekundenschnelle standen die Burschen mit geschwellter Brust in Reih und Glied neben ihren Betten, den Blick stur geradeaus gerichtet, so wie es ihnen beigebracht worden war. Die Hände hinter dem Rücken, das Kinn erhoben, schritt der Offizier durch den Schlafraum. Vor jedem Soldaten blieb er einen Moment stehen, um ihn zu mustern.

»Soldaten des 3. Zugs, es ist mir eine große Ehre, Sie im *Fort Lee* begrüßen zu dürfen!«, begann er mit überlauter Stimme. »Wie Ihnen bereits bekannt ist, werden Sie in Vietnam für den GP4-Treibstoff-Nachschub für unsere Helikopter und Panzer zuständig sein. Während Ihrer Vorbereitungszeit im *Fort Lee* werden Sie lernen, wie man mit Granatwerfern, Raketenwerfern, Bazookas und M16-Maschinengewehren umgeht. Sie werden darauf vorbereitet, wie man mit fünf Tonnen schweren Panzern auf unwegigem Gelände fährt, wie man mitten im Dschungel eine 40 000-Liter-GP4-Treibstoffstation einrichtet und wie man den Treibstoff transportiert. Es wäre gelogen zu behaupten, ihre Aufgabe sei ungefährlich. Ihre Tanklaster werden ein bevorzugtes Ziel des Vietcongs sein. Aber ich habe eine gute und eine schlechte Nachricht.«

Er blieb vor George stehen und sah ihn an. »Die schlechte ist, wenn Sie von einer RPG-Panzerbüchse getroffen werden ... BUMM!«

George schluckte. Der Truppenführer ging einen Schritt weiter und machte vor Ricco halt. »Die gute ist, Sie werden die Explosion gar nicht mehr hören, weil Sie dann nämlich bereits tot sind.«

Ricco wurde heiß bei dieser Bemerkung. Aber sein Gesicht blieb so emotionslos, wie es sich für einen Soldaten geziemte.

»Ich kann Ihnen nicht versprechen, dass Sie von dieser Mission lebend zurückkehren werden«, fuhr der Offizier fort. »Aber wenn Sie sterben sollten, so sterben Sie ehrenvoll, im Dienst für Ihr Volk und Ihr Vaterland.« Er machte eine kurze Pause und ließ seinen Blick über die jungen Männer gleiten, von denen die meisten aussahen, als hätten sie gerade erst die Highschool abgeschlossen. Die Angst stand ihnen allen ins Gesicht geschrieben. »Gott möge Ihnen beistehen! Rührt euch!«

Ricco war keiner, der sich schnell von jemandem einschüchtern ließ. Aber bei der Begrüßungsrede des Offiziers war ihm schon ziemlich mulmig zumute geworden. Das waren ja großartige Aussichten! Genauso gut hätte er sich einen Sprengstoffgürtel umbinden und sich selbst in die Luft jagen können. Der Tod war ihm so oder so gewiss. Und das alles für einen sinnlosen Krieg in einem Land, von dem er bis vor Kurzem nicht einmal genau gewusst hatte, wo auf dem Globus es sich befand.

Im Oktober 1967 würde das Schiff auslaufen, das Riccos Kompanie nach Vietnam bringen sollte. Bis dahin wurden die Soldaten einem harten militärischen Training unterzogen. Ricco war für die Waffen von vier Zügen à fünfzig Mann zuständig und musste dafür sorgen, dass jeder genügend Munition und Handgranaten hatte. Außerdem war jeder Soldat im Besitz einer raketenangetriebenen Panzerabwehrhandwaffe, einer sogenannten Bazooka, und jeder Zug erhielt einen Granatwerfer und vier M16-Maschinengewehre.

Etwas Gutes hatte die Ausbildung: Die Jungs waren beschäftigt und hatten keine Zeit, sich über ihr ungewisses Schicksal in Vietnam Gedanken zu machen. Aber manchmal musste Ricco trotzdem daran denken. Er und George waren beste Freunde geworden, und eines Abends, als sie nach einem anstrengenden Tag auf der Holztreppe vor ihrer Baracke hockten, stellte Ricco George eine Frage, die ihn schon eine Weile beschäftigte: »Was, denkst du, kommt nach dem Tod?«

»Ich bin Katholik. Ich glaube daran, dass die Guten in den Himmel kommen und die Schlechten in die Hölle. Und diejenigen, deren Seelen noch nicht rein genug sind, kommen ins Fegefeuer, um für den Himmel geläutert zu werden. Was glaubst du?«

»Dasselbe«, antwortete Ricco. »Ich bin auch Katholik.«

Die zwei saßen eine Weile da und schwiegen.

»Hast du Angst zu sterben?«, fragte Ricco nach einer Pause.

George atmete tief durch. »Ja. Und du?«

»Ich auch.«

»Glaubst du, dass wir da draußen überhaupt eine Chance haben?«

»Ich weiß es nicht. Ich hoffe es, aber ... ich weiß es nicht.«

Wieder schwiegen sie. Ricco drehte einen Holzspan zwischen den Fingern, den er aus der Treppe herausgelöst hatte. George blickte nachdenklich vor sich hin.

»Weißt du was?«, sagte George plötzlich und sah zu Ricco hinüber. »Schluss damit.«

»Schluss womit?«

»So zu tun, als wären wir bei unserer eigenen Beerdigung. Schluss damit! Gott allein weiß, wann es Zeit für uns ist, ins Gras zu beißen. Und bis dahin werden wir alles tun, um am Leben zu bleiben. Lass uns einen Pakt schließen, Ricco. Hier und jetzt.«

»Was für einen Pakt?«

»Einen Blutspakt.« George holte sein Taschenmesser aus der Gurttasche. »Du und ich, wir beide, wir werden diesen Krieg überleben. Kapiert?! Egal, was in Vietnam passiert, wir werden aufeinander aufpassen. Wir werden nicht zulassen, dass einer von uns stirbt, okay?«

»Okay.«

George klappte das Messer auf, ließ die scharfe Klinge über die Innenfläche seiner rechten Hand gleiten und reichte das Messer Ricco. Auch er fügte sich eine Schnittverletzung an der rechten Hand zu und gab George das Messer zurück.

»Blutsbrüder?«, fragte George und streckte Ricco seine Hand entgegen.

»Blutsbrüder«, antwortete Ricco und ergriff seine Hand.

Das warme Blut ihrer Schnittwunden vermischte sich. Eine neue Zuversicht erfüllte Ricco, während er neben seinem besten Freund auf der Treppe saß und dessen Hand drückte. George hatte ja recht: Die Zukunft war noch nicht geschrieben worden, und wenn auch die Welt um sie herum in Flammen aufginge, sie würden es irgendwie schaffen, wieder heil nach Hause zurückzukehren. Daran wollte, ja, daran musste Ricco einfach glauben.

Etwas, womit Ricco während seines Aufenthalts im Südstaat Virginia immer wieder konfrontiert wurde, war das Thema Rassismus. Im Sonnenstaat Kalifornien, wo er herkam, gab es zwar auch Vorurteile, gerade Mexikanern gegenüber. Doch in den Südstaaten mit der falschen Hautfarbe geboren zu werden, konnte tödlich sein.

Die Dinge, die Ricco während seiner Dienstzeit zu hören und zu sehen bekam, verstörten und schockierten ihn zutiefst. Es war ihm absolut unverständlich, warum Menschen nicht miteinander klarkamen, sobald sie nicht dieselbe Hautfarbe hatten. Selbst in der Armee, wo eigentlich alle einander gleichgestellt waren, gab es Rassisten.

Einmal blaffte ein Weißer aus Riccos Kompanie durch den Duschraum, er könne es kaum erwarten, nach Vietnam zu gehen. Dann könne er endlich alle Nigger in Uniform abknallen, ohne dass es auffallen würde. Später erfuhr Ricco, dass der Typ aus dem Duschraum Mitglied des Ku-Klux-Klans war. Ricco wusste nicht viel über den Ku-Klux-Klan. George kannte sich ein bisschen besser aus und erzählte ihm, dass die Mitglieder dieses rassistischen Geheimbundes die Schwarzen bis aufs Blut hassten, schikanierten und manchmal sogar töteten.

Dass George damit leider nicht übertrieben hatte, wurde Ricco klar, als er und seine Kameraden eines Abends beim Ausgang über die Leiche eines Schwarzen stolperten. Er lag mit fünf Schüssen in der Brust in einem kleinen Bach neben der Straße. Ricco wollte sofort die Polizei rufen, aber die anderen Jungs erklärten ihm, dass das zu gefährlich sei, weil es gut sein könne, dass die Polizei selbst den Mord begangen habe.

»Das hier ist die Handschrift des Klans«, erklärten sie. »Wir halten uns da besser raus.«

Und so ließen sie den Toten einfach liegen und gingen weiter, als wäre nichts geschehen.

Wenige Wochen nach diesem makabren Zwischenfall kam es zu einer direkten Begegnung mit Anhängern des Klans.

Als Ausgleich zu den harten Trainingstagen fuhren die Soldaten manchmal abends mit dem Bus in die angrenzende Stadt Petersburg, um sich ein wenig zu amüsieren. Einmal, als Ricco, George und acht andere Burschen aus ihrem Kader aus einer Bar kamen, stießen sie an einer Straßenecke auf einen Mann in einem seltsamen Kostüm. Er trug eine weiße, lange Kutte, eine zugespitzte, ebenfalls weiße

Kapuze und er verteilte den Passanten Propagandahandzettel. Ricco hatte keine Ahnung, warum der Mann sich so seltsam kleidete. Und Dexter, ein breitschultriger Bursche aus Los Angeles, der schon ein wenig angetrunken war, scherzte so laut, dass der Kapuzenmann es unweigerlich hören musste: »Sieh mal einer an! Der Zirkus ist in der Stadt!«

»Sei still, du Dummkopf!«, ermahnte ihn George. »Der Kerl ist vom Ku-Klux-Klan!«

Ricco zuckte kaum merklich zusammen. *So also sehen die aus!*, dachte er. Unwillkürlich blitzte die Leiche am Straßenrand vor seinem inneren Auge auf. Ein mulmiges Gefühl beschlich ihn, als Dexter sich provokativ vor den Vertreter des Ku-Klux-Klans stellte und herablassend meinte: »Ach, du bist ein Klansmann! Ich wollte schon immer mal einen von euch treffen. Sag mal, wieso hasst ihr eigentlich die Schwarzen so sehr? Was haben sie euch getan? Hm?«

»Halt die Klappe, weißer Nigger!«, knirschte der Mann in dem weißen Gewand. Aber Dexter dachte nicht daran zu schweigen.

»Wie war das? Wie hast du mich gerade genannt?«

»Ich sagte: Halt die Klappe, weißer Nigger!«

Dexter plusterte sich zu voller Größe auf. »Willst du Streit, du elender Rassist? Willst du dich in deinem lächerlichen Bettlaken mit mir prügeln, hm?«

»Dexter, lass uns gehen, bevor wir Ärger kriegen«, flüsterte ihm George zu und versuchte, ihn am Arm von dem Ku-Klux-Klan-Typen wegzuzerren. Doch Dexter war auf Konfrontationskurs.

»Ich glaube, unser Zirkusclown könnte eine Abreibung vertragen. Was meint ihr?«

»Dexter!«

In diesem Augenblick waren quietschende Reifen zu hören. Ricco wirbelte herum und sah, wie mehrere Autos unmittelbar hinter ihnen am Straßenrand hielten. Sämtliche Türen sprangen gleichzeitig auf. Zwanzig kräftige Männer mit Schnauzbärten und Tattoos sprangen heraus, bewaffnet mit Baseballschlägern und Eisenstangen. Sie trugen keine weißen Roben, aber dass sie zu dem Kapuzenmann mit den Handzetteln gehörten, war dem blitzenden Zorn in ihren

Augen leicht zu entnehmen. Wie eine wildgewordene Büffelherde galoppierten sie auf die Soldaten zu.

»Weg hier!«, schrie Ricco.

Die Jungs spurteten los, so schnell ihre Beine sie tragen konnten. Die Klansmänner hefteten sich unverzüglich an ihre Fersen. Eine wilde Verfolgungsjagd quer durch die halbe Stadt begann. Die Soldaten rannten um ihr Leben. Nur mit Mühe gelang es ihnen, einen kleinen Vorsprung zu gewinnen und ihre Verfolger so weit abzuschütteln, dass sie ungesehen in einem Restaurant verschwinden konnten. Damit waren sie aber noch lange nicht in Sicherheit.

»Haben wir sie abgehängt?«, fragte einer der Soldaten völlig außer Atem.

»Wohl kaum«, meinte George schweißgebadet, und zu Dexter gewandt keuchte er: »Mann, hab ich dir nicht gesagt, wir würden Ärger kriegen? Mit dem Ku-Klux-Klan ist nicht zu spaßen!«

»Und was jetzt?«, fragte ein anderer.

»Wir müssen hinten raus!«, schnaufte Ricco mit bangem Blick auf die Straße. »Sie können jeden Moment hier sein! Los! Mir nach!«

Zielstrebig durchquerten die Jungs das Restaurant, ohne auf die verwirrten Gäste und die etwas perplexen Kellner zu achten. Sie marschierten in die Herrentoilette. Ricco stellte sich auf eine der Toilettenschüsseln und klappte das Fenster auf, das sich über der Toilette befand.

»Du willst da rausklettern?«, fragte Dexter.

»Du kannst gerne die Vordertür nehmen«, antwortete Ricco. »Ich nehm das Fenster.«

Sie nahmen natürlich alle das Fenster, hangelten sich in den schlecht beleuchteten Hinterhof des Restaurants, und von dort aus gelangten sie zurück auf die Hauptstraße. Die Klansmänner waren nicht mehr zu sehen. Trotzdem warteten die Jungs einen Moment, um sicher zu sein, dass ihnen die bewaffneten Kerle nicht doch noch irgendwo auflauerten. Dann eilten sie im Laufschritt zur Busstation und nahmen den ersten Bus zurück zum *Fort Lee*. Der Schrecken saß ihnen noch allen im Nacken, als sie Petersburg längst hinter sich gelassen hatten.

Das ist ja gerade noch mal gut gegangen, dachte Ricco, während er sich erschöpft zurücklehnte und für einen Moment die Augen schloss. Nicht auszudenken, was passiert wäre, hätten die Kerle sie zwischen die Finger gekriegt.

So schnell werde ich jedenfalls nicht mehr nach Petersburg fahren, beschloss Ricco. *Und wenn doch, dann auf keinen Fall mit Dexter!*

Im Sommer 1967 war das militärische Spezialtraining abgeschlossen, und die konkreten Vorbereitungen begannen, unter anderem das Beladen des Schiffes, das im Oktober nach Vietnam auslaufen sollte. Ricco wurde es erlaubt, seine Frau auf den Stützpunkt holen zu lassen. Es gab separate Unterkünfte für verheiratete Soldaten und ihre Ehefrauen. So konnte Ricco wenigstens ein paar Monate lang mit Corinna zusammen sein, bevor er in den Krieg ziehen musste. Am Morgen des 21. Oktober, nur zwei Tage vor der Ausreise, eröffnete ihm Corinna voller Freude, dass sie schwanger war. Ricco fiel die Kinnlade herunter.

»Du bist schwanger?«

»Ja!«

»Bist du sicher?«

»Ja, Ricco. Wir kriegen ein Baby!«

»Das ist ... großartig, Corinna! Großartig!« Er sah Corinna an und schüttelte fasziniert den Kopf. »Ich werde Vater!«, murmelte er und versuchte sich erst einmal an den Gedanken zu gewöhnen. Einerseits freute er sich, aber andererseits machte er sich auch Sorgen. Zwar hatte er sich ein Kind gewünscht, um einen Nachkommen zu hinterlassen, falls er in Vietnam sterben sollte. Doch jetzt, wo Corinna tatsächlich schwanger war, musste Ricco nur noch daran denken, wie traurig es wäre, wenn sein Kind ohne Vater aufwachsen müsste.

»Corinna«, sagte er und fasste seine Frau an den Händen. »Ich weiß, es ist schwer für dich, dass ich übermorgen gehen muss. Aber du brauchst dir keine Sorgen zu machen. Ich werde zurückkehren. Ich werde Vietnam überleben, für dich und das Baby. Das verspreche ich dir. Und dann werden wir eine richtige, kleine ...«

Er hatte den Satz noch nicht zu Ende gesprochen, als plötzlich die Sirenen losheulten.

»Ist das eine Übung?«, fragte Corinna verunsichert.

»Ich weiß es nicht«, antwortete Ricco. »Bin gleich wieder da.« Er ging zur Zimmertür und öffnete sie. Ein paar Soldaten standen auf dem Flur und unterhielten sich aufgeregt.

»Was ist denn los?«, fragte Ricco.

»Die Hippies wollen das Pentagon stürmen!«

»Die Hippies wollen *was*?!«

»100 000 Vietnamkrieg-Gegner haben sich vor dem Lincoln-Denkmal eingefunden. 30 000 von ihnen sind in diesem Moment zu Fuß unterwegs zum Pentagon. Unsere Einheit wird unverzüglich nach Washington D. C. beordert!«

»Aber unser Schiff läuft doch übermorgen aus!«

»Wie es aussieht, hat der Einsatz in Washington Priorität. Wir sind offenbar eine der Truppen, die am schnellsten vor Ort sein kann.«

»Und Vietnam?«

»Wird wohl vorerst verschoben. Den Hippies sei Dank!«

Eine halbe Stunde später saß Ricco in voller Montur und mit Helm und Gewehr auf einem der offenen Laster, die ihn, George und ihre Kameraden nach Washington D. C. bringen sollten. Was sie dort vor dem Pentagon erwartete, war eine wirklich außergewöhnliche Situation. Ein unüberschaubares Meer von Menschen belagerte das graugelbe Fünfeck des Verteidigungsministeriums. 2 500 Bundessoldaten waren im Einsatz, um das Volk in Schach zu halten. Ricco und George reihten sich mit griffbereiten Gewehren in die Menschenkette auf der Treppe vor dem Pentagon ein, mit der Anweisung, die Hippies daran zu hindern, in das Gebäude einzudringen. Die Stimmung war angespannt, einmal mussten Soldaten sogar Tränengas gegen eine Gruppe von Demonstranten einsetzen. Aber die meisten Hippies waren eher friedlich, ein wenig exzentrisch vielleicht, aber friedlich. Ricco staunte nicht schlecht, als eine Frau mit glattem, hüftlangem Haar, breitem Stirnband und bunter Batikkleidung auf ihn zukam. Sie hatte eine rote Nelke in der Hand, blieb unmittelbar vor Ricco stehen und steckte ihm die

Blume in die Gewehrmündung mit den Worten: »Zieht euch aus Vietnam zurück! Wir wollen Frieden!«

Sag das mal dem Präsidenten, dachte Ricco bei sich. *Glaubst du, ich würde das hier zum Spaß machen? Meine Frau ist schwanger!*

Die Hippies fanden die Idee mit der Blume anscheinend toll, denn auf einmal traten mehr und mehr von ihnen vor und schmückten die Gewehrmündungen der Soldaten mit Nelken.

Unterdessen kam es zu einer weiteren interessanten Entwicklung. Ricco beobachtete, wie Bewegung in die Menschenmasse kam. Die Leute hielten sich an den Händen und begannen zu summen. Es klang, als wollten sie sich in Trance versetzen.

Ricco stupste George an. »Was, bitteschön, machen die da?«

»Keinen Schimmer.«

»Wir werden das Pentagon schweben lassen!«, klärte ihn ein junger Mann mit braunem Lockenkopf bereitwillig auf. »Abbie Hoffman hat uns dazu aufgerufen. Wir sollen das Pentagon umringen und ein altaramäisches Exorzismusritual durchführen. Dadurch wird sich das Pentagon 91 Meter in die Höhe erheben, orangefarben anlaufen und zu vibrieren beginnen.«

»Aha«, meinte Ricco. »Und wozu soll das gut sein?«

»Dadurch schütteln wir die bösen Geister aus dem Pentagon und der Krieg wird zu Ende sein.«

»Interessant. Und wie gedenkt ihr, das Gebäude danach wieder auf den Boden zu kriegen?«

»Mach dich ruhig lustig über uns. Es gibt kosmische Energien, von denen du keine Ahnung hast!«, entgegnete der Lockenkopf pikiert, bevor er sich abwandte und in der Menge verschwand.

Ricco warf George einen vielsagenden Blick zu.

George grinste. »So einen Schwachsinn hab ich ja noch nie gehört. Da sind ja fliegende Untertassen noch besser.«

»Also ich glaube an so was.«

»Wie bitte?«

»Nicht daran, dass das Pentagon schweben könnte. Das ist natürlich blanker Unsinn. Aber über fliegende Untertassen hab ich schon 'ne Menge gelesen. Die gibt es wirklich.«

»Ach komm, Ricco.«

»Hey, es gibt viele, die sagen, sie hätten welche gesehen. Einige behaupten sogar, sie seien von welchen entführt worden.«

»Und so was glaubst du? Als Sechsjähriger hab ich auch noch an den Weihnachtsmann geglaubt. Aber irgendwann war ich dafür zu alt. Na ja, Ufos hin oder her.« George deutete mit dem Kopf auf die Menschen, die sich an den Händen hielten und summend das Pentagon beschworen. »Etwas mehr Verstand als die hier hast du immerhin. Es gibt also noch Hoffnung.«

Auf der weitläufigen Parkfläche vor dem Pentagon stand ein Lastwagen, der in eine Bühne umgewandelt worden war. Ein rotbärtiger Mann ergriff das Mikrofon und schrie mit wuchtiger Stimme: »Im Namen von Ra, Osiris, Horos, Isis, im Namen des lebenden Universums fordern wir euch auf, ihr Dämonen, das Pentagon zu verlassen! Hinweg mit euch! Zurück in die Finsternis, ihr Diener des Satans!«

Exotische Glocken, Triangel und Gongs untermalten den Sprechchor, der sich über das gesamte Gelände ausbreitete.

»Hinfort, Dämonen!«, hörte man aus Tausenden von Kehlen, während einige wie in Ekstase zu tanzen begannen und andere mit geschlossenen Augen den Kopf rollten.

Nur das Pentagon zeigte sich wenig beeindruckt von dem Exorzismus und rührte sich keinen Zentimeter von der Stelle. Es begann weder zu schweben, zu wanken, zu zucken noch orange anzulaufen. Es geschah überhaupt nichts, und irgendwann hörten die Leute auf zu singen und gaben das Experiment auf.

So verrückt die Hippies auch sein mochten, sie hatten immerhin dafür gesorgt, dass Ricco und seine Kameraden nicht in den Krieg ziehen mussten - zumindest vorerst nicht. Die Galgenfrist war um drei Monate verlängert worden, und das war Ricco nur allzu recht.

»Von mir aus können die Hippies ruhig noch das Weiße Haus oder die Freiheitsstatue zum Schweben bringen«, meinte er zu George. »Hätte absolut nichts dagegen einzuwenden. Ich sing sogar mit, wenn es sein muss.«

Natürlich wusste Ricco, dass die Wahrscheinlichkeit, gleich zweimal vom Vietnamkrieg verschont zu werden, äußerst gering war. Aber tatsächlich passierte es ein zweites Mal: Im Januar 1968, wenige Tage vor ihrer Ausreise, wurden die Soldaten erneut anderweitig gebraucht. Diesmal ging es nicht um eine Anti-Vietnamkrieg-Demonstration, sondern um einen Aufstand im Zusammenhang mit der Bürgerrechtsbewegung.

Es brodelte schon eine ganze Weile im Land. Die Schwarzen kämpften seit Jahren für ihre Gleichberechtigung. Martin Luther King mobilisierte die Massen für friedliche Märsche und predigte gegen Rassismus und Unterdrückung. In vielen Städten kam es zu Krawallen und Ausschreitungen. Häuser wurden in Brand gesteckt, Geschäfte geplündert, Menschen getötet. Es war das reinste Chaos. Längst war die Situation aus dem Ruder gelaufen, und immer häufiger musste die Armee zur Verstärkung der örtlichen Polizei anrücken, um die Lage wieder einigermaßen in den Griff zu kriegen.

Auf den Einsatz von Riccos Truppe im Januar folgten zwei weitere Einsätze Anfang Februar. Wie Eiterbeulen platzten die Unzufriedenheit und der Rassenhass des Volkes in den Städten auf, teilweise mit verheerenden Ausmaßen. Auf den Straßen herrschte Krieg. Ricco und seine Kameraden waren dafür verantwortlich, die Aufstände zu beenden, und Vietnam wurde zum dritten Mal auf Eis gelegt. Die Lage spitzte sich immer weiter zu, und am Abend des 4. April 1968 geschah etwas, das die ganze Welt schockierte.

Es war derselbe Tag, an dem Corinna ihren 21. Geburtstag feierte. Ricco und George hatten eine Geburtstagstorte aufgetrieben und den Gemeinschaftsraum mit Girlanden und Ballonen geschmückt. Corinna lebte nun schon ein Dreivierteljahr auf dem Militärstützpunkt und war im siebten Monat schwanger. Die versammelten Soldaten und ihre Frauen sangen »Happy Birthday« für Corinna, und als sie gerade die Kerzen ihrer Geburtstagstorte auspustete, platzte ein Soldat mitten in die fröhliche Gesellschaft hinein und berichtete völlig fassungslos: »King ist tot! Die haben Martin Luther King erschossen! Es kam eben in den Nachrichten!«

Sobald Ricco von Kings Ermordung hörte, wusste er, was das für ihn und seine Truppe bedeutete: Sie würden unverzüglich in die Hauptstadt gerufen, um mögliche Straßenschlachten einzudämmen. Denn dass es nach Martin Luther Kings Tod besonders in Washington D. C. zu Tumulten käme, war voraussehbar. Der Befehl zum Ausrücken ließ denn auch keine fünf Minuten auf sich warten. Mit der Geburtstagsparty war es vorbei. Die Soldaten verdrückten schnell noch ein Stück Kuchen und gingen dann auf ihre Zimmer, um zu packen.

Als sie mitten in der Nacht in Washington D. C. eintrafen, bot sich den Soldaten ein grauenvoller Anblick. Die Stadt war vollkommen außer Kontrolle. Die Straßen sahen aus, als hätten mehrere Bomben eingeschlagen. Zahlreiche Gebäude standen in Flammen. Überall standen ausgebrannte Autos. Aus Trümmern stiegen Feuer und Rauch auf. Die Scheiben etlicher Läden waren eingeschlagen, und die Menschen fielen wie ausgehungerte Wölfe über alles her, was sie zu fassen bekamen. Als die Soldaten versuchten, sie daran zu hindern, wurden sie von Dächern aus beschossen. Molotowcocktails flogen durch die Luft und zerbarsten vor der Truppe auf dem Boden. So etwas hatte Ricco noch nie erlebt. Er kam sich vor wie im Krieg, nur dass sie hier nicht in Vietnam waren, sondern in ihrem eigenen Land und gegen ihre eigenen Leute kämpften.

Die Polizei war hoffnungslos überfordert. Sie hatten bereits sämtliches Tränengas verbraucht, das ihnen zur Verfügung stand. Doch Riccos Truppe war mit einer großen Menge Tränengas ausgerüstet, und so begannen sie mit vereinten Kräften, die Demonstranten zurückzudrängen und Verhaftungen vorzunehmen. Das Sportstadion der Redskin-Football-Mannschaft wurde kurzerhand in ein Gefängnis umgewandelt, um all die verhafteten Leute unterbringen zu können. Für die Soldaten wurde in der *George Town University* ein Notschlafquartier eingerichtet. Aber an Schlafen war in diesem Chaos nicht zu denken.

Fünf Tage dauerten die Kämpfe an. 3000 Polizisten und 14000 Soldaten standen 20000 wilden Bürgern gegenüber, die sogar versuchten, das Weiße Haus in ihre Gewalt zu bringen. Es war gespenstisch. Über 6000 Leute wurden verhaftet. Es gab mehr als 1000 Verletzte, und 1200 Gebäude waren niedergebrannt worden. Ricco war einfach nur heilfroh, als der Einsatz vorbei war. Vom Krieg hatte er in diesen fünf Tagen nun wirklich genug gesehen.

Einen Monat später, im Mai 1968, war Riccos zweijährige Dienstpflicht vorbei und er kehrte zusammen mit seiner hochschwangeren Frau nach Kalifornien zurück. Die Armee bot ihm zwar an, noch länger zu bleiben, und räumte ihm große Aufstiegschancen ein, aber Ricco hatte kein Interesse an einer Militärkarriere. Er wollte Polizist werden. Daran hatte sich in den vergangenen zwei Jahren nichts geändert. Und wenn sich Ricco etwas in den Kopf gesetzt hatte, dann konnte ihn nichts und niemand davon abbringen.

4 Das Hochsicherheitsgefängnis

Oktober 1970

»Ricco, ich werde bald ein reicher Mann sein. Und mit reich meine ich *wirklich* reich«, erklärte Simon stolz.

»Wieso? Hast du im Lotto gewonnen?«

»Besser als das. Ich hab 10 000 Dollar in ein Geschäft investiert, das mir *Millionen* einbringen wird.«

»Was führst du im Schilde, Simon? Eröffnest du ein Bordell?«

Simon lachte. »Quatsch. Da gäbe es nicht annähernd so viel zu verdienen wie mit dem, was ich vorhabe.«

»Und was genau hast du vor, Cousin?«, fragte Ricco und sah Simon skeptisch an. »Was Illegales, hab ich recht?«

Anstatt Ricco zu antworten, grinste Simon bloß geheimnisvoll.

Die Cousins saßen in ihren blauen Overalls in der Mensa eines großen Automobilkonzerns und verbrachten die Mittagspause zusammen, bevor sie wieder zurück ans Fließband mussten. Ricco hasste den Job. Tag für Tag stand er am Fließband und setzte wie ein Roboter Vordersitze für Autos zusammen. Es war die eintönigste Arbeit der Welt. Ricco verabscheute jede einzelne Minute. Aber er hatte keine andere Wahl. Er hatte eine Familie zu versorgen, schließlich war er jetzt Vater von zwei Mädchen - Michelle, die 1968 zur Welt gekommen war, und Veronica, die 1970 geboren war. Sie lebten in einem kleinen Haus in Modesto, 150 Kilometer östlich von San Francisco. Ricco hatte den Job nur deshalb angenommen, weil die Bezahlung gut war. Er verdiente 500 Dollar im Monat, das war zu der damaligen Zeit eine Menge Geld. Außerdem waren Kinder der Arbeiter, die bei dem Automobilhersteller tätig waren, automatisch krankenversichert, was ein weiterer Pluspunkt war.

Aber Ricco war ehrgeizig und nicht bereit, ein Leben lang als menschlicher Roboter zu arbeiten. Abends besuchte er deswegen die Polizeihochschule in Modesto und studierte dort Strafrecht. Es dauerte vier Jahre, und nach erfolgreichem Abschluss würde Ricco endlich Polizist sein. Dieses Ziel und das Wohl seiner Familie waren die einzigen Gründe, die Ricco davor bewahrten, bei der Fließbandarbeit nicht den Verstand zu verlieren. Und wie es schien, hatte nun auch Simon einen Weg gefunden, der Verblödung zu entrinnen - auf seine Weise.

»Sag schon, was ist es?«, fragte ihn Ricco neugierig. »Welches Geschäft kann 10 000 Dollar in eine Million verwandeln?«

Simons Augen funkelten. »Drogen.«

»Drogen?« Ricco sah seinen Cousin schockiert an. »Hast du den Verstand verloren? Du willst mit Drogen handeln?!«

Simon beugte sich über den Tisch und zwinkerte Ricco vergnügt zu. »Das tu ich doch schon längst, mein lieber Cousin. Aber jetzt steig ich im großen Stil ein.«

»Was?!« Ricco stürzte von einer Überraschung in die nächste. »Du dealst?! Wie lange schon?«

»Schon 'ne Weile, um meinen Bruder vom Knast fernzuhalten. Du weißt doch, dass er süchtig ist.«

Ja, das wusste Ricco. Carlos war drogenabhängig. Mit 16 hatte er begonnen, Heroin zu rauchen und in Häuser einzubrechen, um sich seine Sucht zu finanzieren. Vor zwei Jahren war er wegen Diebstahls verhaftet und für ein paar Monate ins Gefängnis gesteckt worden.

»Anfangs tat ich es einfach nur für meinen Bruder«, erklärte Simon. »Ich dachte mir, wenn ich ihm die Drogen besorge, braucht er nicht mehr dafür zu stehlen. Also käme er auch nicht mehr ins Gefängnis. Ich kaufte den Stoff von einem kleinen Dealer. Einen Teil gab ich Carlos. Den Rest streckte ich mit Backpulver und vertickte es zum doppelten Preis an der Straßenecke. Mit der Zeit hatte ich meine festen Kunden, und es wurden immer mehr. Tja, und da kam ich auf die Idee. Ich meine, überleg doch mal: Ich bezahle für 0,1 Gramm Heroin 25 Dollar, dabei hat mein Verkäufer wahrscheinlich nicht mal 15 Dollar dafür bezahlt, und der Dealer, von dem er es hat, kaufte es für acht Dollar ein. Es ist wie eine Pyramide, und wenn du so wie ich auf der untersten Stufe bist, hast du total miesen Stoff, der schon x-mal gestreckt wurde und viel zu teuer ist, weil jeder Zwischenhändler wieder zünftig was draufgeschlagen hat. Aber was wäre, wenn ich auf dieser Pyramide ein paar Stufen höher klettern könnte? Was wäre, wenn *ich* derjenige wäre, der 0,1 Gramm Heroin für drei anstatt für 25 Dollar einkauft und es für acht Dollar weiterverkauft? Ich hab das Ganze mal durchgerechnet. Der Gewinn wäre astronomisch!

Ich hab den kleinen Dealer, von dem ich das Heroin für meinen Bruder hatte, gefragt, bei wem er seinen Stoff einkauft. Da er mich gut leiden konnte, hat er es mir gesagt und mich mit seinem Dealer bekannt gemacht. Von nun an begann ich mich Stufe um Stufe auf der Pyramide hochzuarbeiten, bis ich den kennenlernte, der den Stoff direkt aus Mexiko bezieht. Er sagte mir, dass er mich für 10 000 Dollar seinem Zwischenhändler in Mexiko vorstellen werde, einem gewissen Miguel, der die Drogen direkt von einem Drogenkartell in Culiacán kauft. Also hab ich zu sparen begonnen, hab ihm die 10 000 Dollar gegeben, und nächsten Samstag ist es soweit: Ich treffe Miguel in Mexiko. Und dann, mein lieber Cousin, dann bin ich drin im Geschäft.«

Ricco hatte seinem Cousin aufmerksam zugehört und war sprachlos. Sein Cousin war schon immer ein Exot gewesen. Aber jetzt ging er eindeutig einen Schritt zu weit. Drogenhandel im großen Stil? War er sich überhaupt bewusst, worauf er sich da einließ?

»Du hast den Verstand verloren, Simon«, sagte Ricco kopfschüttelnd. »Du gibst jemandem 10 000 Dollar, um einen Drogendealer in Mexiko zu treffen? Was, wenn es eine Falle ist? Wenn dieser Miguel dich umlegt?«

»Warum sollte er einen potenziellen Neukunden umlegen? Das ist ein ganz normales Treffen zwischen Geschäftsleuten, nichts weiter.«

»Du bist verrückt.«

»Ich finde, ich bin genial.«

Ricco musterte seinen Cousin besorgt. »Du solltest die Finger davon lassen, im Ernst. Das ist viel zu gefährlich. Wenn die Polizei dich erwischt, wanderst du für sehr lange Zeit hinter Gitter, das ist dir doch klar, oder?«

Simon verdrehte die Augen. »O Mann, du bist noch nicht mal Cop und redest schon wie einer. Ich will dir jetzt mal was sagen, mein lieber Cousin: Ich werde bestimmt nicht bis an mein Lebensende an diesem dämlichen Fließband stehen und diese langweiligen Autositze zusammenschrauben. Ich will leben! Ich will das Leben genießen. Das hier ist meine Chance, und ich werde sie nutzen.«

Ricco nickte. Er konnte sehr gut nachvollziehen, dass Simon die stupide Fließbandarbeit satthatte. Es ging ihm ja genauso. Aber als Alternative ins Drogengeschäft einzusteigen, wäre Ricco nie und nimmer in den Sinn gekommen.

»Ich hoffe, du weißt, was du da tust«, sagte er und sah seinen Cousin ernst an. »Mit diesen Leuten ist nicht zu spaßen.«

Simon grinste zuversichtlich. »Keine Bange, Cousin. Wird schon schiefgehen. Ach, und Ricco: Das hier bleibt unter uns, ja?«

»Unter einer Bedingung«, stimmte Ricco zu. Er beugte sich über den Tisch und senkte die Stimme. »Wenn du das wirklich durchziehst, Cousin, dann will ich nichts, aber auch gar nichts darüber wissen. Keine Namen, keine Orte, keine Zahlen, einfach nichts, kapiert? Ich will nicht zwischen den Fronten stehen und meine Polizeikarriere aufs Spiel setzen, bevor ich sie überhaupt begonnen habe, wenn du verstehst, was ich meine. Was ich nicht weiß, macht mich nicht heiß. Also halt mich da raus, okay?«

»Geht klar«, antwortete Simon und schloss mit den Fingern einen imaginären Reißverschluss über seinem Mund. »Du brauchst dir keine Sorgen zu machen. Ich werde schweigen wie ein Grab. Großes Cousinehrenwort.«

»Gut«, meinte Ricco erleichtert.

Als Ricco am nächsten Montag zur Arbeit kam und Simon auf dem Weg zur Montagehalle begegnete, verloren sie kein Wort über das Treffen mit dem Drogendealer aus Mexiko. Aber dem Funkeln in Simons Augen konnte Ricco entnehmen, dass es definitiv stattgefunden hatte und Simon mit dem Resultat äußerst zufrieden war.

Simon hielt Wort und weihte Ricco in keinerlei Details ein. Aber Ricco wusste auch so, was Sache war. Wenige Monate später kündigte Simon seinen Fließbandjob und zog mit seiner Familie in ein größeres Haus nach San José. Womit er sich das Haus finanziert hatte, lag auf der Hand.

Auch wenn Ricco Simons neue Geschäfte nicht guthieß, beneidete er ihn darum, dass er nicht mehr am Fließband arbeiten musste. Wenn es irgendeine Möglichkeit gegeben hätte, diesen fürchterlich eintönigen Job gegen einen anderen einzutauschen, Ricco hätte es sofort getan. Und schließlich kam die Gelegenheit - allerdings zu einem sehr hohen Preis.

***

September 1971

»Mr Sotelo, könnten Sie sich vorstellen, im Gefängnis zu arbeiten?«

»Sie meinen als Aufseher?«

»Wir nennen es Justizvollzugsbeamter. Aber ja, genau das meine ich. Sie hätten das Potenzial dazu.«

»Ich? Wie kommen Sie denn darauf?«

Der Beamte, der vor Ricco stand, hatte an der Polizeihochschule in Modesto gerade eine Lektion zum Thema Kriminalität und Gefängnis gehalten und den Fünfundzwanzigjährigen nach der Stunde zu sich gerufen.

»Sie sind mir während des Unterrichts aufgefallen, Mr Sotelo. Wenn man wie ich selbst eine Zeit lang im Gefängnis gearbeitet hat, bekommt man ein Gespür dafür, wer der Herausforderung gewachsen sein könnte und wer nicht. Sie scheinen mir tough genug dafür zu sein. Sie sind groß, kräftig und haben ein gesundes Selbstbewusstsein. Das sind alles gute Voraussetzungen für diesen Job.«

»Das ist ja sehr schmeichelhaft. Aber wenn ich in zwei Jahren das Studium abgeschlossen habe ...«

»Ich rede nicht von der Zukunft«, fiel ihm der Mann ins Wort. »Ich rede von jetzt!«

»Wie jetzt? Ich bin doch noch gar nicht mit der Ausbildung fertig.«

»Das macht nichts. Das Studium können Sie nebenher weiterführen. Fakt ist: Das Gefängnis ist froh über jeden Mann. Ein Anruf von mir genügt, und Sie können gleich am Montag anfangen.«

»Sie machen Witze!« Ricco traute seinen Ohren nicht.

»Durchaus nicht. Das Gefängnis ist immer auf der Suche nach guten Männern. Wie wär's? Sind Sie interessiert?«

Ricco dachte kurz nach. Gefängniswärter. An so was hatte er noch überhaupt nie gedacht. Natürlich hatte er gewusst, dass Polizist nicht gleich Polizist war. Es gab bei der Strafverfolgungsbehörde die unterschiedlichsten Abteilungen, zum Beispiel das S.W.A.T.-Team, die Mordkommission, das Drogendezernat. Oder er könnte als Bewährungshelfer arbeiten oder zur Hundestaffel gehen. Gefängniswärter war natürlich auch eine Option, aber nicht unbedingt das, was sich Ricco unter der Bezeichnung »Polizist« vorstellte. Er hatte mehr die klassische Version vor Augen, die, bei der man Häuser stürmte und sich wilde Verfolgungsjagden mit Verbrechern lieferte. Andererseits war das Angebot durchaus verlockend, wenn Ricco an die monotone Fließbandarbeit dachte. Er sah den Polizisten an und nickte. »Warum eigentlich nicht? Schlimmer als mein jetziger Job kann es kaum werden.«

»Und die Bezahlung ist auch nicht ohne«, ergänzte der Beamte. »Nach Abzügen bleiben Ihnen 1500 Dollar.«

»1500?! Donnerwetter!«, rief Ricco, dem der Mund offen stehen blieb. *Das ist ja dreimal so viel wie mein jetziges Gehalt!* »Ich wusste gar nicht, dass Gefängnisaufseher so viel verdienen.«

»Sagen wir es so: Justizvollzugsbeamter zu werden, steht nicht unbedingt weit oben auf der Wunschliste eines Cops. Mit Strafgefangenen zu arbeiten, ist kein Zuckerschlecken. Da ist es nur gut und recht, dass wenigstens die Bezahlung stimmt.«

»Super«, meinte Ricco, und die Idee gefiel ihm immer besser. »Und in welchem Gefängnis würde ich arbeiten?«

»Im Staatsgefängnis in Tracy, in der *Deuel Vocational Institution*, besser bekannt als ›DVI‹.«

»DVI?« Das Wort holte Ricco unverzüglich wieder auf den Boden der Tatsachen zurück. »Sie meinen das Hochsicherheitsgefängnis, über welches andauernd etwas wegen Gewalttaten und Ausbrüchen in der Zeitung steht?«

»Das ist richtig«, bestätigte der Beamte. »Ich will Ihnen nichts vormachen. Das sind harte Jungs, die dort einsitzen. 1400 Kerle, alle zwischen 18 und 25, und die meisten sitzen lebenslänglich wegen Mordes. Aber wie gesagt, die Bezahlung ist sehr gut, und es ist ja auch nicht so, dass jeder Tag einer erstochen wird.« Er zwinkerte Ricco gewinnend zu. »Also, wenn Sie den Job haben wollen, gehört er Ihnen.«

Ricco runzelte die Stirn. Er hatte schon viel über die DVI gelesen. Die Institution galt als eines der gewalttätigsten Staatsgefängnisse Kaliforniens. Andere ähnlich berühmte Gefängnisse waren zum Beispiel das *Folsom State Prison* oder *San Quentin*. Vor drei Jahren hatte der Countrysänger Johnny Cash im *Folsom State Prison* sogar ein Livekonzert vor den Gefangenen gegeben. Aber die DVI war an Schlagzeilen kaum zu übertreffen. Immer mal wieder wurde von Messerstechereien berichtet, manchmal auch von Toten. Kein Wunder, dass es nicht viele gab, die sich freiwillig in diese Höhle des Löwen wagten, und dass der Staat um jeden Mann rang und mit einem hohen Gehalt lockte.

Ob das Risiko die Kohle wert ist?, überlegte Ricco. *Andererseits ist es* die *Chance, endlich vom Fließband wegzukommen. Und Corinna hätte bestimmt nichts dagegen, wenn ich von einem Tag auf den anderen das Dreifache verdiente. Vielleicht sollte ich es einfach tun, bevor ich wegen des Fließbands in die Klapse komme. Was hab ich schon zu verlieren?*

»Sie können es sich auch in aller Ruhe durch den Kopf gehen lassen«, meinte der Beamte. »Ich kann verstehen, wenn Sie nicht gleich heute ...«

Er hatte den Satz noch nicht zu Ende gesprochen, als ihm Ricco entschlossen ins Wort fiel. »Nein, ist schon okay. Ich brauch keine Bedenkzeit. Ich mach's! Ich nehm den Job an!«

Die Entscheidung war gefallen. Und Ricco fühlte sich auf einmal voller neuer Energie. Es war schon nach 23 Uhr, als er von der Uni nach Hause kam. Corinna und die Kinder schliefen bereits. Alles war dunkel und still. Ricco ging in die Küche und knipste das Licht an. Dann schnappte er sich ein Glas und füllte es mit Limonade aus dem Kühlschrank.

Justizvollzugsbeamter, dachte er und ließ sich das Wort auf der

Zunge zergehen, während er im Stehen die Limonade trank. *Officer Ricardo Sotelo, Justizvollzugsbeamter in der DVI. Klingt gar nicht mal so schlecht. Daran könnte ich mich gewöhnen.*

Er stellte das leere Glas in die Spüle und nahm das Telefon von der Wand. Es war zwar schon spät, aber er musste unbedingt seinen Bruder anrufen und ihm erzählen, was passiert war. Fredo und er hatten nach wie vor ein sehr enges Verhältnis. Früher war Fredo es gewesen, der auf seinen kleinen Bruder aufgepasst hatte. Jetzt war Ricco einen halben Kopf größer als sein älterer Bruder und auch um einiges kräftiger gebaut. Die wilden Jugendjahre hatten beide hinter sich. Auch Fredo war verheiratet und hatte zwei kleine Kinder. Er wohnte mit seiner Familie in San José, eineinhalb Stunden von Modesto entfernt, und arbeitete bei einer Firma, die Wasserkocher herstellte. Trotz dieses »normalen« Lebens hatte Ricco aber manchmal den Eindruck, als wäre sein Bruder nicht viel vernünftiger als zu Jugendzeiten geworden.

»Fredo, ich bin's«, sagte Ricco aufgeregt, als sein Bruder sich am Telefon meldete. »Rate mal, wo ich ab Montag arbeiten werde.«

»Am Fließband, wo die Motorhauben verschraubt werden?«

»Weit gefehlt. Ich werde kündigen!«

»Du kündigst? Gratuliere, mein Bruderherz! Das war längst überfällig. Dann hat dich Simon also auch angeheuert?«

»Simon? Wie kommst du denn *darauf*?« Ricco stutzte. »Moment mal. Hat er *dich* etwa angeheuert?«

»Na ja, er hat mich gefragt, ob ich Interesse hätte einzusteigen«, erklärte Fredo am anderen Ende der Leitung. »Chale, Raul und Carlos sind auch schon dabei. Simon sagt, vor ein paar Tagen sei ein ziemlich großer Drogenring aufgeflogen. Die Dealer wurden verhaftet, und jetzt übernimmt Simon ihr Gebiet. Er sagt, er brauche dringend mehr Leute.«

Auf einmal war das, was Ricco Fredo erzählen wollte, nebensächlich. »Du hast doch hoffentlich nicht zugesagt, oder?«

»Immer mit der Ruhe, kleiner Bruder«, beschwichtigte ihn Fredo. »Ich mach schon keine Dummheiten.«

»Das will ich hoffen. Nichts gegen Simon. Aber er spielt mit dem

Feuer, und früher oder später wird er sich daran die Finger verbrennen.«

»Ich weiß, ich weiß. Keine Panik, Ricco. Es ist alles in bester Ordnung«, versicherte ihm Fredo und lenkte die Aufmerksamkeit zurück auf Ricco. »Du hast also gekündigt?«

»Noch nicht. Aber gleich morgen reiche ich die Kündigung ein. Und am Montag beginne ich - halte dich fest - als Justizvollzugsbeamter bei der DVI!«

»Was?! Du wirst Wärter in einem Hochsicherheitsgefängnis?«

»Justizvollzugsbeamter«, korrigierte ihn Ricco stolz. »Die korrekte Bezeichnung ist Justizvollzugsbeamter.«

»Das ist amüsant, Brüderchen. Echt amüsant.«

»Was soll daran amüsant sein?«

»Unser Cousin ist dabei, im Drogengeschäft Fuß zu fassen, und du wirst Gefängniswärter bei der DVI. Also ich finde das irgendwie amüsant.«

»Hey, dass Simon mit Drogen dealt, ist allein seine Sache«, rechtfertigte sich Ricco. »Ich weiß, auf welcher Seite des Gesetzes ich stehe. Hab ich immer getan und werde ich immer tun.«

»Klar, weiß ich doch«, sagte Fredo. »Und am Montag geht's los, ja?«

»Genau.«

»Bist du nervös?«

»Ein bisschen.«

»Na, dann mal viel Vergnügen im Knast, kleiner Bruder. Lass dich bloß nicht von den Knackis unterkriegen!«

»Keine Sorge, Fredo. Ich komm zurecht. Und du hältst dich von Simons krummen Geschäften fern, klar?«

»Aber sicher doch«, versprach ihm Fredo. »Bis dann, Brüderchen.«

»Bis dann«, sagte Ricco und legte den Hörer auf.

Einen Moment lang blieb er nachdenklich in der Küche stehen. Er wurde das Gefühl nicht los, dass Fredo ihn angelogen hatte, was die Sache mit Simon anging. Aber vielleicht, so dachte Ricco, machte er sich auch nur unnötig Sorgen um seinen Bruder. Fredo war 27 Jahre alt. Er wäre bestimmt klug genug, sich nicht in Simons Machenschaften zu verstricken.

Ricco löschte das Licht in der Küche und stieg die Treppe hoch in den oberen Stock. Als er am Kinderzimmer vorbeikam, warf er einen kurzen Blick hinein. Die dreijährige Michelle und die einjährige Veronica lagen in ihren Bettchen und schliefen selig. Ricco ging ins Schlafzimmer, zog seinen Pyjama an und legte sich zu Corinna, die sich ihm zugedreht hatte. Er stupste sie sanft an.

»Corinna.«

Sie brummte und schmatzte. Ricco stupste sie ein zweites Mal an. Diesmal wachte sie auf.

»Was ist denn?«, murmelte sie verschlafen, ohne die Augen zu öffnen.

»Ich hör am Fließband auf«, sagte Ricco mit gedämpfter Stimme. »Man hat mir einen Job als Justizvollzugsbeamter bei der DVI angeboten. Am Montag fang ich an.«

»Hmm«, war Corinnas Kommentar. Sie war viel zu müde, um ein Gespräch zu führen. »Wie viel verdienst du da?«

»Dreimal so viel wie jetzt.«

»Wow, toll«, meinte Corinna im Halbschlaf mit noch immer geschlossenen Augen. »Nacht, Ricco.« Sie zog sich die Bettdecke über die Ohren, drehte sich auf die andere Seite, und keine zehn Sekunden später schlief sie schon wieder tief und fest.

»Nacht, Corinna«, flüsterte Ricco. Er streichelte ihr sanft durch ihr langes schwarzes Haar. Dann drehte er sich um und versuchte ebenfalls zu schlafen. Aber es gelang ihm nicht. Er war viel zu aufgedreht. Mit offenen Augen lag er da und konnte noch immer nicht ganz glauben, dass er ab Montag tatsächlich als Justizvollzugsbeamter in einem Hochsicherheitsgefängnis arbeiten würde.

Was käme wohl auf ihn zu? Wie gefährlich war der Job? Und wie waren die Gefangenen? So wie in den Spielfilmen? Muskulöse, tätowierte Kerle, die den ganzen Tag Gewichte stemmten, sich gegenseitig an die Gurgel gingen und Ausbruchversuche planten? Und die Wärter? Waren sie genauso bestechlich und fies, wie sie im Kino immer dargestellt wurden? Ricco hatte schon einige Filme gesehen, die im Gefängnis spielten. Die Häftlinge waren dabei immer die Helden und die Wärter die Bösen. Er kannte keinen einzigen Film, in dem es andersherum war. Im Grunde wusste Ricco überhaupt nicht, was es bedeutete, Gefängnisaufseher zu sein. Aber egal, was ihn hinter den hohen Mauern der DVI erwartete, er war fest entschlossen, sich der Aufgabe zu stellen.

Der erste Tag bei der DVI begann alles andere als gemütlich. Es war ein komisches Gefühl für Ricco, den doppelten Maschendrahtzaun mit aufgesetztem Rollstacheldraht zu passieren und sich vorzustellen, dass das hier von nun an sein täglicher Arbeitsweg wäre. Im Empfangsgebäude erhielt Ricco seine Uniform, dazu einen Schlüsselbund, eine Trillerpfeife und einen Spezialgummiknüppel mit eingebauter Tränengasfüllung.

»Wenn es brenzlig wird«, so wurde ihm erklärt, »drücken Sie auf diesen Knopf hier. Dann können Sie eine volle Ladung Tränengas auf Ihren Angreifer schießen und ihn damit kurzfristig außer Gefecht setzen. Und wofür die Trillerpfeife ist, brauche ich Ihnen wohl nicht zu sagen. Wenn ein Justizvollzugsbeamter Verstärkung braucht, zum Beispiel bei einer gewalttätigen Auseinandersetzung, einem Fluchtversuch oder einem Aufstand, bläst er in die Pfeife und alle Beamten, die sich in der Nähe befinden, kommen ihm zu Hilfe.«

Ricco hängte sich die Schiedsrichterpfeife um den Hals, steckte den Knüppel an seinen Gurt und die Schlüssel in die Tasche. Er war nicht der Einzige, der heute seinen ersten Arbeitstag hatte. Zusammen mit ihm waren noch neun andere junge Männer eingestellt worden. Nachdem sich alle umgezogen hatten, wurden sie von einem etwa dreißigjährigen Beamten namens Sanders hinüber in einen der Gefängnisblocks begleitet. Sie überquerten das weitläufige Gelände, während ihnen Sanders einige grundlegende Informationen weitergab. Er klang wie ein Touristenführer während einer Stadtrundfahrt.

»Wir haben verschiedene Gebäude, auch Flügel genannt. Jeder Flügel trägt einen Buchstaben zwischen A und K. Da drüben sehen Sie den K-Flügel, auch ›das Loch‹ genannt. Dort sperren wir die Schlimmsten der Schlimmen weg. Das sind diejenigen, die nicht nur jemanden außerhalb des Gefängnisses getötet haben, sondern auch innerhalb. Sollten Sie je dem K-Flügel zugeteilt werden, müssen Sie besonders vorsichtig sein. Die Kerle sitzen sowieso schon mehrmals lebenslänglich. Die haben den ganzen Tag nichts anderes zu tun, als darüber nachzusinnen, wie sie jemanden umbringen können.«

»Na toll«, brummte ein schlanker Bursche neben Ricco, der ungefähr in seinem Alter war. »Da kommt ja wahre Freude auf.«

Ricco grinste. »Was hat dich hierher verschlagen?«

»Ich hatte meinen langweiligen Bürojob satt und dachte, etwas mehr Action könne nicht schaden. Und du?«

»Ich hatte es satt, am Fließband Autositze zusammenzubauen. Ich bin übrigens Ricco, Ricco Sotelo.«

»Bill Roberts.«

Sie gingen weiter.

»Wir haben spezielles Spielgeld für die Gefangenen«, erzählte Sanders weiter und zog einen Schein aus der Tasche, der aussah wie Monopolygeld. »Damit können sich die Insassen in der Kantine Süßigkeiten und Zigaretten kaufen. Echtes Geld ist nicht erlaubt. Also lassen Sie sich nicht auf irgendwelche Tauschgeschäfte ein.«

»Und warum nicht?«, wollte einer der neuen Wärter wissen.

»Es gibt nur zwei Gründe, warum ein Häftling echtes Geld haben möchte: Entweder will er ausbrechen und braucht das Geld, um die Flucht zu bezahlen. Oder er möchte Drogen kaufen. Ich nehme an, es ist Ihnen bekannt, dass Drogenhandel auch innerhalb der Gefängnismauern existiert.«

»Wie wird das Zeug denn reingeschmuggelt?«

»Meistens durch die Ehefrauen. Sie packen den Stoff in kleine Ballone. Einen solchen Ballon verstecken sie im Mund, und wenn sie ihren Mann besuchen und ihn küssen, übernimmt der Mann den kleinen Ballon und schluckt ihn hinunter. Am nächsten Tag geht er auf die Toilette und fischt das Päckchen heraus.«

Die Zuhörer rümpften angewidert die Nase.

»Es gibt auch andere Möglichkeiten. Wenn ein Gefangener nur noch ein paar Monate absitzen muss, kann er einen Job bei der Putztruppe annehmen, die unter Aufsicht um das Gefängnis herum den Müll einsammelt. Unter dem Müll werden häufig Drogen versteckt. Die Drogenhändler lassen die Kuriere wissen, wo genau sie danach suchen müssen, und die Leute von der Putztruppe sammeln die Päckchen ein und liefern sie den Händlern im Gefängnis ab.«

»Wenn Sie wissen, dass die Putztruppe Drogen ins Gefängnis schmuggelt, warum verhindern Sie es dann nicht?«

Sanders blieb stehen und sah den jungen Mann, der die Frage gestellt hatte, ernst an. »Glauben Sie mir, so einfach ist das nicht. Es gibt vieles, was wir wissen, und wir können trotzdem nichts dagegen tun. Die Gefangenen sind clever. Und rücksichtslos. Wir hatten einen bei der Putztruppe, der sich weigerte, als Drogenkurier für die Nuestra Familia zu arbeiten. Sie sagten ihm, dann solle er seinen Job kündigen, damit ein anderer die Drogen für sie reinholen könne. Aber er wollte nicht. Also haben sie ihn umgebracht.«

Ricco und Bill tauschten einen kurzen Blick aus.

»Dann stimmt es wohl, was man sich erzählt«, meinte Ricco, »dass die DVI das blutigste Gefängnis von ganz Kalifornien ist. Ich hab gehört, es wird sogar als Gladiatorenschule bezeichnet.«

»Das ist richtig«, sagte Sanders, und seine Stimme klang dabei so gelassen, als würde er übers Wetter reden. »Die DVI ist auf Platz Nummer eins in Kalifornien, was Messerstechereien angeht. Meistens geht es um Bandenrivalitäten zwischen der Mexican Mafia – auch La Eme genannt –, der Aryan Brotherhood, der Black Guerilla Family und der Nuestra Familia. Die Gangmitglieder schrecken vor nichts zurück. Vielleicht haben Sie schon einmal den Begriff ›Blood in, Blood out‹ gehört. Das ist zum Beispiel das Motto der Nuestra Familia. ›Blood in‹ bedeutet, dass man nur mit Blut an den Händen, also mit einem Mord, in die Gang aufgenommen wird, und ›Blood out‹ heißt, dass es nur einen Weg gibt, die Gang wieder zu verlassen, nämlich indem sein eigenes Blut vergossen wird, oder anders gesagt, indem man umgebracht wird. Ich denke, mehr brauch ich nicht zu sagen, um Ihnen klarzumachen, wozu diese Kerle fähig sind.«

»Was ist mit Fluchtversuchen?«, wollte Bill wissen. »Sind schon welche von hier abgehauen?«

»Ja, das ist schon vorgekommen. Sie sägen die Gitterstäbe durch, verknoten ihre Bettlaken und seilen sich an der Außenwand ab. Allerdings scheitern die meisten am doppelten Maschendrahtzaun.

Sehen Sie die Wachtürme? Die Wächter auf den Türmen sind mit M14-Gewehren bewaffnet. Wenn ein Gefangener versucht, über die Zäune zu klettern, wird geschossen. Zuerst ein Warnschuss, und danach ein Schuss auf die Beine, um den Flüchtigen zu stoppen. So jedenfalls lauten die Vorschriften von oben. Aber hier unten sagen wir: Der erste Schuss muss sitzen. Ziel auf seinen Kopf und schalte ihn aus. Und dann feuerst du den Warnschuss ab, damit dir später niemand vorwerfen kann, du hättest den Häftling nicht gewarnt. In welcher Reihenfolge die Schüsse fallen, kann dir sowieso keiner nachweisen.«

Einige der neuen Angestellten machten ziemlich schockierte Gesichter. »Sie zielen bewusst auf seinen Kopf? Sie knallen ihn ab wie Freiwild?«

»Hören Sie«, sagte der Aufseher, während er das Tor vom E-Flügel aufsperrte. »Ich weiß, Sie denken, das sei nicht gerecht. Unmenschlich oder so was. Aber ich sage Ihnen, das ist es nicht. Wenn Sie sehen, was für Verbrecher hier einsitzen, werden Sie Gott dafür danken, dass es Gefängnisse gibt. Ich arbeite jetzt seit fünf Jahren hier. Das ist kein Ferienheim! Das werden Sie noch früh genug merken.«

Ricco warf Bill einen vielsagenden Blick zu. »Vielleicht hättest du deinen Bürojob besser behalten sollen«, flüsterte er ihm zu, und Bill flüsterte zurück: »Und du vielleicht deinen Fließbandjob.«

Sie betraten den Gefängnisblock. Sanders schloss die Eingangstür hinter ihnen und öffnete die vergitterte Tür vor ihnen, sodass sie den nächsten auf beiden Seiten verriegelten und vergitterten Abschnitt erreichen konnten. Ricco fühlte sich wie eine Sardine in der Büchse. Vorher, als sie über das offene Gelände gelaufen waren, hatte er die Enge des Gefängnisses noch gar nicht so richtig wahrgenommen. Aber jetzt, mit verschlossenen Gittertüren hinter und vor sich, dem kalten Licht von Neonröhren über sich und nichts als nackten grauen Wänden um sich herum, war es Ricco doch nicht mehr so wohl in seiner Haut. Aber die grausame Realität seines neuen Berufes stürzte erst dann mit voller Wucht auf ihn ein, als plötzlich mehrere Trillerpfeifen losgingen. Laute Stimmen und Schreie hallten durch den Korridor. Es klang wie ein Tumult. Die Frischlinge warfen sich besorgte Blicke zu.

»Was ist da vorne los?«, wollte Bill wissen.

»Keine Ahnung«, sagte Sanders. »Bleiben Sie ganz ruhig.«

Die Stimmen wurden lauter. Eilende Schritte waren zu hören. Sekunden später kamen zwei Vollzugsbeamte um die Ecke geschossen. Sie stützten einen Kollegen, der sich kaum noch auf den Beinen halten konnte und eine gefährliche Blutspur hinter sich herzog. Stöhnend hielt er sich die Hand an den Hals.

»Bringt ihn rüber in den Krankenflügel!«, rief einer der Wärter. »Schnell, oder wir verlieren ihn!«

Erst als die Männer mit dem Verletzten nahe genug waren, konnte Ricco erkennen, woher die starke Blutung kam. Ihm stockte der Atem: Aus dem Hals des Aufsehers ragte doch tatsächlich ein Messer! Jetzt sahen es auch die anderen, die mit Ricco zusammen darauf warteten, ihren ersten Arbeitstag anzutreten. Panik brach aus. Die Männer stürmten zurück zur Gittertür hinter ihnen und rüttelten wie wild an den Stäben. »Lasst uns raus hier! Wir wollen raus!!! Hilfe!!!«

Ricco und Bill sahen sich an, und jeder wusste, was der andere dachte.

O Mann, wollen wir wirklich hier arbeiten?!

Riccos Knie zitterten ein wenig, doch er riss sich zusammen und ballte entschlossen die Fäuste.

»Was denkst du?«, fragte ihn Bill nervös.

»Ich denke«, sagte Ricco mutig, »die müssen mich schon umbringen, wenn sie mich daran hindern wollen, hier zu arbeiten! Denn ich kehre ganz bestimmt nicht ans Fließband zurück!«

Immer mehr Beamte kamen herbeigelaufen. Sie brachten den Verletzten in einen Nebenraum, und langsam verebbte der Lärm. Die Lage schien wieder unter Kontrolle zu sein. Jetzt befanden sich nur noch eine große Blutlache und acht leichenblasse Frischlinge auf dem Korridor, die um nichts in der Welt mehr als Gefängniswärter arbeiten wollten.

Seinen ersten Tag in der DVI hatte sich Ricco erheblich anders vorgestellt. Wenn schon während der ersten Minuten seines Dienstantritts ein Aufseher niedergestochen wurde, was würde dann erst in den nächsten Jahren alles passieren? Er wollte es sich gar nicht erst ausmalen ...

5 Die Gladiatorenschule

Ein Jahr später

Ricco legte das Stethoskop an die Mauer und lauschte angestrengt.

»Du bist verrückt. Das klappt nie und nimmer«, meinte Bill, der zwischen den Wasserleitungen gebückt neben Ricco stand und ihm mit der Taschenlampe leuchtete. »Ich weiß echt nicht, warum ich mich von dir hab überreden lassen, in diesen Schacht zu klettern.«

»Jetzt sei endlich still, sonst kann ich nichts hören.«

»Das sind dicke Mauern. Du wirst überhaupt nichts hören.«

»Klänge verbreiten sich. Ich würde ganz bestimmt was hören, wenn du nicht ständig quatschen würdest.«

Bill seufzte. »Und warum ist vor dir sonst noch nie jemand auf die absurde Idee gekommen, Häftlinge mit dem Stethoskop auszuspionieren?«, fragte er mit gedämpfter Stimme und ließ den Kegel der Taschenlampe durch den engen Korridor gleiten. Die Gefängniszellen waren Rücken an Rücken gebaut, und dazwischen befand sich ein schmaler Hohlraum, durch den die Lüftungs-, Wasser- und Abflussrohre verliefen. Und genau in so einem Hohlraum befanden sich Ricco und Bill. Es war stickig heiß und roch nicht besonders gut.

»Ich schätze, unsere Kollegen trinken lieber Kaffee und spielen Karten, anstatt hier rumzustapfen«, meinte Ricco.

»Weißt du was? Ich kann's ihnen nicht mal verübeln«, sagte Bill und wischte sich den Schweiß von der Stirn. »Und nur fürs Protokoll: Das hier ist wirklich die absurdeste Idee, die mir je untergekommen ist. Du arbeitest definitiv schon zu lange bei der DVI.«

»Mag sein«, antwortete Ricco, während er das Stethoskop etwas weiter links ansetzte und die nackte Wand abhorchte wie ein Arzt seinen Patienten. »Aber ich hab schon zu viele Messerstechereien mit angesehen, um einfach tatenlos zu warten, bis der Nächste mit einem Messer im Hals durch den Korridor läuft. Beim nächsten Mal könntest du das Opfer sein.«

»Auch wieder wahr«, räumte Bill kleinlaut ein.

Sie schwiegen eine Weile. Ricco konzentrierte sich auf seine Arbeit.

»Hörst du was?«, fragte ihn Bill.

»Schsch«, flüsterte Ricco. Er wartete ein paar Sekunden. »Ja! Ich glaube, ich hör tatsächlich was!«

»Was denn?«

»Ein metallisches Kratzen, als würde jemand ein Messer auf dem Boden schleifen. Volltreffer! Da stellt jemand eine Waffe her, Bill! Hör doch!« Er reichte Bill das Stethoskop, und Bill gab ihm die Lampe.

»Du hast recht! Ich hör es auch! Wow, die Methode funktioniert ja wirklich! Hätt ich nicht gedacht. Was für eine Zelle ist das?«

Ricco leuchtete mit der Taschenlampe über die Mauer und fand eine große, in Schwarz geschriebene Zahl.

»217. Das ist Pajaros[5] Zelle.« Er grinste. »Der wird schön dumm aus der Wäsche gucken, wenn die Kollegen morgen früh die Zelle durchsuchen und das Messer finden.«

»Du sagst es. Der wird denken, ein Zellennachbar hätte ihn verpfiffen. Dabei war's bloß ein simples Stethoskop. Du bist ein echtes Genie, Ricco.«

Ricco winkte bescheiden ab. »Komm, weiter. Wir haben noch 143 andere Zellen abzuhören.«

Riccos und Bills Rechnung ging voll auf. Und nachdem sie alle drei Stockwerke mit je 48 Zellen mit dem Stethoskop überprüft hatten, standen fünf verdächtige Zellen auf ihrer Liste. Der Aufwand hatte sich gelohnt. Schon am nächsten Morgen wurden die entsprechenden Zellen so lange auf den Kopf gestellt, bis die Messer gefunden wurden.

Von nun an machte Ricco regelmäßig Rundgänge mit seinem Stethoskop, allerdings nur, wenn Bill in derselben Schicht arbeitete wie er. Denn von den anderen Wärtern konnte er keinen dazu bringen, ihm zu helfen.

»Der Job ist schon anstrengend genug«, meinten sie, wenn er sie

---

5 *Pajaro* (gesprochen »bacharo«) ist das spanische Wort für »Vogel«.

beim Kartenspiel um ihre Hilfe bat. »Warum bürdest du dir noch zusätzliche Arbeit auf? Und das auch noch freiwillig?«

»Hey, jedes Messer, das wir finden, ist ein Verletzter oder gar ein Toter weniger«, begründete Ricco seinen Elan. Aber die Wärter sahen das etwas anders.

»Du nimmst ihnen eine Waffe weg, und sie basteln eine andere. Wenn sie jemanden umlegen wollen, dann finden sie einen Weg, egal, was du tust.«

So ganz unrecht hatten sie damit natürlich nicht. Die Häftlinge waren sehr erfinderisch, wenn es darum ging, Waffen herzustellen. Sie hatten ja auch nichts anderes zu tun. Sie bastelten Messer, Schlagstöcke, Wurfwaffen und sogar Pistolen. Für ein Messer, ein sogenanntes »Shank«, verwendeten sie ein Stück Stahl von ihrem Bettrost. Der Durchmesser dieser Stangen war nicht viel breiter als der eines Bleistifts. Um sie aus dem Bettrost herauszufeilen, lösten sie die kleinen Nägel aus ihren Schuhsohlen, und mit diesen schabten sie dann stundenlang an dem Bettrost herum. Wenn der Stahl durchtrennt war, nahmen sie das Stück heraus und benutzten den Betonboden als Schleifstein für die Klinge. Sie rieben das Metallstück so lange gegen den Boden, bis es an einem Ende zugespitzt war.

Als Nächstes fertigten sie den Griff an, damit das Messer - oder der Speer, je nach Länge - gut in der Hand lag. Dazu brauchten sie nichts weiter als Zeitungen. Sie rollten ein Zeitungsblatt, tränkten es in Wasser und ließen es trocknen. Dann legten sie ein weiteres Zeitungsblatt um das erste herum, tränkten es erneut mit Wasser und ließen es auch trocknen. Tag für Tag wurde die Schicht dichter und härter. Zu guter Letzt steckten sie das zugespitzte Stahlstück in den Zeitungshandgriff, und fertig war die tödliche Waffe. Auf dieselbe Art und Weise wie den Messergriff stellten sie auch Schlagstöcke her, indem sie gerollte Magazine durchnässten und wieder trocknen ließen. Die gerollten Hefte wurden dadurch zu stahlharten Rohren, die genauso schmerzhaft waren wie jeder Holzknüppel.

Eine andere sehr gefährliche Waffe waren die improvisierten, aber effektiven japanischen Shuriken aus Seife und Rasierklingen. Hierfür nahmen die Häftlinge ein Stück Seife, bestückten es von allen Seiten und in verschiedenen Winkeln mit Rasierklingen und hatten damit ein mörderisches Wurfgeschoss. Egal, wo das Opfer getroffen wurde, das Teil verhakte sich im Körper und verursachte hässliche Schnittwunden.

Die ausgefallenste Waffe war allerdings die »Reisverschlusspistole«. Als Ricco zum ersten Mal eines von diesen Dingern zu Gesicht bekam, konnte er kaum glauben, was er da sah: Es war eine richtige Pistole, mit der man tatsächlich schießen konnte! Der Pistolenlauf wurde aus einer metallischen Zahnpastatube hergestellt. Der Insasse presste die gesamte Zahnpasta aus der Tube und schnitt die Tube in zwei Teile. Dann wickelte er die eine Hälfte des biegsamen Metalls um einen Bleistift, um die Form eines Pistolenlaufs zu erhalten. Die andere Hälfte formte er zu einem kleinen Behälter für die Munition, die ein Mix aus Metallspänen, Reisverschlusszähnen und Zündholzköpfen war. Mit einer Rasierklinge wurden diese Bestandteile zu feinem Pulver verarbeitet. Nachdem dieses »Schießpulver« in den Behälter gefüllt worden war, brachte der Gefangene eine Schnur als Lunte an. Dann verband er Griff und Pistolenlauf miteinander und verkleidete das Ganze mit geschmolzenem Plastik, das von einem Kaffeebecher stammte.

Die Reisverschlusspistole konnte nur ein einziges Mal gezündet werden. Sie war nicht tödlich, es sei denn, man feuerte damit aus sehr geringer Distanz. Doch sie richtete erhebliche Verletzungen an. Einmal schmuggelte ein Mitglied der Mexican Mafia eine Reisverschlusspistole in die Dusche und schoss damit einem Gefangenen die Finger der rechten Hand weg, und zwar einfach deshalb, weil der Verdacht bestand, dass der Mann schwul sei. Und wenn es etwas gab, was die Mexican Mafia nicht leiden konnte, dann waren es Schwule.

Ricco lernte rasch, jederzeit und überall in Alarmbereitschaft zu sein. »Zustand Orange« wurde das offiziell genannt. Es war ein Zustand erhöhter Aufmerksamkeit, und das über etliche Stunden hinweg. Es kam nie vor, dass Ricco einfach nur herumsaß. Automatisch checkte er seine Umgebung, seine Fluchtwege, achtete auf jedes Geräusch, jedes Wort und jedes kleinste Anzeichen von Gefahr. Sogar wenn Ricco mit seiner Familie essen ging und sich außerhalb des Gefängnisses befand, gewöhnte er sich an, möglichst weit hinten im Restaurant einen Tisch zu nehmen und sich so zu setzen, dass alles in seinem Blickfeld lag. Wenn im Schnellrestaurant der Alarm der Fritteuse losging, passierte es nicht nur einmal, dass Ricco wie von der Tarantel gestochen aufsprang, denn der Piepston hörte sich an wie der Alarm bei der DVI.

»Zustand Orange« wurde mehr und mehr zu Riccos Lebensstil. Das war auch kein Wunder: Bei der DVI waren es oft nur Sekunden, die über Leben und Tod entschieden. Von einer Sekunde auf die andere konnte die Stimmung von Ruhe in Sturm umschlagen. Gewalttaten geschahen ohne Vorwarnung und ohne Gnade. Meistens ging es um Bandenrivalitäten. Aber auch als Aufseher musste man vorsichtig sein. Eine Regel lautete, nie zu nahe an den Gittertüren der Zellen vorbeizugehen, damit man nicht plötzlich von einem Speer durchbohrt wurde oder eine Seife mit Rasierklingen in den Rücken bekam. Die Häftlinge waren unberechenbar, vor allem im K-Flügel, dem »Loch«, wo die Schlimmsten der Schlimmen in Einzelhaft saßen. Und genau da - wie hätte es anders sein können - arbeitete Ricco. Vielleicht lag es an seiner Körperstatur, vielleicht an seiner Unbestechlichkeit und seinem sicheren Auftreten gegenüber den Häftlingen, vielleicht lag es auch einfach an Personalmangel, jedenfalls waren noch keine drei Monate vergangen, als Ricco dem K-Flügel zugeteilt wurde.

Jeder Tag war eine Herausforderung, ein Seiltanz zwischen Autorität und Anarchie. Viele der Häftlinge waren durch das tägliche Stemmen von Gewichten wahre Kraftprotze. Einige waren so muskulös, dass man zwei Paar Handschellen brauchte, um ihre Hände auf dem Rücken aneinanderzuketten, ein Paar für jede Hand. Die sogenannte »Gladiatorenschule« produzierte tatsächlich Gladiatoren - und was für welche! Ricco war ein großer und kräftig gebauter Mann, aber gegen diese Kolosse hätte er im Ernstfall keine Chance gehabt. Deswegen trug er auch immer ein Klappmesser und einen Schlagring mit sich. Das war zwar gegen die Vorschriften, aber wenn es hart auf hart kam, wollte Ricco sich wenigstens verteidigen können, denn die Gewaltbereitschaft der Insassen war unglaublich hoch.

Es herrschte Krieg im Gefängnis. Pro Jahr gab es durchschnittlich 150 Messerstechereien, davon ungefähr fünf bis neun mit tödlichem Ausgang. Sowohl die Gefangenen als auch die Gefängnisadministration bezeichneten die DVI als das gefährlichste Gefängnis Kaliforniens. Jeden Morgen, wenn Ricco das Gefängnis betrat, fragte er sich, ob er abends wieder auf eigenen Beinen herausspazieren oder in einem Leichensack herausgetragen würde.

***

Riccos Bruder konnte nie ganz verstehen, warum Ricco sich das antat. Er selbst hatte seine Entscheidung getroffen - entgegen Riccos Warnung - und war bei Simon als Drogenkurier eingestiegen. Ricco war nicht gerade begeistert gewesen, als er davon erfahren hatte. Aber Fredo war erwachsen. Mehr als ihm davon abzuraten, konnte Ricco auch nicht tun. Fredo hörte natürlich nicht auf ihn und versuchte stattdessen, Ricco davon zu überzeugen, denselben Schritt zu wagen.

»Warum kommst du nicht auch dazu?«, fragte er ihn wieder einmal, als er am Wochenende bei Ricco zu Besuch war und sie auf der Veranda eine Tasse Kaffee tranken. »Simon würde dich mit offenen Armen empfangen, das weißt du.«

Ricco schüttelte den Kopf. »Du weißt, wie ich dazu stehe. Ich bin mit dem zufrieden, wie es ist. Ich hab einen Job, ich verdiene gutes Geld, ich kann für meine Familie sorgen. Was will ich mehr?«

Fredo verdrehte die Augen. »Du bist so was von stur, Brüderchen. Hast du denn gar keine Angst, eines Tages von diesen Bestien umgebracht zu werden?«

»Klar hab ich die. Jeder hat die. Aber man lernt, damit zu leben.«

»Das ist doch verrückt. Wann wurde in deinem Flügel zuletzt jemand niedergestochen?«

»Gestern.«

»Ach, doch schon so lange her!«, meinte Fredo ironisch. »Siehst du, genau das meine ich. Ist doch krank, was in diesem Gefängnis abgeht. Das hält ja kein Mensch aus.« Und neugierig fügte er hinzu: »Was ist denn passiert?«

»Einer der Insassen wollte wieder mal vor Gericht erscheinen, um sich die Frauen im Geschworenengericht ansehen zu können. Da hat er halt versucht, einen anderen Gefangenen umzulegen«, erklärte Ricco, als wäre daran nichts Ungewöhnliches. »Ist ihm zwar nicht ganz gelungen. Wir konnten rechtzeitig eingreifen und den Verletzten in den Krankenflügel bringen. Aber deswegen kommt der Fall trotzdem vors Gericht.«

Fredo machte große Augen. »Moment mal. Du sagst, der Typ hat zugestochen, nur um sich im Gerichtssaal *Frauen* ansehen zu können?«

»Klingt absurd, ich weiß. Aber das ist die Logik der Gefangenen.« Ricco trank einen Schluck Kaffee. »Du musst wissen, diese Kerle haben nichts zu verlieren. Der Typ von gestern hat schon zweimal lebenslänglich. Er kommt sowieso nicht mehr raus. Die einzige Möglichkeit, die er hat, um wenigstens für ein paar Stunden das Gefängnis zu verlassen, ist die, ein Verbrechen zu begehen.«

»Das ist ... absolut ... abgefahren.«

»Ein Menschenleben ist nichts wert, wenn du deines schon verspielt hast. Ich hab gesehen, wie Männer für eine Schachtel Zigaretten umgebracht wurden oder weil sie einem anderen zufälligerweise auf die Schuhe getreten sind. Die Häftlinge, vor allem die Mexikaner, legen sehr großen Wert auf blitzsaubere Schuhe und polieren sie täglich. Es ist so was wie ein Statussymbol. Und wehe, du trittst ihnen auf die Schuhe. Das ist ein Kapitalverbrechen und bleibt nicht ungestraft. Und bei den Insassen wird eben kein Unterschied gemacht zwischen leichter und schwerer Bestrafung. Es gibt nur eine Bestrafung, und zwar den Tod. Du machst eine falsche Bemerkung - du bist tot. Du verpfeifst jemanden - du bist tot. Du bist zur falschen Zeit am falschen Ort - du bist tot. Du bist sogar dann tot, wenn du noch offene Rechnungen von draußen hast, wenn du zum Beispiel auf der Straße einen anderen Gauner übers Ohr gehauen hast. Kommst du dann ins Gefängnis und jemand erkennt dich wieder, ist dein Schicksal besiegelt. Die Häftlinge nennen das ›Payback‹. Es sind auch schon welche gestorben, weil sie mit jemand anderem verwechselt wurden. Und als das Missverständnis sich geklärt hatte, waren sie dummerweise schon tot. Du kannst dir nicht vorstellen, aus welchen absurden Gründen einige ihr Leben lassen müssen. Manchmal kommt mir das Ganze völlig irreal vor, so als wäre es nicht echt. Dabei passiert es wirklich, direkt vor meinen Augen, Tag für Tag. Und ich bin mittendrin ...«

Einen Moment lang blickte Ricco gedankenversunken vor sich hin. Seine vierjährige Tochter Michelle kam zusammen mit der zweijährigen Veronica fröhlich aus dem Haus gesprungen. Ihre Gesichter, ihre Haare und ihre Kleider waren über und über mit Schokolade verschmiert.

»Hi, Onkel Fredo!«, rief Michelle und strahlte.

»Hi, ihr Süßen!«, begrüßte Fredo die Mädchen. »Kann es sein, dass ihr ein Schokoladenbad genommen habt?«

Die Mädchen kicherten. »Wir haben Kekse gebacken!« Als Beweis streckten sie ihre patschigen Händchen hoch, auf denen etwas lag, das wie ein dunkelbrauner Teigklumpen aussah.

»Hier, haben wir extra für euch gemacht!«

»Oh, danke«, sagte Fredo und nahm den klebrigen Keks von Michelles Hand. Veronica blieb indessen schweigend vor ihrem Vater stehen und streckte ihm ihre matschige Schokoladenkreation so lange entgegen, bis er sie entgegengenommen und in seinen Mund gesteckt hatte. Dann lächelte sie, drehte sich um und folgte ihrer großen Schwester zurück ins Haus.

Die beiden Brüder kauten an den pappigen Keksen herum und mussten auf einmal lachen.

»Es geht doch nichts über matschige Schokoladenkekse, die einem an den Zähnen festkleben«, grinste Fredo. »Du solltest morgen ein paar davon mit zur Arbeit nehmen.«

»Gute Idee«, meinte Ricco. »Die wären bestimmt der große Renner. Weißt du, was im Gefängnis mit Abstand am scheußlichsten schmeckt?«

»Die Zahnpasta?«

»Der Kaffee. Schmeckt grässlich, wie alte Schuhsohlen. Ich glaube, die haben den noch aus dem Zweiten Weltkrieg oder so. Die Cornflakes sind auch nicht viel besser. Da ich sie gratis bekomme, bringe ich manchmal ein paar Schachteln davon mit nach Hause. Meine Kinder mögen sie zwar nicht besonders. Aber ich sag ihnen: entweder die oder gar keine. Die aus dem Supermarkt sind viel zu teuer.«

»Siehst du, noch ein Grund, um in den Familienbetrieb einzusteigen«, sagte Fredo mit hochgezogenen Augenbrauen. »Seitdem ich für Simon arbeite, verwöhne ich meine Familie nur noch mit dem Besten. Im Ernst. Wenn ich mir deine Knastgeschichten so anhöre, glaube ich, du wärst um einiges entspannter in unserer Branche. Überleg's dir, Bruderherz.«

Ricco schüttelte den Kopf. »Da gibt's nichts zu überlegen. Im Gefängnis zu arbeiten ist nicht einfach. Aber ich bleibe trotzdem dort.«

»Dein letztes Wort?«

»Mein letztes Wort. Das kannst du Simon sagen, wenn du ihn das nächste Mal siehst. Ich werde ihn niemals bei der Polizei anschwärzen, aber ich werde auch niemals bei ihm einsteigen. Das mach ich nicht. Nicht heute, nicht morgen und auch nicht in ein paar Jahren. Ende der Diskussion.«

6 Traum und Albtraum

Oktober 1975

Die Stille auf dem Korridor war verräterisch. Irgendetwas stimmte nicht. Ricco spürte es instinktiv. Seine Hände zitterten vor Angst. Da! Wie aus dem Nichts tauchte ein Mann aus der Dunkelheit auf. Offensichtlich war er nicht in seiner Zelle. Wieso nur nicht? Wie hatte er es geschafft, sich zu befreien? Ricco wollte um Hilfe rufen, doch kein Ton kam über seine Lippen. Er wollte davonlaufen, aber seine Beine verweigerten ihm den Dienst. Der Häftling stand unmittelbar neben ihm. Ricco spürte seinen Atem und hörte sein Keuchen.

»Jetzt bist du dran!«, flüsterte der Insasse. Und in diesem Moment sah Ricco das Messer in dessen Hand. Er wusste, wenn er jetzt nicht reagierte, war er ein toter Mann. Schnell wirbelte er herum und rannte zurück zur Treppe am Ende des Flurs. Doch bevor er die Stufen hinunterlaufen konnte, musste er noch ein Gitter aufschließen. Ricco öffnete es, schlüpfte hindurch und versuchte, es hinter sich wieder zu schließen. Aber es ging nicht. Es klemmte. Ricco war verzweifelt. Er hob den Kopf und sah den Häftling mit blitzenden Augen auf sich zukommen, das gezückte Messer in der Hand.

»Ich krieg dich!«, schrie der Mann. »Du entkommst mir nicht, Sotelo!«

Ricco ließ das Tor los und hetzte die Treppe hinunter. Der Häftling nahm die Verfolgung auf. Riccos Beine fühlten sich schwer an wie Blei. Aus irgendeinem Grund kam er kaum voran. Jede Stufe, die er nahm, kostete ihn unendlich viel Anstrengung, als wären Magnete in seinen Schuhen, die ihn festhalten wollten. Er hörte das Quietschen des Gittertores hinter sich. Der Häftling war ihm dicht auf den Fersen. Jeden Moment würde er ihm das Messer in den Rücken stoßen.

Ich bin tot!, dachte Ricco, während er verzweifelt versuchte, die untere Etage zu erreichen. *Ich bin erledigt! Das war's.*

Ein brennender Schmerz jagte durch seinen Rücken. Ricco jaulte auf und stürzte die Treppe hinunter. Irgendwie gelang es ihm, sich wieder aufzurappeln und sich auf das untere Stockwerk zu retten. Die Gittertür war seltsamerweise nicht verschlossen. Ricco stolperte auf den Flur. Und da erst sah er, dass sämtliche Zellentüren offen standen. Er hatte keine Ahnung, wie so etwas hatte passieren können. Aber die Türen waren offen, und ehe er dazu kam, in seine Trillerpfeife zu blasen, um Verstärkung anzufordern, kamen die Gefangenen aus ihren Zellen heraus und stürmten mit gezückten Messern auf ihn zu. Ricco rannte um sein Leben. Er rannte und rannte, schien aber kaum vom Fleck zu kommen, während seine Verfolger ihn innerhalb weniger Sekunden einholten. Sie rissen ihn zu Boden und stachen von allen Seiten auf ihn ein. Ricco griff nach seinem Klappmesser, um sich zu verteidigen. Doch er hatte nicht die geringste Chance. Langsam begann die Umgebung vor seinen Augen zu verschwimmen. Ricco merkte, wie er das Bewusstsein verlor und das Leben aus seinem Körper wich. Das Letzte, was er spürte, war ein leichtes Tippen auf seiner Schulter und eine vertraute Stimme, wie aus einer anderen Welt, drang an sein Ohr: »Cousin! Aufwachen! Las Vegas ruft!«

Ricco schlug die Augen auf und blickte in das grinsende Gesicht seines Cousins Simon.

»Hey, Schlafmütze. Wir sind gleich da. Sag mal, hast du ein Gespenst gesehen? Du bist ja ganz blass.«

Ricco brauchte erst einen Moment, um in die Wirklichkeit zurückzukehren. »Nein, alles in Ordnung«, sagte er und fuhr sich mit der Hand übers Gesicht. »Alles in bester Ordnung.«

»Na, dann ist ja gut. Wir landen in fünf Minuten.«

Simon kehrte auf seinen Platz zurück, und Ricco atmete tief durch und war einfach nur froh, dass er noch am Leben war. Der Traum war so realistisch gewesen. Ricco hatte tatsächlich geglaubt, sein letztes Stündchen habe geschlagen. Warum nur konnte er das alles nicht vergessen? Warum kehrte dieser eine schreckliche Albtraum immer wieder, sobald er seine Augen schloss? Würde ihn die Vergangenheit denn niemals in Ruhe lassen?

Das Flugzeug ging in Schräglage, beschrieb einen weiten Bogen und gab eine herrliche Sicht auf Las Vegas frei. Las Vegas - die Stadt der Träume. Sie lag mitten in der Wüste, hatte phänomenale Wolkenkratzer und abstrakte Gebäude, die in den Himmel ragten. Ricco genoss den Anblick zutiefst, und je länger er sich auf Las Vegas und das bevorstehende Wochenende konzentrierte, desto mehr entspannte er sich wieder. Die DVI war Geschichte. Das hier war jetzt sein Leben. Ein Leben in Saus und Braus, ein Leben, von dem die meisten nur träumen konnten. Und er hatte es.

Der Jet setzte zur Landung an. Wenige Minuten später rollte das Flugzeug über die Landebahn und kam schließlich zum Stehen. Die Treppe wurde ausgeklappt, und Simon, Carlos, Ricco, Fredo, Chale, Raul und Ron vom Kautionsbüro verließen das Flugzeug. Die Limousine wartete bereits und fuhr sie auf direktem Weg zum *Caesars Palace Hotel*. Als der Hotelportier die Limousinentür öffnete und die Sotelos mit ihren Schnurrbärten, bunten Seidenhemden, Goldkettchen und Cowboystiefeln ausstiegen, blieben die Passanten stehen und drehten sich nach ihnen um. Ricco kam sich vor wie ein Star.

Ron nutzte die Aufmerksamkeit der Leute und verkündete so laut, dass es jeder hören musste: »Macht den Weg frei! Platz für die Ölscheichs aus Arabien! Bitte zurücktreten, die Herrschaften!«

Die Cousins verkniffen sich das Lachen.

»Na, wie Ölscheichs sehen wir ja nicht gerade aus«, meinte Ricco an Ron gewandt.

Doch der entgegnete grinsend: »Das hier ist Las Vegas, mein Guter! Wir können sein, wer immer wir sein wollen, selbst arabische Ölscheichs!«

Sie betraten die Lobby, eine gigantische, runde Marmorhalle, in deren Mitte sich ein Springbrunnen mit antiken Statuen emporhob. Der Boden war spiegelblank und die Wände waren mit wuchtigen Bildern geschmückt. Das dezente Licht überzog die gesamte Halle mit einem Hauch von Gold. Ricco blieb die Spucke weg vor Staunen.

»Wow! Irre!«

»Na, habe ich zu viel versprochen, Cousin?«, fragte Simon. »Warte erst, bis du die Suiten siehst.«

Ricco hatte in seinem Leben noch nie so viel Luxus auf einmal gesehen. Die Zimmer, die Simon für jeden von ihnen gemietet hatte, waren keine Zimmer, sondern halbe römische Paläste. Nachdem sich die Cousins frisch gemacht hatten, suchten sie sich ein schickes Restaurant und aßen zu Mittag. Danach ging es ins erste Kasino. An der Kasse löste jeder von ihnen für 10 000 Dollar Chips ein. Anschließend passierten sie die Halle mit den Spielautomaten, wo Hunderte Leute an blinkenden und piepsenden Maschinen saßen und wie besessen die Tasten drückten. Raul und Chale beschlossen, beim Pokern ihr Glück zu versuchen. Carlos und Ron steuerten zielstrebig auf das große Glücksrad mit den hübschen Damen zu, und Simon, Fredo und Ricco begaben sich an einen der Roulettetische.

Es saßen bereits mehrere gut betuchte Damen und Herren an dem ovalen Tisch: zwei Männer im James-Bond-Look mit ihren jungen und gut aussehenden Begleiterinnen, ein älterer Herr mit Zigarre und dicker Brille sowie eine stark geschminkte Dame um die vierzig in elegantem Leopardenkostüm und Diamantencollier um den Hals. Ricco, sein Bruder und Simon setzten sich dazu und wurden auch gleich vom Croupier, einem Mann mit Fliege und schwarzem Anzug, in das Spiel integriert.

»Faites vos jeux!«

Ricco blickte etwas verloren zu Simon hinüber, der ihm zuraunte: »Das bedeutet, wir sollen unsere Einsätze machen.«

»Ah«, meinte Ricco. »Und wieso redet der französisch?«

Simon grinste. »Keine Ahnung. Aber wenn du auf die richtige Zahl setzt, zahlt dir das Kasino das 35-Fache deines Einsatzes aus.«

»Klingt gut«, sagte Ricco. »Dann wollen wir mal.«

Während er überlegte, wie viel er setzen sollte, hatte Fredo seine Chips bereits sortiert. »500 auf die 36!«

Der Croupier benutzte einen kleinen Schober, um die Chips auf der Nummer 36 auf dem Spieltisch zu platzieren.

»1 000 auf die 15!«, sagte Simon.

»4 000 auf die 18!«, rief Ricco und schob ein paar fein säuberlich gestapelte Chips auf den Tisch.

Nachdem auch die anderen Spieler ihre Einsätze getätigt hatten, warf der Croupier eine kleine Kugel entlang der Innenwand in den rotierenden Roulettekessel. Gespannt verfolgte Ricco, wie die Kugel entgegen der Laufrichtung des Zylinders rollte und rollte, bis sie immer langsamer wurde.

»Rien ne va plus!«, sagte der Croupier.

Die schwarze Kugel hüpfte kurz zwischen den Zahlenstegen hin und her und blieb schließlich auf einer Zahl stehen. Es war die 18! Ricco sprang begeistert auf.

»O Mann! Ich habe gewonnen! Ich habe gerade 140 000 Dollar gewonnen! O Mann!«

»Du bist ja ein richtiger Glückspilz!«, stellte Simon fest und boxte ihm freundschaftlich in die Seite. »Und das gleich beim ersten Mal!«

Fredo legte Ricco stolz den Arm um die Schulter. »Das ist *mein* Bruder«, verkündete er in die Runde, obwohl es keinen interessierte. »*Mein* Bruder. Er war noch nie zuvor in Las Vegas. Heute ist sein Glückstag!«

Der Herr mit der dicken Brille paffte unbeeindruckt an seiner Zigarre, während die Dame mit dem Diamantcollier ihren Lippenstift nachzog. Die beiden James-Bond-Pärchen zählten ihre übrigen Chips.

»Ihr Gewinn, Sir«, sagte der Croupier ungerührt und schob die entsprechende Anzahl Chips zu Ricco hinüber.

Ricco nahm einen 500-Dollar-Chip und schnippte ihn dem Croupier mit den Fingern zu. »Hier. Für Sie!«

»Danke, Sir«, sagte der Mann mit einer kaum merklichen Verbeugung und ließ den Chip rasch in seiner Hosentasche verschwinden. »Es geht weiter, meine Herrschaften. Faites vos jeux!«

Die Spieler deponierten ihre Einsätze. Ricco, angeheizt von seinem großen Gewinn, schob kurzerhand seine gesamten Chips auf die Spielfläche.

»Ich setze alles auf die 22!«

Die vorher so gleichgültigen Mitspieler schielten nun doch diskret zu Ricco hinüber.

Der Mann mit der Zigarre erlaubte sich sogar einen Kommentar. »Junger Mann, Sie wissen schon, dass Ihre Chancen, ein zweites Mal zu gewinnen, äußerst gering sind.«

»Aber sollte ich gewinnen«, antwortete Ricco zuversichtlich, »dann marschiere ich mit fünf Millionen aus dem Kasino. Ich finde, das ist das Risiko wert, finden Sie nicht?«

»Wenn Sie sich den Luxus leisten können, 140 000 zu verschleudern, dann wohl schon. Darf ich fragen, in welcher Branche Sie tätig sind?«

Ricco grinste übers ganze Gesicht. »Internationaler Drogenhandel«, sagte er frei heraus, nur um zu sehen, wie die feinen Herrschaften darauf reagieren würden. Eine etwas peinliche Stille entstand. Die Dame im Leopardenkostüm verschluckte sich prompt an ihrem Martini, dem alten Herrn fiel beinahe seine Zigarre aus dem Mund, und auch die zwei Pärchen machten ziemlich irritierte Gesichter. Ricco konnte förmlich sehen, wie es in ihren Gehirnen zu rotieren begann und sie sich insgeheim fragten, ob er nur bluffte oder ob seine kühne Aussage tatsächlich der Wahrheit entsprach. Wenn es nach ihm gegangen wäre, so hätte er die Leute einfach zappeln lassen. Aber Simon und Fredo waren da wohl anderer Ansicht.

»Der war gut«, entschärfte Fredo Riccos Behauptung und lachte in die Runde. »Internationaler Drogenhandel. Also echt, Bruderherz.«

»Mein Cousin war schon immer ein Spaßvogel«, ergänzte Simon und lachte ebenfalls. »Der Gute hat noch nie in seinem Leben einen Joint geraucht. Können Sie sich das vorstellen?«

»Na, da bin ich ja beruhigt«, meinte der Herr mit der Zigarre, und auch die anderen Zuhörer zeigten sich sichtbar erleichtert. »Und in welcher Branche sind Sie nun wirklich tätig?«

»Wir handeln mit Immobilien«, log Ricco, was ihm sofort jeder abkaufte.

Die Lage entspannte sich, und das Spiel ging weiter. Der Croupier, der während der Unterhaltung als Einziger keine Miene verzogen hatte, warf die Kugel in den Zylinder und lenkte die Aufmerksamkeit wieder auf das Glücksspiel zurück. Die Kugel kreiste und verlor an Tempo.

»Rien ne vas plus!«

Die Kugel tanzte zwischen den Nummernfeldern hin und her – und blieb auf der 25 liegen. Simon, Ricco und Fredo seufzten synchron auf, allerdings nicht so, als hätten sie soeben 140 000 Dollar verzockt, sondern als wäre kein Bier mehr im Kühlschrank.

»Tja, war wohl doch nichts mit den Millionen«, meinte Ricco und nickte dem Herrn mit der Zigarre zu. »Aber danke für die Warnung.«

»Gern geschehen«, sagte der Mann und paffte an seiner Zigarre.

Keiner der Spieler hatte auf die 25 gesetzt, sodass der Croupier die Chips kommentarlos vom Tisch räumte und die Bank um knapp 200 000 Dollar reicher machte.

»Faites vos jeux!«, lud er zum nächsten Durchgang ein.

»Kommt«, sagte Simon an seine Cousins gewandt. »Gehen wir eine Runde Baccara[6] spielen.«

Sie erhoben sich, sammelten ihre Chips ein und gingen ein paar Tische weiter.

»Mann, Ricco, du hast vielleicht Mumm«, meinte Simon. »Ich hab gedacht, ich hör nicht richtig, als du denen sagtest, wir seien im Drogengeschäft tätig.«

Ricco lachte. »War doch lässig, oder?«

»Ja, das war's«, grinste Fredo und knuffte seinen Bruder in die Seite. »Du bist einfach unverbesserlich.«

»Ein Glück, dass Smith nicht hier ist«, stellte Simon fest. »Dein Geständnis wäre ein gefundenes Fressen für ihn gewesen.«

»Ja, unser guter Gary Smith«, stimmte Ricco zu und schmunzelte amüsiert. »Muss frustrierend sein, so gar keine handfesten Beweise gegen uns zu haben.«

»Tja, um an uns ranzukommen, muss er schon früher aufstehen«, sagte Simon selbstbewusst. »Da werde ich eher Präsident der Vereinigten Staaten, als dass Smith uns in die Quere kommt.«

Ricco und Fredo stimmten ihm grunzend zu. Sie waren die Herren der Welt. Die DEA konnte ihnen nichts anhaben. Und Smith? Smith sollte vielleicht besser über einen Berufswechsel nachdenken, bevor er an seiner Erfolglosigkeit zugrunde ginge.

***

6 Ein Kartenglücksspiel.

»Noch ein paar Karotten? Gary?«

»Was?«

»Ich fragte, ob du noch ein paar Karotten haben möchtest.«

Gary Smith schüttelte den Kopf. »Nein, danke.« Er war mit den Gedanken ganz woanders. Seine Frau stellte die Schüssel mit dem Gemüse auf den Tisch zurück.

»Ich muss los, sonst komm ich zu spät«, sagte Tricia, die sechzehnjährige Tochter der Smiths, und sprang vom Stuhl hoch.

»Wo gehst du hin?«, fragte ihr Vater misstrauisch. »Du triffst dich doch nicht wieder mit diesem Carl?«

»Dad! Du hast ihn *einmal* gesehen!«

»Ja. Und das hat mir gereicht. Ich hab täglich mit solchen Typen zu tun. Ich weiß genau, was das für einer ist.«

»Du weißt überhaupt nichts! Und außerdem kann es dir egal sein, mit wem ich ausgehe. Du interessierst dich ja sowieso nur noch für deine Arbeit!«

»Tricia, nicht in diesem Ton!«, ermahnte sie ihr Vater.

»Ist doch wahr! Ich geh jetzt!«

»Tricia!«

Das Mädchen stapfte davon, ohne sich noch einmal umzudrehen, schlug die Haustür hinter sich zu, und weg war es.

»Teenager«, murmelte Gary. »Als hätte ich nicht schon genug Ärger am Hals.«

Mrs Smith atmete tief durch und sagte nichts. Ein paar Minuten lang aß das Ehepaar schweigend. Alles, was man hörte, war das Geräusch des Bestecks. Irgendwann hielt es Garys Frau nicht mehr länger aus.

»Sie hat recht, Gary.«

Ihr Mann hörte auf zu kauen. »Wie war das?«

»Ich sagte, sie hat recht, Gary. Damit, dass du dich nur noch für deine Arbeit interessierst. Du kommst irgendwann nach Hause, setzt dich an den Tisch und hast diesen Blick drauf, als wärst du sonst wo, nur nicht hier.«

Gary legte Messer und Gabel nieder und sah seine Frau an. »Was, bitteschön, erwartest du von mir, Nancy? Ich jage Verbrecher. Ich kann nicht einfach auf Knopfdruck abschalten, wenn ich nach Hause komme. Verstehst du das nicht?«

Nancy seufzte. »Und was ist mit uns? Was ist mit deiner Familie? Wann hast du das letzte Mal mit deiner Tochter geredet? Ich meine nicht gestritten, sondern geredet! Wann? Als sie zehn war?«

»Jetzt mach aber einen Punkt, ja? Ich bin kein schlechter Vater!«

»Natürlich nicht. Du bist bloß nie da!«

Gary schnaubte. »Ich bin Polizist, okay?! Es tut mir leid, dass Drogendealer keine Rücksicht auf meinen Feierabend nehmen! Aber so ist es nun mal! Wäre es dir lieber, ich würde nichts gegen diese Kerle unternehmen, nur damit wir gemeinsam Abend essen können?«

»Darum geht es doch gar nicht.«

»Worum geht es dann?! Hm? Worum?«

Nancy schüttelte den Kopf. »Wir leben uns auseinander, Gary. Darum geht es. Und ich weiß ehrlich gesagt nicht, wie lange ich noch die Nerven dafür habe.«

»Was soll denn das nun wieder heißen? Willst du etwa die Scheidung?«

»Um ehrlich zu sein«, gestand Nancy, »hab ich schon mehrmals darüber nachgedacht. Ich war bloß zu feige, es dir zu sagen.«

Gary starrte seine Frau perplex an. »Das ist jetzt nicht dein Ernst, oder?«

»Gary, ich ... ich weiß einfach nicht mehr, wer du bist. Ich hab das Gefühl, dich überhaupt nicht mehr zu kennen. Und seitdem du diesem Sotelo, oder wie er heißt, nachjagst ...«

Weiter kam sie nicht. Das Telefon klingelte. Ihr Mann stand auf, ging zum Telefon hinüber und nahm den Hörer ab.

»Smith? ... Doody? Wann war das? ... Wo? ... Kein Zugriff, bis ich da bin! Ich komme sofort!« Er legte auf. »Ich muss noch mal los.«

Seine Frau ließ resigniert die Schultern hängen. »Das ist es, was ich meine«, murmelte sie. »Genau das.«

»Hör zu«, sagte Gary und hob die Hände. »Wir klären das später. Wir finden eine Lösung. Aber jetzt muss ich los, okay?«

»Okay.«

Gary steckte seine Dienstwaffe ein, warf sich seine schwarze Lederjacke über die Schulter und verließ eilends das Haus. Seine Frau blieb allein am gedeckten Tisch zurück. Die Nudeln waren noch warm. Bloß war keiner mehr da, um sie zu essen. Und Nancy hatte auf einmal auch keinen Appetit mehr.

***

Johnny hatte seit drei Tagen weder geschlafen noch gegessen. Stattdessen hatte er gefeiert, getrunken und Drogen konsumiert. Er saß auf einer Couch in einem Wohnzimmer voller lachender und tanzender Menschen und starrte grinsend vor sich hin. Er war high. In wessen Haus er gelandet war oder wer all die Leute in dem Haus waren, wusste Johnny nicht. Der achtzehnjährige Mexikaner konnte sich nur noch daran erinnern, dass er zusammen mit Sergio und ein paar Freunden auf einer Party gewesen war und dass einer gesagt hatte, sie würden nach San José fahren, um Doody zu besuchen. Johnny hatte keine Ahnung gehabt, wer dieser Doody war, aber das hatte keine Rolle gespielt. Wenn alle nach San José fuhren, dann fuhr er natürlich auch dahin. Von da an war seine Erinnerung nur noch lückenhaft. Er erinnerte sich, wie sie wie die Verrückten durch die Stadt gefahren waren. Einmal hatten sie ein geparktes Auto gerammt, und die Alarmanlage war losgegangen. Sie hatten sich die Bäuche gehalten vor Lachen und waren einfach weitergefahren. Dann hatte Johnny ein gelbrot-gestreiftes Känguru gesehen, das vor ihnen über die Straße hüpfte. Und er hätte schwören können, dass in dem Beutel Donald Duck gesessen und ihm zugewinkt hatte. Sie waren von einer Party zur anderen gerauscht, mal hatten sie in öffentlichen Discos abgehangen, mal in Privathäusern von Bekannten irgendwelcher Bekannten, die sie in irgendeinem Nachtklub getroffen hatten.

Wo sie jetzt waren und wer überhaupt alles dabei war, wusste Johnny nicht. Es war auch nicht wichtig. Hauptsache, er hatte seinen Spaß. Die Musik dröhnte. Das Licht war gedämpft. Draußen war es dunkel. Ein Bursche hatte sich eine Linie Kokain auf dem Glastisch vor dem Sofa gelegt und zog das weiße Pulver in seine Nase. Ein paar betrunkene Mädchen stolperten mit Sektgläsern durch den

Raum. In der Ecke standen zwei knutschende Pärchen. Irgendwo fiel ein Glas zu Boden, und jemand schimpfte ganz aufgebracht mit einer anderen Person.

»Reichst du mir mal die Flasche rüber, Johnny?«

Erst jetzt bemerkte Johnny, dass ein Mädchen auf seinem Schoß lag. Es war jung, vielleicht 16 oder 17 Jahre alt. Johnny hatte keinen Schimmer, wer das Mädchen war.

»Kennen wir uns?«, fragte er leicht verwirrt.

Das Mädchen kicherte. Es war angeheitert. »Natürlich kennen wir uns. Erinnerst du dich nicht an mich? Ich bin Samantha, die Schwester von Bob.«

»Bob? Ich kenne keinen Bob.«

»Egal. Gibst du mir die Flasche?«

Johnny griff nach einer halb leeren Bierflasche, die neben ihm auf dem Fußboden stand, und reichte sie dem unbekannten Mädchen. Sie setzte sich auf und nahm einen großen Schluck. Dann gab sie Johnny die Flasche zurück, und er trank sie leer.

»Welcher Tag ist heute?«, fragte Johnny.

»Samstag. Vielleicht auch Sonntag. Ist doch egal.« Samantha schlang ihre Arme um Johnny und küsste ihn mitten auf den Mund.

»Moment mal«, wimmelte Johnny sie ab. »Wieso küsst du mich? Was soll das?«

Samantha lächelte geheimnisvoll. »Sag bloß, du hast vergessen, was gestern Nacht passiert ist.«

O nein, dachte Johnny. *Ich hab doch nicht etwa mit ihr geschlafen?!* Er konnte sich beim besten Willen nicht daran erinnern, was er am Tag zuvor getan oder nicht getan hatte.

»Du hast mir einen Heiratsantrag gemacht«, klärte ihn Samantha auf. »Und ich hab *Ja* gesagt!«

»*Was* hab ich?!«

Sie warf sich ihm erneut um den Hals und begann ihn so leidenschaftlich zu küssen, dass Johnny innerhalb von Sekunden hin und weg war von ihr und gar nicht mehr anders konnte, als ihre Zärtlichkeiten zu erwidern.

»Du bist wunderschön, Samantha«, murmelte er und lächelte das

Mädchen, das er eben erst kennengelernt hatte, verträumt an. »Ich mag dich.«

»Ich mag dich auch«, flüsterte sie.

Eng umschlungen lagen sie auf dem Sofa, ohne die jungen Leute zu beachten, die um sie herum standen, sich im Rhythmus der Musik bewegten und ausgelassen feierten. Gerade als Johnny Samantha nochmals auf die Sache mit dem Heiratsantrag ansprechen wollte, geschah etwas Unerwartetes. Die Musik wurde abrupt unterbrochen, das Licht ging an, und mehrere Männer in Uniform standen mitten im Wohnzimmer.

»Ladies und Gentlemen! Die Party ist vorbei! DEA!«, verkündete ein Mann um die vierzig mit lauter Stimme und streckte seine Dienstmarke in die Höhe. Er trug keine Polizeiuniform, sondern Jeans und eine schwarze Lederjacke. »Wir suchen einen gewissen Caio Cruz, besser bekannt unter dem Spitznamen Doody!«

Kaum hatte er den Namen ausgesprochen, war im hinteren Bereich des Hauses ein Tumult zu hören. Die Polizisten zückten ihre Waffen und eilten in die Richtung, aus der die verräterischen Geräusche gekommen waren. Der Mann mit der Lederjacke blieb ruhig stehen und wartete. Das Klirren einer Scheibe war zu hören, dann laute Rufe der Cops, ein dumpfer Aufprall wie von einem umgestürzten Tisch und die aufgebrachte Stimme eines Mannes, der herumschrie, was das Zeug hielt. Sekunden später traten die Partygäste zur Seite und machten Platz für die Polizeibeamten mit ihrem Gefangenen. Es war ein junger Mann, kaum 30 Jahre alt, mit schneeweißem, schickem Anzug und mit schwarzem Haar, das mit viel Gel zurückgekämmt war. Eine Haarsträhne fiel ihm in die Stirn. Über dem rechten Auge hatte er eine offene Platzwunde, wahrscheinlich von seinem Fluchtversuch. Das Blut rann ihm über die Stirn und tropfte auf seinen Anzug. Er schnaubte vor Wut, während die Polizisten ihn in Handschellen an der raunenden Menge vorbeizerrten und zu ihrem Einsatzleiter brachten.

»Sie haben kein Recht, mich festzunehmen!«, fauchte der Kerl. »Außerdem haben Sie meinen neuen Anzug ruiniert! Ich werde sie alle verklagen!«

»Sir«, sagte einer der Polizisten und streckte seinem Vorgesetzten ein durchsichtiges Paket entgegen, das mit weißem Pulver gefüllt war. »Das haben wir im Schlafzimmer gefunden.«

Der Mann mit der Lederjacke nahm das Paket entgegen und wog es mit einem triumphierenden Lächeln in der Hand. »Lassen Sie mich raten, Doody: Das Koks gehört Ihnen nicht und Sie haben keine Ahnung, wie es da hingekommen ist, richtig?«

»Da will mir jemand was anhängen!«, verteidigte sich Doody und rüttelte an seinen Handschellen. »Ich schwör's, das ist nicht meins! Und jetzt sagen Sie Ihren Männern, sie sollen gefälligst ihre Pfoten von mir lassen!«

»Mr Cruz«, sagte der Beamte und die Genugtuung in seiner Stimme war nicht zu überhören. »Sie sind verhaftet! Abführen!«

Doody lachte bitter auf. »Sie können mir gar nichts! Ich bin schneller wieder draußen, als Sie bis drei zählen können!« Den Drogenhändler zwischen sich haltend, marschierten die Polizisten Richtung Tür. Cruz raunte einem seiner Leute im Vorbeigehen zu: »Ruf Suzuki an, okay?«

Der Mann mit der Lederjacke schnappte die Anweisung auf. »Wer ist Suzuki?«, wollte er wissen.

Der Dealer grinste. »Das wüssten Sie wohl gerne, was? Suzuki ist mein Gärtner. Er soll die Blumen gießen, solange ich weg bin.«

»Ich werde es schon noch rauskriegen, verlassen Sie sich drauf«, sagte der Einsatzleiter kühl und wandte sich seinen Leuten zu. »Durchsucht das Haus. Aber bitte gründlich, ja? Und nehmt die Personalien von allen Gästen auf. Ich will alles erfahren, was sie über Doody und seine Kontaktleute wissen, jede noch so kleine Beobachtung. Einfach alles, verstanden?«

Die Polizisten nickten und machten sich an die Arbeit, während ihr Vorgesetzter und die anderen beiden Beamten mit Cruz das Haus verließen.

Johnny hielt sich die Hand an die Stirn. Er hatte auf einmal stechende Kopfschmerzen. Die Wirkung der Drogen ließ nach, und ihm wurde speiübel.

Ich brauch einen Kick, war das Erste, das ihm durch den Kopf ging. *Nur noch einen, damit ich es bis nach Hause schaffe. Wo bin ich überhaupt? Was tu ich hier? Wie komme ich in das Haus eines Drogenhändlers? Und warum flirte ich mit einem wildfremden Mädchen herum, das ich gerade mal eine Minute lang kenne? Wo ist eigentlich Sergio? Mann, ich muss damit aufhören. Irgendwann krepier ich von dem Zeug.*

Die Polizisten befragten jeden Einzelnen, aber weder Johnny noch Samantha konnten ihnen viel über Doody sagen. Es war vier Uhr morgens, als die Beamten das Haus verließen.

Kurz darauf fand Johnny eine Mitfahrgelegenheit nach Modesto. Sergio war unauffindbar, aber Johnny hatte nicht vor, nach ihm zu suchen. Egal, wo sein Kumpel sich herumtrieb, er fand auch allein den Weg nach Hause zurück. Samantha gab Johnny ihre Telefonnummer und sagte, er solle sie unbedingt anrufen. Johnny versprach es ihr. Irgendwie fand er sie süß.

Auf der Fahrt von San José nach Modesto musste sich Johnny mehrmals übergeben. Er schwor sich, nie wieder Drogen anzurühren. Aber gleichzeitig sehnte er sich bereits nach dem nächsten Flash. Es war ein Teufelskreis, und Johnny wusste, dass er aus eigener Kraft niemals imstande wäre, ihn zu durchbrechen. Er war darin gefangen. Und es gab kein Entkommen, so sehr er es sich auch wünschte.

***

Der Tag war einfach perfekt gewesen. Ricco, sein Bruder, seine Cousins und Ron hatten beim Glücksspiel zigmal absurde Summen gewonnen und zigmal noch absurdere Summen verloren. Sie hatten mehr Geld verzockt, als andere in einem einzigen Jahr verdienen. Aber es spielte keine Rolle, denn innerhalb weniger Tage käme eine neue Lieferung aus Mexiko und würde den Verlust wieder wettmachen. Die Stimmung war den ganzen Tag hervorragend gewesen. Und abends, als sie - mit Ausnahme von Ricco - alle nicht mehr ganz nüchtern waren und gut gelaunt an der Bar saßen, kam der berühmte Mr Green mit seinen Wunderkarten vorbei. Simon hatte Ricco von Mr Green und seinen Diensten erzählt. »Auf jeder Karte ist das Foto eines Mädchens. Du pickst dir eines raus, bezahlst 500 Dollar, Mr Green schickt das Mädchen auf dein Zimmer und es gehört eine ganze Nacht lang dir.«

»Ist das dein Ernst?«

»O ja, Ricco, mein voller Ernst. Und die Mädels sind ja so was von verführerisch. Eines hübscher als das andere. Ich kann mich nie zwischen ihnen entscheiden. Also zieh ich normalerweise einfach blindlings eine Karte raus - manchmal auch zwei - und lass mich überraschen. Macht richtig Spaß.«

»Aber du bist verheiratet!«

»Na und? Das sind wir doch alle«, meinte Simon und lachte laut. Ein allgemeines Grinsen machte die Runde. »Deine Frau braucht es ja nicht zu erfahren. Was in Las Vegas passiert, bleibt auch in Las Vegas, hab ich nicht recht, Jungs?«

Die schnurrbärtigen Mexikaner nickten einstimmig. Nur Ricco zögerte. Er drehte seinen Ehering zwischen den Fingern und dachte daran, was Simon ihm auf der Terrasse seiner Villa gesagt hatte. Er solle den Ehering besser zu Hause lassen, hatte er gemeint. Ricco war seiner Frau noch nie untreu gewesen. In Gedanken vielleicht, wenn sie ihm mal auf die Nerven ging. Aber dann dachte er meistens nur an eine einzige Frau, und zwar an Judy.

»Ich weiß nicht, Leute«, sagte Ricco und sah von einem zum anderen. »Ich ... ich glaube, ich passe.«

Fredo legte seinem Bruder kopfschüttelnd den Arm um die Schulter. Er hatte schon viel zu viel getrunken. »Du überraschst mich doch immer wieder, Brüderchen«, sagte er mit schwerer Zunge. »Du rauchst nicht, du trinkst nicht, du kokst nicht. Und an Frauen bist du auch nicht interessiert? Willst du dich denn gar nicht amüsieren?«

Als Mr Green zu ihnen stieß und den Männern seine neue Damenkollektion präsentierte, kam Ricco denn doch etwas ins Wanken. Die Mädchen waren bildhübsch, wie Unterwäschemodels. Die Vorstellung, eine ganze Nacht lang mit einer dieser schönen Frauen zusammen zu sein, war schon ziemlich verführerisch. Aber Ricco entschied sich dagegen. Die Cousins teilten die Mädchen unter sich auf, tranken ihre Whiskys leer und hatten es auf einmal sehr eilig, auf ihre Suiten zu kommen. Ricco ging ebenfalls nach oben und nahm ein Bad im Whirlpool, von dem aus er einen gigantischen Blick auf die Stadt hatte. Anschließend legte er sich schlafen. Es war ein aufregender Tag gewesen, und Ricco hoffte, dass er schnell einschliefe. Gleichzeitig hatte er Angst, wieder einen solchen Albtraum wie im Flugzeug zu haben. Er überlegte, ob er nicht doch noch einmal aufstehen sollte. Doch kurz darauf war er trotz aller Bedenken auch schon eingeschlafen.

Und dann ging es wieder los. Er war zurück in der DVI, zurück im tödlichsten Hochsicherheitsgefängnis Kaliforniens, zurück in der Hölle ...

7 Erzfeinde

1972, drei Jahre zuvor

»Pajaro, dein Frühstück.«

Ricco schloss die Essensklappe in der Gittertür auf und Steven, der neue Wärter, den Ricco heute einarbeitete, schob dem Gefangenen das Plastiktablett mit dem Frühstück durch die Öffnung. Pajaro nahm das Tablett entgegen und schaute durch die Gitterstäbe.

»Morgen, Sotelo. Wissen Sie die Uhrzeit?«

»Fünf Uhr«, antwortete Ricco, ohne auf die Uhr zu sehen.

Pajaro grinste. »Kommen Sie, Sotelo. Wir wissen doch beide, dass es nicht fünf Uhr ist. Was ist so schwer daran, mir die Uhrzeit zu verraten? Hm?« Sein Blick glitt hinüber zu Steven. »Hey, Officer. Können Sie mir vielleicht sagen, wie spät es ist?«

Steven warf einen Blick auf seine Uhr. »Es ist zehn nach sieben.«

»Na bitte, geht doch«, sagte Pajaro mit einem schelmischen Lächeln. »Wie heißen Sie denn, Officer?«

»Lass ihn in Ruhe, Pajaro«, mischte sich Ricco wirsch ein, während er die Luke wieder verschloss. Zu Steven gewandt sagte er: »Du gibst ihm gar nichts, weder deinen Namen noch die Uhrzeit noch sonst etwas, klar?«

Der Neue nickte etwas verständnislos.

»Pah! Die tun, als könnte man mit der Uhrzeit eine Waffe herstellen«, meinte Pajaro spöttisch, griff mit der Hand durch die Gitterstäbe und winkte Steven mit dem Zeigefinger zu sich. »Hey, lassen Sie sich von den Füchsen nicht Ihre Menschlichkeit rauben, ja? Wir sind keine Monster. Wer uns mit Respekt begegnet, den respektieren wir auch. Sagen Sie, Sie haben nicht zufällig eine Zigarette, die Sie entbehren könnten?«

»Es reicht, Pajaro!«, erklärte Ricco streng. »Versuch nicht, ihn für dumm zu verkaufen! Oder ich streich dir für eine Woche deinen Freilauf. Und jetzt iss dein Frühstück!«

»Sehen Sie, Officer, *das* meine ich«, sagte Pajaro zu dem neuen

Aufseher, ohne Ricco zu beachten. »Genau das meine ich. Die behandeln uns, als wären wir Tiere.«

»Pajaro! Genug!« Ricco sah ihn an wie ein Dompteur einen fauchenden Tiger. Pajaro knurrte feindselig und verkrümelte sich wortlos in seine Zelle.

Ricco zog Steven mit sich fort, und als sie den Zellentrakt verlassen hatten, sprach er ihn auf das Geschehene an.

»Es war ein Fehler, Pajaro zu sagen, wie spät es ist. Wenn ein Gefangener einen Aufseher nach der Uhrzeit fragt, lautet die Antwort immer ›fünf Uhr‹, egal zu welcher Tages- oder Nachtzeit. Es ist immer fünf Uhr.«

»Aber wieso?«, fragte der junge Beamte. »Was ist so schlimm daran, die richtige Uhrzeit zu nennen?«

»Heute sagst du ihm die Uhrzeit, morgen gibst du ihm eine Zigarette, und ehe du dich versiehst, bist du Pajaros persönlicher ›Burro‹.«

»Was ist ein Burro?«

»Ein Esel. Einer, der einem Gefangenen Dinge ins Gefängnis schmuggelt. Vor allem, wenn du neu bist, fällst du leicht auf ihre Manipulation herein. Du willst ja keinen Ärger mit den Kerlen kriegen. Und genau das nutzen sie schamlos aus. Es beginnt alles ganz harmlos. Der Häftling schmeichelt sich bei dir ein und bittet dich um einen winzigen Gefallen, zum Beispiel um eine Zigarette. Du gibst sie ihm. Ist ja schließlich nur eine Zigarette, richtig? Falsch. Am nächsten Tag kommt derselbe Häftling beim Hofgang wieder auf dich zu und sagt: ›Ey, Mann, der Boden in meiner Zelle ist ja so was von kalt. Könnten Sie mir nicht meine Pantoffeln von zu Hause mitbringen? Hier ist die Adresse meiner Frau.‹ Wie würdest du reagieren? Was denkst du?«

Steven lachte. »Ich würde es natürlich nicht tun. Da könnte ja jeder kommen. Ich riskiere doch nicht meinen Job für ein lausiges Paar Pantoffeln.«

»Nein, natürlich nicht«, gab ihm Ricco recht. »Und doch wird dir nichts anderes übrig bleiben, als dem Gefangenen seinen Wunsch zu erfüllen. Weißt du, wieso?« Der junge Mann schüttelte den Kopf.

»Weil er dich bereits am Haken hat. ›Erinnern Sie sich an die Zigarette, die Sie mir gestern gegeben haben?‹, wird er fragen. ›Die gute, die man hier als Gefangener nirgends kaufen kann? Nun, die Sache ist die: Wenn Sie mir meine Pantoffeln bringen, verrate ich auch keinem, dass Sie mir eine Zigarette gegeben haben. Ist ja schließlich verboten, den Gefangenen Spezialwünsche zu erfüllen. Sie stehen ganz schnell auf der Straße, wenn das rauskommt. Und das wollen Sie doch nicht, oder? Bringen Sie mir die Pantoffeln, und wir sind quitt.‹

Natürlich seid ihr niemals quitt. Du bringst ihm die Pantoffeln, und er wird dich noch mehr in die Enge treiben und behaupten: ›Meine Frau hat mich angerufen. Sie sagt, Sie hätten versucht, sie zu vergewaltigen, als Sie die Pantoffeln abholten. Ich werde die Geschichte nicht an die große Glocke hängen. Versprochen. Aber eine Flasche Whisky müssen Sie mir schon dafür geben, dass ich den Mund halte.‹ Und so geht es weiter und weiter. Aus der Flasche Whisky wird ein Joint, aus dem Joint eine Säge, um die Gitterstäbe durchzusägen. Und dann verkauft dich dein Erpresser an andere Häftlinge, damit du auch für sie irgendwelche Botengänge erledigst. Bist du erst mal drin in der Mühle, kommst du nicht mehr raus. Und deswegen rate ich dir, gleich von Anfang an klare Grenzen zu setzen.«

»Und wie mach ich das?«, fragte Steven ein wenig eingeschüchtert von Riccos Ausführungen.

»Indem du nicht einen auf guten Kumpel machst«, erklärte Ricco. »Die Häftlinge sind nicht unsere Kumpel. Sie sind unberechenbar und gefährlich – deshalb sind sie hier. Wenn du ihnen nicht zeigst, dass du genauso tough bist wie sie, fressen sie dich zum Frühstück. Bei mir haben sie es auch versucht. Gleich in der ersten Woche, als ich noch im G-Flügel arbeitete und einem gewissen Jorge ein Paar alte gegen ein Paar neue Socken austauschte, sagte der: ›Also wissen Sie, Officer: Wenn *ich* Ihren Job hätte, ich würde jede Menge extra Kohle verdienen, falls Sie verstehen, was ich meine.‹ Ich wusste sehr wohl, was er meinte. Aber ich ging nicht darauf ein. ›Weißt du was?‹, sagte ich. ›Ich mag dich. Ich mag dich wirklich. Aber wenn du mich noch einmal für dumm verkaufst, werd ich der Gefängnisdirektion sagen, dass du versucht hast, mich zu bestechen. Und dann steck ich dich in Einzelhaft im K-Flügel, verstanden?‹ Danach hat mich nie wieder jemand blöd angemacht. Wie gesagt: Wenn dich das nächste Mal jemand nach der Uhrzeit fragt ...«

»... ist es fünf Uhr«, ergänzte Steven den Satz und Ricco nickte ihm zufrieden zu.

»Ganz genau. Fünf Uhr. Es ist immer und jederzeit fünf Uhr. Merk dir das.«

Nachdem sie allen Gefangenen auf der ersten Etage ihr Frühstück gebracht hatten, gingen sie hinüber zum Aufenthaltsraum der Beamten. Mehrere Wärter saßen an kleinen Tischen und spielten Karten. Bill war auch da und schenkte sich gerade eine Tasse Kaffee ein.

»Hey, Mr Cookie-and-Milk[7], wie macht sich unser Frischling?«

»Ganz gut. Ich hab ihm grad die Fünf-Uhr-Regel erklärt.«

Ein Grinsen machte die Runde.

»Willst du einen Kaffee?«, fragte Bill den Neuen und streckte ihm seinen Becher entgegen. »Schmeckt scheußlich. Aber was Besseres haben wir leider nicht im Angebot.«

»Danke«, sagte Steven und nahm den Becher gerne an. Bill goss Kaffee in zwei neue Becher und gab einen davon Ricco. Zusammen mit Steven setzten sie sich an einen leeren Tisch.

»Was hat es eigentlich mit dem Namen ›Mr Cookie-and-Milk‹ auf sich?«, fragte Steven Ricco neugierig. »Ich hab vorhin schon mal gehört, wie dich jemand so nannte.«

Ricco wollte antworten, aber Bill kam ihm schmunzelnd zuvor. »Unser guter Freund hier wird ›Mr Cookie-and-Milk‹ genannt, weil er keinen Alkohol trinkt, was - wenn ich das so sagen darf - äußerst praktisch ist, denn so haben wir immer einen garantierten Fahrer, wenn wir uns mal nach Dienstschluss auf ein paar Drinks in einer Bar treffen.«

»Hier hat jeder seinen Spitznamen«, ergänzte Ricco. »Bill nennen wir ›Bofo‹, weil er so groß ist und aussieht wie ein Büffel. Er findet zwar, der Vergleich sei *überhaupt* nicht passend ...«

---

7 Auf Deutsch: Herr Keks-und-Milch.

»Ganz genau!«, warf Bill dazwischen. »Völlig aus der Luft gegriffen.«

»Wir sehen das selbstverständlich etwas anders«, fuhr Ricco amüsiert fort. »Ich meine, sieh dir seine Schultern an. Ein Rugby-Spieler ist ein Klacks dagegen. Oh, der da drüben, den haben wir ›Teenager‹ getauft, weil ihm immer eine Locke in die Stirn hängt. Aber einer der besten Namen im Sortiment ist mit Abstand ›Kartoffel‹.«

Kaum ausgesprochen, ging erneut eine allgemeine Insider-Lachwelle durch den Raum.

»Kartoffel?«, wiederholte Steven zweifelnd. »Hat er eine Knollennase oder so was?«

»Mit ihrem Aussehen hat das gar nichts zu tun«, erklärte ihm Sanders, der Beamte, der Ricco und Bill damals bei ihrem ersten Tag auf dem Gelände herumgeführt hatte. »Kartoffel ist eine unserer wenigen weiblichen Beamten. Ihr richtiger Name ist Barbara. Vor ein paar Monaten geriet sie im Speisesaal des C-Flügels mitten in eine Revolte. Die Insassen begannen sich mit Messern zu attackieren und schleuderten ihre Esstabletts durch den Raum. Dabei landete eine verirrte heiße Kartoffel mitten auf Barbaras Auge. Das Auge war danach total zugeschwollen und schwarz-violett verfärbt. Tja, und seither nennen wir sie alle nur noch Kartoffel.«

Die Männer lachten herzhaft wie ehemalige Schulkameraden, die auf einem Klassentreffen alte Geschichten ausgraben. Doch die allgemeine Heiterkeit war von kurzer Dauer. Plötzlich gingen die Sirenen los. Mit einem Schlag war es vorbei mit der lockeren Atmosphäre, und die Unberechenbarkeit des Knastalltags holte die Männer wieder ein. Sie sprangen auf, ließen ihre Kaffeebecher stehen und rannten in die Richtung, aus der das Heulen der Sirene kam.

Schon von Weitem konnten die Wärter den Qualm erkennen. Irgendetwas hatte Feuer gefangen. Die Gefangenen schrien und tobten wie eine Herde tollwütiger Affen. Ein Beamter namens Bob stolperte mit vorgehaltenem Taschentuch hustend aus dem Rauch heraus.

»Was ist los, Bob?«, fragte Ricco.

»Die Nuestra Familia hat vom dritten Stock aus den zweiten überflutet«, berichtete Bob keuchend. »Daraufhin hat die Mexican Mafia im zweiten Stock Feuer gelegt, um die Nuestra Familia im dritten Stock auszuräuchern. Das heißt, der zweite Stock steht unter Wasser, und der dritte ist eine einzige Räucherkammer.«

»Denen gehen die Ideen aber auch nie aus«, meinte Bill und verdrehte die Augen.

»Wir sollten die Wasserleitungen für den dritten Stock abstellen«, schlug Ricco vor. »Ich brauch drei Leute, die mit mir in den Tunnel klettern.«

»Bofo, Steven und Teenager, ihr begleitet Mr Cookie-and-Milk«, beschloss Sanders. »Ihr anderen kommt mit mir, um das Feuer zu löschen. Los geht's!«

Die Männer teilten sich auf. Ricco, Bill, Steven und Teenager begaben sich in den Zwischenraum hinter den Zellen der dritten Etage, um die Wasserzufuhr zu unterbinden.

»Ich versteh das nicht ganz«, sagte Steven, während er neben Ricco durch den Flur trabte. »Die Nuestra Familia und die Mexican Mafia sind doch beide mexikanische Gangs. Warum bekämpfen die sich dann gegenseitig?«

»Na ja, die Nuestra Familia wurde gegründet, um die Hispanics aus Nordkalifornien zu vereinen und sich gegen La Eme, die Mexican Mafia aus Südkalifornien, zu stellen. Seither herrscht Krieg zwischen ihnen.«

»Wäre es dann nicht sinnvoller, die Gangs in verschiedenen Gefängnissen unterzubringen?«

»Soweit wie möglich tun wir das auch«, erklärte ihm Bill, während er die Tür aufsperrte, die in den Schacht zwischen den Zellen führte. »Die meisten Mitglieder der Mexican Mafia sind im *Folsom State Prison* untergebracht, und hier in der DVI haben wir die Nuestra Familia. Aber manchmal lässt es sich nicht vermeiden, dass wir auch La-Eme-Gangmitglieder bei uns aufnehmen. Wir verteilen sie dann aber auf zwei verschiedenen Etagen. Auf der dritten ist die Nuestra Familia, auf der zweiten die Mexican Mafia. Aber wie du siehst, hält sie das auch nicht auf. Die einen lassen es von oben regnen, die anderen legen von unten ein Feuerchen. Und schon haben wir den Salat.«

Dass es überhaupt möglich war, von einer Etage aus die darunterliegende zu überfluten, lag an der Bauweise des K-Flügels. Der dritte Stock war gegenüber dem zweiten ein wenig zurückversetzt. Die Mitte des Gefängnistrakts war eine riesige, offene Halle mit einem Netz aus Stahltreppen und mit von außen an die Zellen gebauten Gängen. Anstelle von Geländern gab es einen eng geknüpften Maschendraht, damit die Gefangenen keine Gegenstände auf die untere Etage werfen oder gar selbst hinunter- oder hinaufklettern konnten. Gegenstände passten nicht durch die kleinen Löcher des Gitters, Wasser jedoch schon. Also verstopften die Insassen im dritten Stock die Abflüsse ihrer Spülbecken mit Bettlaken und drehten die Wasserhähne voll auf. Das Wasser schwappte über den Beckenrand, floss über den Zellenboden, dann hinaus auf den Flur und schließlich durch die Maschen im Gitter hinunter auf den Gang des zweiten Stocks. Von dort lief es hinein in die Zellen der verfeindeten Gang. Dass die Mexican Mafia nicht tatenlos zusähe, wie ihre Zellen überflutet wurden, war klar. Also rächten sie sich an den Insassen über ihnen mit einem Feuer aus Zeitungen, Büchern und den Plastiktabletts vom Frühstück. Da Rauch bekanntlich in die Höhe steigt, bekam die Nuestra Familia schon bald einen gehörigen Hustenanfall, was sie natürlich erst recht dazu anspornte, das Wasser weiter laufen zu lassen.

Doch damit war jetzt Schluss. Riccos Truppe stoppte die Wasserzufuhr im dritten Stock, und Sanders und die übrigen Beamten kümmerten sich um das Feuer im zweiten Stock. Es war dank des vielen Wassers schnell gelöscht. Bis der ganze Rauch abgezogen und das gestaute Wasser aus dem zweiten Stock geschafft war, dauerte es etwas länger. Und noch länger dauerte es, bis die verfeindeten Gangs sich wieder einigermaßen beruhigt hatten. Aber wie meistens in der DVI war die Ruhe nach dem Sturm gleichzeitig die Ruhe vor dem nächsten Sturm. Nur ein paar Tage später spazierte ein Nuestra-Familia-Gangmitglied nichtsahnend über den Flur zum Duschraum, als einer von La Eme ihn von hinten mit einem Messer attackierte. Der Mann entkam seinem Angreifer nur mit Not und rannte um sein Leben. Doch die Stichwunden waren so tief, dass er noch auf dem Weg ins gefängnisinterne Krankenhaus verstarb.

Im Grunde war es immer dasselbe tödliche Spiel: Ein Mitglied der

Mexican Mafia wurde getötet, daraufhin rächte sich La Eme, indem sie ein Mitglied der Nuestra Familia tötete, woraufhin sich wiederum die Nuestra Familia rächte, indem sie ein Mitglied der Mexican Mafia umbrachte. Es war ein blutiger, nie endender Krieg, der immer mehr außer Kontrolle geriet, je länger er dauerte.

Im Dezember 1972 passierte etwas, was alle bisherigen Racheakte bei Weitem in den Schatten stellte, etwas, womit keiner gerechnet hatte.

Ricco hatte an diesem Tag Dienst. Es war ein besonderer Tag, ein Tag, der von der Gefängnisdirektion mit äußerster Sorgfalt gefängnisübergreifend geplant worden war, damit auch ja nichts schiefging. Zum ersten Mal in der Geschichte der beiden Erzfeinde sollten sich Cheyenne, der Anführer der Mexican Mafia, und Joker, der Anführer der Nuestra Familia, treffen, um über ein mögliches Friedensangebot zu verhandeln. Die Initiative kam von Cheyenne. Er redete schon lange davon, wie sinnvoll es sei, das Kriegsbeil endlich zu begraben und die Nuestra Familia und La Eme zu einer gemeinsamen mexikanischen Super-Gang zu vereinen. Der Gefängnisdirektion waren Cheyennes Bemühungen um Frieden sehr recht. Sie erhoffte sich, ein solches Bündnis könne weitere Mordanschläge verhindern, und bot deshalb Cheyenne vollste Unterstützung an. Aber nicht alle waren begeistert von Cheyennes Idee. Vor allem sein Mentor und enger Freund Joe Morgan, einer der Gründer von La Eme, wollte sich auf keinen Fall auf irgendwelche Deals mit dem verhassten Feind einlassen und warnte Cheyenne eindringlich davor. Aber der Anführer war davon überzeugt, dass Frieden die einzige Lösung war, und mithilfe der Gefängnisdirektion wurde das Treffen der beiden Anführer organisiert.

Als Verhandlungsort wählte man das Gefängnis *California Institution for Men* in Chino. Verschiedene Vertreter von beiden Gangs wurden am Abend vor der Friedenskonferenz aus den Gefängnissen in San Quentin, Folsom und aus der DVI nach Chino überstellt und auf mehrere Zellen im dritten Stock verteilt. In demselben Stock war auch Cheyenne untergebracht. Die Sicherheitsvorkehrungen waren verschärft worden. Beamte aus allen Gefängnissen waren anwesend, um auf ihre Schäfchen aufzupassen. Riccos und Bills Aufgabe war es, Joker, den Anführer der Nuestra Familia, auf Schritt und Tritt zu begleiten. Man konnte nie vorsichtig genug sein bei diesem Kerl. Außerdem waren erst vor zwei Tagen zwei Nuestra-Familia-Ganganführer in Chino erstochen worden. Es hieß, Joe Morgan habe die Morde angeordnet, um seine Missgunst über die bevorstehenden Friedenspläne auszudrücken.

Joe Morgan war ein eiskalter Mafioso und bekannt als »weißer Pate« von La Eme, weil er kein Latino, sondern ein Weißer war. Er hatte Kontakte zu Heroin- und Kokainlieferanten aus Mexiko und kontrollierte und koordinierte den Drogenverkauf im gesamten Gefängnissystem Kaliforniens. Er galt als gewalttätig und rücksichtslos, war gleichzeitig aber sehr schlau. Da er eine Beinprothese hatte, trug er den Spitznamen »Holzbein«. Mit 17 hatte Joe Morgan den Ehemann seiner wesentlich älteren Freundin erschlagen und die Leiche in einem Flachgrab versteckt. Er wurde gefasst und zu neun Jahren Haft verurteilt. Während seiner Haftzeit plante er einen spektakulären Massengefängnisausbruch, indem er Sägeblätter in seinem Holzbein versteckte. Zusammen mit ihm gelang elf Häftlingen die Flucht. Kaum in Freiheit, raubte Joe Morgan eine Bank aus und kam wieder ins Gefängnis, diesmal nach San Quentin, wo er auch den jungen Cheyenne kennenlernte und sich mit ihm anfreundete. Zur selben Zeit wurde in der DVI die Mexican Mafia, La Eme, gegründet. Joe Morgan schloss sich der Gang an und wurde einer ihrer wichtigsten Anführer. Auch wenn er in einer Zelle in San Quentin saß, liefen die Fäden von La Eme bei ihm zusammen, und die zwei Morde in Chino machten wieder einmal deutlich, wie viel Macht dieser Mann besaß.

Die Lage im Chino-Gefängnis war sehr angespannt. Auch Ricco spürte, dass irgendetwas in der Luft lag, als er am nächsten Mittag zusammen mit Bill und einem Beamten des Chino-Gefängnisses zu Jokers Zelle unterwegs war. Sie sollten den Nuestra-Familia-Anführer in den Besucherraum begleiten, wo alles für das große Treffen vorbereitet war. Es war kurz nach 13 Uhr, und die Zellentüren waren gerade eben geöffnet worden, sodass die Häftlinge sich für ein paar Stunden frei bewegen konnten.

»Hätte man die Friedensverhandlungen nicht besser verschoben nach dem, was vor drei Tagen passiert ist?«, überlegte Ricco. »Ich meine, wie soll die Nuestra Familia Cheyenne glauben, dass er Frieden will, wenn Joe Morgan gleichzeitig zwei ihrer Leute töten lässt?«

»Cheyenne ist davon überzeugt, dass die Nuestra Familia trotz allem auf ihn hören wird«, sagte der Beamte aus Chino. »Er will, dass das Treffen stattfindet. Und die Gefängnisleitung hat grünes Licht gegeben. Tja, hoffen wir das Beste.«

Er klopfte an die offene Zellentür von Joker, und der Sechsundzwanzigjährige trat heraus. Drei Zellentüren weiter standen zwei weitere Beamte, um den neunundzwanzigjährigen Cheyenne abzuholen. Erhobenen Hauptes schritt Cheyenne aus seiner Zelle heraus. Optimismus stand in seinem Gesicht geschrieben. Dies war der Tag, an dem er Geschichte schreiben würde. Dies war der Tag, an dem der blutige Krieg zwischen La Eme und der Nuestra Familia ein für alle Mal beendet würde.

Doch es kam anders. Und es ging alles so schnell, dass selbst die anwesenden Beamten ihn nicht zu retten vermochten. Kaum tauchte Cheyenne auf dem Gang auf, stürzten sich Joker und zwei andere Nuestra-Familia-Gangmitglieder auf ihn und begannen mit ihren Shanks auf ihn einzustechen. Sofort kamen La-Eme-Mitglieder Cheyenne zu Hilfe und griffen die Nuestra-Familia-Gangmitglieder an. Der angestaute Hass der verfeindeten Gangs schien zu explodieren. Die Beamten bliesen in ihre Trillerpfeifen. Ricco schoss seine Tränengaspatrone ab, während Bill mit dem Gummiknüppel auf Joker einschlug. Doch nichts hinderte Joker und seine Leute daran, weiter auf Cheyenne einzustechen. Dann packten sie den Anführer von La Eme und warfen ihn über das Geländer der dritten Etage. Als er unten auf dem harten Boden aufschlug, stürmten weitere Nuestra-Familia-Gangmitglieder aus dem zweiten Stock herbei und beendeten das blutige Werk.

Die Beamten rissen die Gangmitglieder auseinander und steckten sie zurück in ihre Zellen. Einige Mitglieder waren verletzt und mussten ärztlich versorgt werden. Doch für La-Eme-Anführer Cheyenne kam jede Hilfe zu spät. Er war tot. Erstochen mit über 70 Messerstichen. Seine Friedensbemühungen waren gescheitert und hatten ihn sein Leben gekostet. Und anstatt La Eme und die Nuestra Familia zu vereinen, wurde der Krieg zwischen den Erzfeinden nur noch erbitterter. Als Ricco und Bill am Nachmittag mit ihren Häftlingen im Gefängnisbus zurück in die DVI fuhren, machten sie sich jedenfalls auf einiges gefasst.

Aufgrund von Cheyennes Tod wurden innerhalb des nächsten Jahres 31 Morde in kalifornischen Gefängnissen begangen. La Eme hatte sich schon 1970 mit der Aryan Brotherhood verbündet, und die Nuestra Familia mit der Black Guerilla Family, was die Situation noch verschärfte. Die DVI war kein Hochsicherheitsgefängnis mehr, sondern ein Schlachtfeld, und ein Ende der Gewalt war nicht in Sicht. Ständig gab es Messerstechereien. Immer wieder erschienen Sonderberichte über das Gefängnis in den Zeitungen. Es hieß, die DVI sei statistisch gesehen einer der gefährlichsten Orte auf dem Planeten. Und niemand wusste, wen es als Nächstes träfe.

8 Todeskandidaten

November 1973

Es war ein Schock für alle. Sanders war tot. Zwei Häftlinge, 20 und 22 Jahre alt, hatten ihn erstochen. Einfach so, ohne irgendeinen Grund, wie es auf den ersten Blick den Anschein hatte. Doch dann ließen Gefangene beunruhigende Gerüchte durchsickern. Sanders' Ermordung sei eine symbolische Exekution gewesen. Die Mexican Mafia habe geplant, in vier Hochsicherheitsgefängnissen in Kalifornien, in der DVI, in San Quentin, Folsom und Soledad, wahllos Aufseher zu töten. Alle vier Gefängnisse ordneten daraufhin eine komplette Ausgangssperre an. Kein Häftling durfte seine Zelle mehr verlassen. Alles wurde auf den Kopf gestellt und jede Zelle durchsucht, um mögliche Waffen zu finden. Sieben Shanks konnten sichergestellt werden. Aber Ricco war sich sicher, dass sie längst nicht alle Waffen gefunden hatten. Und selbst wenn, schon in der nächsten Nacht würden die Häftlinge beginnen, neue Messer anzufertigen. Sie hatten alle Zeit der Welt, um ihre Pläne in die Tat umzusetzen. Da nutzten auch die zusätzlich angeforderten Wachen nichts, die mit Gewehren auf den Gängen patroullierten, nachdem die allgemeine Ausgangssperre wieder aufgehoben war.

Ricco und Bill kümmerten sich auf gewohnte Weise um die Sicherheit ihrer Leute, indem sie des Nachts in den Schacht hinter den Zellen kletterten, um die Wände abzuhorchen. Die Stimmung war angespannt. Sie redeten nicht viel über Sanders' Tod und versuchten, darüber hinwegzukommen, indem sie das Geschehene einfach ausblendeten. Aber so wirklich funktionierte es nicht, vor allem nicht, nachdem erneut ein Notizzettel eines Unbekannten auf dem Schreibtisch des Direktors gelandet war, in welchem bestätigt wurde, dass mindestens drei weitere Beamte dem Tod geweiht seien.

»Glaubst du, es gibt tatsächlich eine Verschwörung gegen uns?«, fragte Bill Ricco, während er mit dem Stethoskop eine Wand abhörte.

»Keine Ahnung.«

Sie schwiegen eine Weile.

»Wieso tun die das?«, kam Bill erneut darauf zurück. »Ich meine, Sanders war einer der beliebtesten Aufseher. Und die stechen ihn ab wie ein Schwein. Einfach so, um zu zeigen, dass sie es können.«

»Wir sollten uns davon nicht einschüchtern lassen, Bofo.«

»Ich bin bereits eingeschüchtert! Mann, vielleicht bin ich der Nächste, verstehst du? Es könnte jeden von uns treffen! Jeden! Ich frag mich bei jedem Häftling, der an mir vorbeigeht, ob er nicht plötzlich ein Shank zückt und auf mich losgeht. Ich meine, wenn dich einer umbringen will, dann bringt er dich um. Mir macht das Angst. Dir nicht?«

»Du darfst diese Gedanken nicht an dich ranlassen, sonst fressen sie dich auf. Sanders ist tot. Das lässt sich nicht mehr ändern, so tragisch es auch ist. Aber wir sind am Leben. Wir haben zwei Jahre in dieser Hölle überlebt. Zwei Jahre, Bofo. Und wir sind immer noch hier. So schnell geben wir den Löffel nicht ab.«

»Ich wünschte, ich hätte deinen Optimismus, Mr Cookie-and-Milk. Hast du denn gar keine Angst vor dem Tod?«

»Natürlich hab ich die. Aber ich versuch vor allem, mich auf das Leben zu konzentrieren. Und das solltest du auch tun. Wir werden nicht sterben, okay?«

Bills Antwort war nur ein langes Seufzen.

In den nächsten Wochen pendelte sich der Alltag in der DVI wieder ein – sofern man denn von Alltag in einem Gefängnis sprechen konnte –, und dazu gehörten leider auch Messerstechereien, Ausbruchversuche, Vergewaltigungen und Rebellionen. All das lenkte von Sanders' Tod ab, sodass dieser nicht mehr wie eine Bedrohung in der Luft hing, sondern nur noch ein schlimmes Ereignis unter vielen war. Und auch über die Verschwörung gegen die Justizvollzugsbeamten wuchs Gras, es wurde kaum noch darüber gesprochen. Nicht, dass Ricco die Morddrohungen vergessen hätte oder was mit Sanders geschehen war, aber da er täglich mit nichts als Gewalt konfrontiert war, hatte er irgendwann damit begonnen, eine Mauer um sich herum aufzubauen. Er war schon immer ein tougher Kerl gewesen. Schwäche zu zeigen, konnte er sich nicht leisten. Also ließ er die Dinge so lange an sich abprallen, bis er immun dagegen wurde. Anders war es nicht möglich, all die blutigen und menschenunwürdigen Taten und Komplotts zu verarbeiten, denen er jeden Tag ausgesetzt war.

Es gab noch eine andere Art, wie Ricco und seine Arbeitskollegen ihre Traumata verarbeiteten: Sie machten Witze darüber. Manchmal gingen sie nach einem besonders harten Tag zusammen in eine Bar, tranken ein paar Bierchen - bis auf Ricco - und spielten das Erlebte nochmals durch. Je brutaler die Ereignisse gewesen waren, desto zynischer wurden die Scherze, und desto lauter lachten sie darüber. Sie lachten Tränen, wenn sich ein Wärter beinahe in die Hosen gemacht hatte vor Angst oder wenn ein Häftling seinen Zellengenossen in der Zelle abgestochen hatte und am nächsten Morgen steif und fest behauptete, er sei unschuldig. Es war makaber, aber irgendwie mussten sie die harte Realität bewältigen, ohne daran kaputtzugehen. Und die Tragik in Komik zu verwandeln, war so ziemlich das Einzige, was funktionierte.

Im Sommer 1974 schloss Ricco erfolgreich die Polizeihochschule ab. Eigentlich hätten ihm jetzt die Türen offengestanden, um eine Stelle als Streifenpolizist anzutreten. Aber er entschied sich dagegen. Er hatte sich an die Arbeit als Justizvollzugsbeamter gewöhnt und keine Lust, wieder ganz von vorne zu beginnen. Außerdem war er wegen seines Hochschulabschlusses sogar zum Sergeant befördert worden, was noch mehr Respekt und noch mehr Gehalt bedeutete. Und das wiederum war Grund genug, allen Gefahren zum Trotz seinen Job zu behalten.

Am Abend des 20. August 1974 war wieder mal ein Häftling getötet worden. Es war bereits die siebte Messerstecherei in diesem Monat. Am nächsten Morgen kam ein Journalist ins Gefängnis, um über den neuesten Mordfall einen Artikel zu schreiben. Ricco war an diesem Tag nicht in der DVI. Er hatte seine Schicht mit Bill getauscht und nutzte den freien Tag, um mit Corinna und den Kindern bummeln zu gehen und ein neues Sofa fürs Wohnzimmer auszusuchen, für das sie seit Monaten gespart hatten. Es war ein sehr entspannter Tag. Die beiden Mädchen genossen es, mit ihrem Daddy zusammen zu sein, und Corinna freute sich über das neue Sofa und schwärmte auf der ganzen Nachhausefahrt davon, wie gut es zu den neuen Vorhängen und dem Teppich passen würde. Als sie gegen 19 Uhr wieder zu Hause waren, brachte Corinna die Kinder ins Bett, und Ricco setzte sich ins Wohnzimmer und suchte in der Abendzeitung den Artikel über die Messerstecherei des Vorabends. Als er die Überschrift las, stutzte er. »Häftling stirbt bei Messerstecherei – Wächter niedergestochen.«

Wächter niedergestochen? Soweit ich weiß, war kein Wächter anwesend, als es passierte.

Neugierig begann er den Artikel zu lesen. »Tracy – Frank Guel, 22, aus San Francisco, ein Häftling der Deuel Vocational Institution, verstarb gestern Abend, nachdem er eine Stunde zuvor im ersten Stock des C-Flügels niedergestochen wurde. Und heute Morgen um 11 Uhr wurde ein Officer niedergestochen, als er einem Gefangenen das Mittagessen servierte. Officer Bill Roberts ...«

Ricco stockte der Atem. Bill Roberts?! Bill Roberts war niedergestochen worden? Heute Morgen, während der Schicht, die er mit ihm getauscht hatte?!

Das darf doch nicht wahr sein! Nicht Bofo! Nein!!!

Mit klopfendem Herzen las Ricco weiter. »Bill Roberts, 26, wohnhaft in Modesto, befindet sich mit einer Stichwunde in der oberen linken Brust im Gefängniskrankenhaus. Er wurde mit einem primitiven selbst gemachten Gefängnismesser angegriffen, das der Angreifer anschließend die Toilette runterspülte, wie Beamte berichten. Der Vorfall ereignete sich im K-Flügel, wo die gefährlichsten Häftlinge in Einzelhaft sitzen und ihr Essen in der Zelle serviert bekommen.«

»Ricco? Alles in Ordnung?« Corinna kam die Treppe hinunter und sah ihren Mann besorgt an.

»Bill ist niedergestochen worden«, sagte Ricco tonlos und starrte vor sich in die Luft. »Er hat meine Schicht übernommen. Und jetzt liegt er im Krankenhaus. Das ist alles meine Schuld.«

»O nein! Wann ist das passiert?«

»Heute Morgen. Ich muss noch mal los, Corinna. Ich muss wissen, wie es ihm geht.«

»Tu das. Und wünsch ihm von mir gute Besserung, ja?«

Ricco erhob sich, schnappte sich die Autoschlüssel und eilte aus dem Haus. In Rekordtempo fuhr er von Modesto nach Tracy und auf direktem Weg zum Gefängniskrankenhaus. Ricco war nicht der Erste, der Bill besuchte. Bills Frau Patricia war auch da. Als Ricco das Mehrbettzimmer betrat, in dem Bill lag, stand sie auf und kam ihm entgegen.

»Ich hab's eben erst in der Abendzeitung gelesen. Es tut mir so leid«, erklärte Ricco und drückte Patricias Hand. »Ich ... ich wollte das nicht.« Er fühlte sich einfach nur mies. »Hätte ich die Schicht nicht mit ihm getauscht ...«

»Ist schon okay«, meinte Patricia. »Es konnte ja niemand wissen, dass so was passiert.« Sie klang müde, aber nicht vorwurfsvoll.

»Wie geht es ihm?«

»Hab mich nie besser gefühlt«, antwortete Bill von seinem Bett aus mit schwacher Stimme und schielte auf den dicken Verband um seine Brust. »Einen Zentimeter tiefer, und ich hätt ins Gras gebissen. Ich tausche nie wieder die Schicht mit dir, Mr Cookie-and-Milk.« Er lächelte, und Ricco lächelte zurück. Er war froh, dass Bill wenigstens seinen Humor nicht verloren hatte. Aber viel besser fühlte er sich deswegen trotzdem nicht.

»Bofo, Mann ...« Ricco griff nach seiner Hand und schüttelte den Kopf. »Was ist passiert? Wer hat das getan?«

»Es war Tosh.«

»Tosh? Du meinst, der Neue? Der mit der Narbe über dem Auge?«

»Genau der. Ich bring ihm sein Mittagessen, denk nichts Böses, da packt er mich plötzlich durch das Gitter am Hemd und rammt mir das Messer in die Brust. Ich hab's grad noch so aus dem Zellenblock geschafft. Ich hab echt gedacht, ich würde abtreten.«

»Was war der Grund?«

»Die Kollegen denken, es habe noch immer mit dem Komplott gegen uns zu tun. Als sie Tosh in die Mangel nahmen, gestand er ihnen, die Mexican Mafia habe ihn beauftragt, den nächsten Beamten, der ihm unter die Nase kommt, zu töten, oder sie würden *ihn* töten.«

»Das darf nicht wahr sein ...«

Ricco wurde es auf einmal etwas mulmig zumute. Die Verschwörung war also noch immer im Gange. Und genau wie Sanders war Bill ein Zufallsopfer gewesen - zur falschen Zeit am falschen Ort.

»Eigentlich müsste *ich* jetzt hier liegen«, murmelte Ricco.

»Mach dir mal keinen Kopf deswegen«, sagte Bill. »Ich lebe ja noch. Wir beide leben noch. Zum Glück. So schnell geben wir ...«

»... den Löffel nicht ab«, beendeten Bill und Ricco den Satz synchron.

Für eine Weile schwiegen sie. Auch wenn sie versuchten, die Situation zu verharmlosen, wussten sie nur allzu gut, wie ernst die Lage war. Tosh hatte den Auftrag gehabt zu töten. Einen Zentimeter tiefer, und Bill wäre jetzt tot - oder Ricco, wenn er die Schicht nicht mit Bill getauscht hätte. Dieses Mal hatten sie Glück gehabt. Aber beim nächsten Mal hätten sie vielleicht nicht so viel Glück. Und die Frage war nicht einmal, *ob* sich ein solcher Angriff wiederholen würde - sondern *wann*.

Bill erholte sich relativ schnell von seiner Stichverletzung und war schon bald wieder auf den Beinen. Bei seiner Psyche funktionierte das allerdings nicht so schnell. Er war nicht mehr der Alte. Die Attacke hatte ihn verändert. Es war, als hätte das Messer seine Seele zerstochen, und die Wunde heilte nicht mehr. Schließlich reichte Bill die Kündigung ein.

»Ich schaff das einfach nicht mehr«, erklärte er Ricco während eines Gefangenentransportes auf dem Weg zum Gericht. »Sobald ich mit einem Essenstablett vor einer Zelle stehe, beginne ich zu zittern. Ich hab Albträume. Ich kämpfe jeden Morgen damit, aus dem Haus zu gehen, um zur Arbeit zu kommen. Ich hab gedacht, ich käme drüber hinweg. Aber ... ich komm nicht drüber hinweg.«

Ricco zog den Mund schief. Er konnte Bills Entscheidung gut nachvollziehen. Und immer noch nagte ein Hauch von Schuldgefühlen an ihm.

»Und was wirst du jetzt tun?«, fragte Ricco vorsichtig.

»Meine alte Firma will mich zurück.«

»Ich dachte, du hasst Bürojobs.«

»Nun ja, lieber ein langweiliger Bürojob als ein Messer in der Brust.«

»Okay, da ist was dran. Aber hey, in einem Büro lauern ebenfalls Gefahren.«

»Du meinst, ich könnte von einem Tacker erschlagen werden?«

»Man kann nie wissen! Und abgesehen davon wirst du unseren DVI-Kaffee vermissen. Ich geb dir zwei Wochen, und du hältst es ohne nicht mehr aus und flehst den Direktor auf den Knien an, er möge dich wieder einstellen.«

Bill lachte, und Ricco stimmte mit ein.

»Halt die Ohren steif, Mr Cookie-and-Milk«, sagte Bill schließlich. »Und bleib am Leben!«

»Mach ich, Bofo.«

Die ersten Tage ohne Bofo waren seltsam. Ricco verstand sich eigentlich mit allen Beamten gut, aber Bofo war weit mehr als ein Arbeitskollege gewesen. Sie hatten sich auch ohne Worte verstanden. Jeder hatte gewusst, was der andere dachte. Sie waren ein eingespieltes Team gewesen, und Ricco vermisste seinen Partner. Aber das Leben ging weiter. Es musste.

Eine von Riccos Aufgaben als Justizvollzugsbeamter war, dafür zu sorgen, dass seine Gefangenen zweimal am Tag die Beine vertreten konnten. Der Freilauf im K-Flügel war eine sehr aufwendige und komplexe Angelegenheit. Weil die Gefahr zu groß war, dass sich die Gefangenen gegenseitig abstachen, hatten sie im K-Flügel nur morgens Freilauf unter offenem Himmel und trafen dann auch nur zu dieser Zeit auf die Häftlinge aus den übrigen Flügeln. Nachmittags durften die Häftlinge aus dem K-Flügel nur vor ihrer Zelle auf dem Korridor hin- und hergehen, und immer nur zu dritt und immer nur innerhalb eines kurzen Abschnitts, der sich über die Länge von acht Zellen erstreckte und auf beiden Seiten mit einer Gittertür verschlossen war. Am Ende eines jeden Korridors – natürlich außer Reichweite der Insassen – befand sich eine Schalttafel mit Hebeln und Lämpchen. Jeder Zelle waren ein Hebel und ein Lämpchen zugeordnet. War das Lämpchen aus, bedeutete das, dass die Zellentür geschlossen war. Leuchtete das Lämpchen rot, war die Zellentür offen.

Die Beamten betraten jeden Acht-Zellen-Abschnitt nur dann, wenn keines der Lämpchen rot aufleuchtete und somit sichergestellt war, dass alle acht Gefangenen in ihren Zellen waren. Selbst wenn es darum ging, einen Gefangenen für eine Gerichtsverhandlung abzuholen, ließen sie ihn nicht aus seiner Zelle, bevor sie ihm nicht durch das Gitter hindurch Handschellen auf dem Rücken angelegt hatten. Den Kerlen im K-Flügel konnte man nicht trauen. Sich aus Versehen in einen der abgesperrten Korridorabschnitte zu begeben, wenn einer der Häftlinge dort frei herumlief, war genauso waghalsig, wie sich in einem Löwenkäfig aufzuhalten.

Der Öffnungsmechanismus der einzelnen Türen war aus Gründen der Sicherheit in zwei Stufen eingeteilt. Als Erstes musste Ricco zu der Zelle gehen, die er öffnen wollte, und sie mit dem Schlüssel vorentriegeln. Dann musste er zurück zur Schalttafel gehen und die vorentriegelte Tür mit einem Hebel ganz öffnen. Erst jetzt konnte der Häftling seine Zelle verlassen und sich in dem Acht-Zellen-Abschnitt frei bewegen. Wenn seine Zeit um war, ging der Insasse zurück in seine Zelle und schob die Zellentür zu, bis das Schloss einschnappte. Daraufhin schaltete sich das rote Lämpchen seiner Zelle automatisch aus und Ricco wusste, dass er den Abschnitt ohne Gefahr wieder betreten konnte, um die Vorentriegelung der nächsten Zellen vorzunehmen. Die Prozedur war längst Routine für Ricco. Er ließ drei Gefangene ihre Runden drehen, sie kehrten zurück in ihre Zellen, die roten Lämpchen schalteten sich aus, Ricco öffnete die Zellen der nächsten drei Gefangenen, und so wiederholte sich die Prozedur, bis alle Gefangenen auf allen drei Stockwerken ihre Zellen für kurze Zeit verlassen hatten.

An einem gewöhnlichen Montagabend war Ricco damit beschäftigt, den Häftlingen des K-Flügels ihren Rundgang zu gewähren. Nichts deutete darauf hin, dass irgendetwas falsch gelaufen war. Ricco stand vor der Schalttafel und sah, dass sämtliche Lämpchen im letzten Acht-Zellen-Abschnitt nicht leuchteten. Alle Gefangenen befanden sich also in ihren Zellen. Es war Zeit, die letzten zwei Häftlinge freizulassen. Ricco stieg die Treppe zum hintersten Zellenabschnitt hinunter. Er hörte, wie die Häftlinge sich angeregt miteinander unterhielten. Auf dem Korridor vor den Zellen 217 bis 224 war es dunkel. Alles, was man sehen konnte, waren die Umrisse von zerknülltem Papier, Pappkarton, alten Zahnpastatuben und allerlei Müll, den die Gefangenen auf den Korridor geworfen hatten. In der Ecke vor Zelle 217 - das war Pajaros Zelle - türmte sich ein ganzer Berg voller Müll.

Was für ein Schweinestall, dachte Ricco, während er die Zwischentür aufschloss und den Flur betrat. Als er sich Zelle 219 näherte, um das Türschloss zu entsichern, fiel sein Blick erneut auf den seltsamen Müllhaufen in der Ecke. Er war viel zu groß und sah aus, als hätte jemand sämtliche Bettlaken aus den Zellen in die Ecke geworfen. Irgendetwas war hier faul. Ricco blieb stehen, fixierte den Müllberg, und plötzlich durchfuhr es ihn wie ein Blitzschlag: Es war eine Falle! Vor ein paar Jahren war ein Beamter auf genau diese Art von einem Häftling überrascht und niedergestochen worden. Der Häftling hatte nach seinem Freilauf einfach die Zellentür von außen statt von innen zugeschoben. Die Tür rastete ein, das rote Lämpchen an der Schalttafel erlosch und es machte den Anschein, als wäre der Gefangene zurück in seiner Zelle. Dann hatte er sich mit einem Bettlaken unter einem Müllberg versteckt und darauf gewartet, bis sein ahnungsloses Opfer den Acht-Zellen-Abschnitt betrat. Der Beamte war damals mit mehreren tiefen Stichverletzungen ins Gefängniskrankenhaus eingeliefert worden und hatte den Mordanschlag nur knapp überlebt.

Ricco fröstelte, als ihm bewusst wurde, dass er sich in genau derselben Situation befand. Er konnte seinen Feind zwar nicht sehen, aber auf seine Intuition war Verlass. Er war die Beute, und der Löwe lauerte nur wenige Meter vor ihm mucksmäuschenstill unter dem Müllhaufen und konnte jede Sekunde zum Angriff übergehen. Ricco schielte hinüber zu den Häftlingen, um herauszufinden, welcher der letzten drei Freigänger nicht in seine Zelle zurückgekehrt war. Es war eindeutig Pajaro. Ricco lief es gleichzeitig kalt und heiß den Rücken hinunter.

Behalt jetzt bloß die Nerven!, redete er auf sich ein, ohne den gefährlichen Müllberg, unter dem Pajaro wahrscheinlich mit seinem Knastmesser lag, aus den Augen zu lassen. Er zog seinen Schlagstock mit Tränengasfüllung aus dem Gurt und ging langsam rückwärts Richtung Zwischentür. Die wenigen Sekunden, bis er hinter sich die vergitterte Tür spürte, schienen eine Ewigkeit zu dauern. Noch war Pajaro nicht aus seinem Versteck hervorgekommen, doch Ricco wusste, dass jede Sekunde, die er mit Pajaro allein auf dem Flur verbrachte, seine letzte sein konnte. Er wäre erst dann in Sicherheit, wenn es ihm gelang, aus dem Raubtierkäfig herauszukommen und die Tür von außen abzuschließen. Vorsichtig tastete er nach der Türklinke, schlüpfte in den dahinterliegenden Acht-Zellen-Abschnitt und zog die Gittertür rasch hinter sich zu.

Geschafft!

»Pajaro! Steh auf!«, rief Ricco mit fester Stimme in den Käfig hinein, obwohl er innerlich zitterte. Augenblicklich sprang der Angesprochene auf die Füße und ließ sein Messer fallen. Es war tatsächlich Pajaro, und er hatte sich tatsächlich unter dem Müll auf die Lauer gelegt. Hätte Ricco nicht so schnell reagiert, läge er jetzt wahrscheinlich in seinem eigenen Blut auf dem Korridor. Er wollte gar nicht daran denken. Dem Tod war er nur um Haaresbreite entronnen, soviel stand fest.

Als er später zusammen mit Thomas, der vom E-Flügel in den K-Flügel gewechselt hatte, Pajaros Zelle durchsuchte, um das Messer zu finden, stand Pajaro in Handschellen an der Wand und grinste bloß selbstgefällig. Natürlich fanden sie keine Waffe. Pajaro hatte sein Shank längst einem anderen Häftling durch die Gitterstäbe gegeben, der es die Toilette runtergespült hatte.

»War das deine Idee oder hat dich jemand dazu angestiftet?«, fragte ihn Ricco, obwohl er sich keine vernünftige Auskunft von dem Verbrecher erhoffte.

»Ich hab keine Ahnung, wovon Sie reden, Sergeant.«

»Steckt die Mexican Mafia dahinter? Oder sollte mein Tod dein

Eintrittsticket in die Nuestra Familia sein? Solltest du ihnen beweisen, wie tough du bist?«

»Wer weiß.« Pajaro grinste, dass alle seine hässlichen gelben Raucherzähne zu sehen waren. »Vielleicht haben Sie ja auch jemanden verärgert. Ein Vögelchen hat mir gezwitschert, Sie hätten einem unserer Leute ein Paar Socken gegeben, wo ein Loch drin war.«

»Werd bloß nicht zu übermütig, Pajaro.« Ricco streckte dem Häftling seinen Zeigefinger ins Gesicht. »Ich behalt dich im Auge, Bürschchen.«

Was Pajaros wahre Motivation für den vereitelten Mordanschlag war, fand Ricco nicht heraus. Vielleicht war er ein Zufallsopfer gewesen wie Sanders, vielleicht war es Pajaro auch einfach danach gewesen, jemanden abzustechen, um eine Gerichtsverhandlung zu provozieren. Was auch immer der Grund gewesen war, der Anschlag war misslungen, und Ricco war noch einmal mit dem Leben davongekommen. Seiner Frau erzählte er nichts von dem Vorfall. Er wollte Corinna nicht beunruhigen. Außerdem hatte er sich angewöhnt, die Geschichten aus der DVI nicht mit nach Hause zu nehmen, egal, wie dramatisch sie waren. Was in der DVI geschah, blieb auch in der DVI. Wenigstens zu Hause wollte sich Ricco nicht mit der brutalen Gefängniswelt auseinandersetzen. Wenigstens in seinen eigenen vier Wänden wollte er das Gefühl haben, in Sicherheit zu sein.

Doch das sollte sich ändern ...

9 Verhaftungen

September 1974

Ricco war gerade von der Arbeit nach Hause gekommen, als das Telefon klingelte. Er beeilte sich, den Telefonhörer abzunehmen. »Hallo?«

»Hey, Mr Cookie-and-Milk! Am Samstagabend schon was vor? Hast du Lust, mit Blaulicht durch die Straßen zu donnern und ein paar Türen einzutreten?«

»Aber klar doch, Marc! Wann und wo?«

»Komm um 22 Uhr auf unser Polizeirevier in San José. Du weißt ja, wo du mich findest. Erster Stock, zweite Tür links.«

»Alles klar, ich werde da sein!«, sagte Ricco und legte den Telefonhörer auf. *Das ist genau, was ich jetzt brauche!*

Marc Snyder war Kommissar in San José. Er und Ricco hatten zusammen die Polizeihochschule absolviert und waren danach in Kontakt geblieben. Immer mal wieder nahm Marc Ricco mit zu Spezialeinsätzen. Ricco liebte diese Aktionen. Es war das, wovon er schon als kleiner Junge immer geträumt hatte, und es war ein perfekter Ausgleich zu seiner oft sehr düsteren Arbeit im Knast.

Am Samstagabend, pünktlich um 22 Uhr, betrat Ricco das Polizeirevier in San José. Er ging in den ersten Stock und steuerte auf den zweiten Raum links zu. Er klopfte an, und Marc öffnete die Tür.

»Hey, Mr Cookie-and-Milk! Hereinspaziert!«, begrüßte ihn Marc fröhlich und drückte ihm eine kugelsichere Weste in die Hand. »Du kommst gerade richtig für die Show. Leute, das ist Sergeant Sotelo, von dem ich euch erzählt habe. Er arbeitet bei der DVI und wird uns heute Abend etwas Gesellschaft leisten, wenn's recht ist.«

»In der Gladiatorenschule?«, sagte einer der Polizisten, der gerade dabei war, seine Waffe zu überprüfen. »Da ist ja ganz schön was los bei euch. Hat nicht vor zwei Wochen einer eurer Jungs im Gerichtssaal einen Staatsanwalt niedergestochen?«

»Das war Spider«, bestätigte Ricco. »Ein Mitglied der Mexican Mafia. Hat bereits fünf Mithäftlinge umgebracht und musste wegen Mordopfer Nummer sechs vor Gericht erscheinen. Ich war dabei, als er dann plötzlich mit einem Shank - einem selbst gemachten Knastmesser - auf den Staatsanwalt losging.«

»Aber wie konnte denn so was passieren?«, fragte Marc, während er sich die kugelsichere Weste anlegte. »Warum trug der Kerl denn keine Handschellen?«

»Weil der Richter fand, dass das einen schlechten Eindruck auf die Geschworenen machen würde.«

»Nicht im Ernst, oder?«

»Doch, ganz im Ernst«, sagte Ricco. »Wir haben den Richter extra gewarnt. Spider habe bereits sechs Menschenleben auf dem Gewissen, sagten wir ihm. Der Bursche ist einer der schlimmsten Verbrecher in ganz Kalifornien. Der Typ ist unberechenbar. Als wir ihn zum Gericht transportierten, haben wir ihn verschnürt wie eine Weihnachtsgans - mit Fußschellen und die Handgelenke waren seitlich an die Hüfte gekettet. Hätte der Richter auf uns gehört, wäre das alles gar nicht passiert.«

»Und die Waffe? Wie konnte er überhaupt eine Waffe ins Gericht schmuggeln?«

»In seinem Allerwertesten.«

»In seinem *Hintern*?!«

Das brachte selbst erfahrene Polizisten zum Staunen.

»Deswegen haben wir das Shank auch nicht gefunden, als wir ihn filzten«, erklärte Ricco achselzuckend. »Beim Mittagessen haben wir Spider zwar die ganze Zeit überwacht. Und er war auch mit beiden Händen an die Hüfte gefesselt. Trotzdem hat er es irgendwie geschafft, mit der rechten Hand vornübergebeugt zu essen und mit der linken die Waffe zu holen und in seiner Hosentasche zu verstecken.«

»Und ihr habt davon rein gar nichts mitgekriegt?«

»Nein. Nichts. Wir haben erst gesehen, dass er bewaffnet ist, als wir ihn zurück in den Gerichtssaal eskortierten - ohne Handschellen wohlgemerkt - und er völlig überraschend den Staatsanwalt attackierte. Er stach dreimal zu, bevor wir ihn überwältigen konnten.«

»Abgefahren«, stellte einer der Polizisten kopfschüttelnd fest. »Und was war der Grund?«

»Am Tag zuvor hat der Staatsanwalt Spider gegenüber eine herablassende Bemerkung gemacht. Das war alles. Dafür hätte er beinahe mit seinem Leben bezahlt. Tja. Mit diesen Knackis ist eben nicht zu spaßen.«

»Siehst du«, sagte Marc. »Und deswegen hab ich mich nie als Gefängnisaufseher beworben. Ich bring die bösen Buben lieber hinter Gitter, das macht mehr Spaß. Sind wir soweit?«

Die Männer nickten.

»Na dann los! Ricco, du fährst mit mir.«

Sie verließen das Polizeirevier und verteilten sich auf die Streifenwagen. Ricco nahm auf dem Beifahrersitz von Marcs Auto Platz.

»Und was steht auf dem Programm?«

»Ein paar Verhaftungen und Hausdurchsuchungen. Es wird dir gefallen. Als Erstes statten wir einem alten Bekannten einen Besuch ab. Max ist auf Bewährung draußen. Wir vermuten, dass er wieder auf die schiefe Bahn geraten ist und ein paar Einbrüche in Elektronikgeschäfte verübt hat. Also schauen wir uns mal in seiner Bude um. Ich bin sicher, wir werden ein paar interessante Entdeckungen machen.«

Sie fuhren in eine etwas heruntergekommene Wohngegend und parkten vor einem grauen Wohnblock. Max wohnte im dritten Stock. Die Polizisten stellten sich mit gezückten Pistolen im Flur auf und Marc klopfte an die Tür.

»Polizei, aufmachen!«

Nichts rührte sich. Das Geräusch eines laufenden Fernsehers war zu hören.

»Max, wir wissen, dass Sie zu Hause sind. Öffnen Sie die Tür! Sofort!« Noch immer tat sich nichts. Marc nickte Ricco zu. »Bereit?«

»Bereit«, antwortete Ricco. Zusammen mit Marc machte er einen Schritt nach hinten, um Schwung zu holen. Dann traten sie mit voller Wucht gegen die Tür. Wie ein Stück Pappe barst sie nach innen. Mit vorgehaltenen Pistolen stürmten die Polizisten die Wohnung. Marc streckte Ricco den erhobenen Daumen entgegen, und Ricco grinste nur breit. Er fühlte sich hervorragend. Er hätte die ganze Nacht lang Türen eintreten können.

»Braucht ihr eigentlich keinen Durchsuchungsbeschluss?«, fragte er Marc, während er hinter ihm her trabte.

»Nö. Wir haben ja *ihn*«, sagte Marc und deutete auf einen Mann, der sich bei der ganzen Aktion etwas zurückhielt. »Max' Bewährungshelfer. Der hat jederzeit das Recht auf einen unangemeldeten Besuch. Spart 'ne Menge Papierkram.«

»Wie praktisch«, meinte Ricco.

Max' Wohnung bestand aus nur zwei Zimmern und einer schäbigen Küche. Im Wohnzimmer waren jede Menge neuer Kartons mit Fernsehern, Kassettenrekordern, Plattenspielern und allen möglichen technischen Geräten gestapelt.

»Na, was haben wir denn da«, sagte Marc zufrieden. »Ich wusste doch, dass wir fündig würden. Max?! Machen Sie einen Elektrohandel auf? Max?!«

Der Bursche schien nicht in der Wohnung zu sein. Dafür fanden die Männer seine Freundin im Schlafzimmer. Ziemlich erschrocken saß sie im Bett und klammerte sich an die Bettdecke wie an einen Rettungsring.

»Wo ist Max?«, fragte Marc sie. »Wo ist Ihr Freund?«

»Er ... er ist nach unten gegangen, um die Zeitung zu holen.«

»Aber sicher«, sagte Marc und schmunzelte. Ricco raunte er zu: »Das sagen sie immer. Ich wette, er hat sich unterm Bett verkrochen.« Der Kommissar bückte sich gemächlich und warf einen Blick unters Bett. »Na, wer sagt's denn? Holt ihn da raus, Jungs.«

Zwei Polizisten zerrten Max unterm Bett hervor. Er schnaubte und strampelte wie wild, aber die Männer zeigten sich davon wenig beeindruckt.

»Na, Max?«, sprach ihn Marc an. »Wem gehören denn all die tollen Geräte im Wohnzimmer?«

»Einem Freund«, antwortete Max. »Er sagte, er werde sie heute oder morgen abholen. Das ist die Wahrheit, ehrlich.«

Marc lachte nur. Er nahm die Handschellen aus seinem Gurt und streckte sie Ricco entgegen. »Hier. Nimm ihn fest.«

»Das dürfen Sie nicht!«, rief Max nervös. »Ich hab nichts getan! Ich kenne meine Rechte! Ich ... ich will sofort meinen Anwalt sprechen!«

»Ja, ja. Erst einmal kommen Sie mit uns aufs Revier. Und dann können Sie von mir aus den Papst anrufen, wenn Sie wollen.«

Ricco legte Max die Handschellen an, und die Polizisten brachten den Mann aus der Wohnung, während das Mädchen noch immer verstört im Bett saß und rein gar nichts tat, um ihrem Freund irgendwie aus der Patsche zu helfen.

»Schwirren Sie ab«, forderte Marc sie auf. »Bevor wir Sie wegen Mitwisserschaft verhaften. Na los, gehen Sie schon.«

Die junge Frau packte hastig ihre Kleider und huschte davon. Die Polizisten beschlagnahmten die gestohlene Ware und trugen sie nach unten. Marc war sehr zufrieden mit dem Einsatz. Und Ricco fand es einfach nur toll, dass er dabei sein durfte.

»Und?«, fragte er Marc, nachdem sie eine halbe Stunde später wieder im Streifenwagen saßen. »Wo fahren wir als Nächstes hin?«

»Es steht noch eine Hausdurchsuchung bei einem Zuhälter im Brooktree Stadtviertel aus«, sagte Marc und zwinkerte Ricco zu. »Wenn du willst, kannst du dort ein paar Fenster eintreten. Aber vorher muss ich noch kurz bei unserem Drogenhaus vorbei und ein paar Akten abliefern.«

»Drogenhaus?«

»Oh, entschuldige. Das kannst du ja nicht wissen. Das Drogenhaus ist der Treffpunkt für verdeckte Ermittler im Drogenmilieu«, klärte ihn Marc auf. »Wir arbeiten da eng mit der DEA, der Drogenbekämpfungsbehörde, zusammen. Damit die Tarnung unserer Agenten nicht auffliegt, haben wir ein Undercoverpolizeirevier eingerichtet. Von außen sieht es aus wie ein normales Wohnhaus. Aber von innen ist es ein Polizeiposten. Die verdeckten Ermittler kommen hierher, um Bericht zu erstatten, Informationen auszutauschen und Razzien zu planen. Erinnerst du dich an Shakespeare?«

»Shakespeare? Natürlich erinnere ich mich an ihn«, sagte Ricco. Shakespeare war der Spitzname eines Studenten, den Ricco ebenfalls an der Polizeihochschule kennengelernt hatte. »Was ist mit ihm?«

»Nun, er ist einer der verdeckten Ermittler. Wenn wir Glück haben, treffen wir ihn an. Du wirst ihn nicht wiedererkennen.«

»Wieso? Ist er vernünftig geworden?«

Marc lachte. »Wirst schon sehen, was ich meine. Hey, wie wär's mit einer kleinen Verfolgungsjagd? Drück mal auf den Knopf da.«

Ricco drückte den Knopf auf dem Armaturenbrett, und Sirene und Blaulicht gingen an. Gleichzeitig trat Marc das Gaspedal durch. In überhöhtem Tempo bretterte er durch die Straße, schoss an mehreren Autos vorbei, bog mit quietschenden Reifen in eine leere Seitenstraße ein und fuhr ein Stück Slalom. Ricco kam sich vor wie in einer Schleudermaschine; es roch verdächtig nach verbranntem Gummi.

»Ich liebe meinen Job!«, rief Marc fröhlich und riss das Lenkrad herum, sodass sie gefährlich in Schräglage kamen. »Als ich noch klein war, wollte ich Rennfahrer werden.«

»Was du nicht sagst. Darauf wär ich ja nie gekommen«, sagte Ricco und stemmte sich mit Händen und Füßen gegen die Innenverkleidung des Autos.

»Das ist Freiheit, Mr Cookie-and-Milk! Das ist Leben pur. Fühlst du es?«

»Ja, ich fühle es!«, rief Ricco und grinste fasziniert. »Ich frag jetzt lieber nicht, wie viele Dienstwagen du schon zu Schrott gefahren hast.«

Marc schmunzelte verschmitzt. »Ja, frag lieber nicht.« Er schwenkte scharf nach links und lenkte den Wagen zurück auf die Hauptstraße. Dann schaltete er Blaulicht und Sirene aus und drosselte das Tempo. »So, genug gespielt. Zurück an die Arbeit. Wir sind gleich da.«

Mitternacht war schon vorbei, als sie bei dem sogenannten Drogenhaus eintrafen. Marc nahm die Akten vom Rücksitz und bedeutete Ricco, ihm zu folgen. Sie gingen zur Wohnung im ersten Stock und klingelten. Ein bärtiger Mann mit langen, verfilzten Haaren, einem ausgeleierten Bob-Marley-T-Shirt, einer weiten Trainingsbaumwollhose und durchlöcherten Stoffschuhen öffnete die Tür. Er sah aus, als hätte er seit Wochen nicht geduscht und wäre gerade von einem

Erleuchtungstrip aus Indien zurückgekehrt. Ricco dachte schon, sie hätten sich in der Tür geirrt. Doch dann lachte der Bursche und reichte Marc die Hand.

»Hey, Marc, lange nicht gesehen.«

»Hey, Shakespeare! Schicke Frisur. Erinnerst du dich noch an Mr Cookie-and-Milk?«

»Mr Cookie-and-Milk?! Na, wenn das keine Überraschung ist!«

»Wow, Shakespeare«, sagte Ricco und schüttelte fasziniert den Kopf. »Was haben die denn mit *dir* gemacht?«

»Gefällt dir meine Tarnung nicht?«

»Doch. Ich meine, würdest du mit einem Hund und einer Buschtrommel an der Straße sitzen, würde ich dir glatt ein Almosen geben.«

Shakespeare lachte. »Kommt doch rein. Hast du die Akten, um die ich dich gebeten habe?«

Marc reichte ihm die Mappe mit den Unterlagen. Ricco folgte den beiden in die Wohnung und sah sich interessiert um. Überall standen Pulte mit Schreibmaschinen und Telefonen. Ein gutes Dutzend Männer war anwesend. Einige sahen aus wie Hippies, andere wie Rocker, wieder andere wie Vagabunden. Viele von ihnen waren ziemlich jung, als wären sie gerade erst von der Highschool gekommen. Ricco war mächtig beeindruckt. Hätte er diese Leute irgendwo in der Stadt gesehen, wäre er nie und nimmer auf die Idee gekommen, dass es sich um Undercoveragenten handelte. Auf einmal musste er an seinen Bruder denken. Fredo war jetzt schon über ein Jahr als Drogenkurier für Simon unterwegs. Ricco stellte ihm absichtlich nie viele Fragen dazu. Je weniger er über seine Drogengeschäfte wusste, desto besser. Aber jetzt, als er einen Blick hinter die Kulissen werfen konnte und sah, wie raffiniert die Polizei die Szene unterwanderte, war es ihm doch nicht mehr so wohl bei dem Wissen um die illegalen Aktivitäten seines Bruders. Ob sie ihn vielleicht sogar schon im Visier hatten?

»Kaffee?«, fragte Shakespeare und steuerte auf die Ecke mit der Kaffeemaschine zu.

»Gerne«, sagte Marc. »Ricco?«

Ricco lenkte seine Gedanken wieder in die Gegenwart. »Äh, ja. Einen Kaffee könnte ich vertragen.«

»Und, Mr Cookie-and-Milk? Immer noch bei der DVI?«

»Ja. Und du recherchierst jetzt also im Drogenmilieu?«

Shakespeare nickte, während er Marc und Ricco jeweils eine Tasse Kaffee einschenkte. »Bin zum Glück noch nie aufgeflogen. Aber da müsste ich mich auch ziemlich blöd anstellen bei der Aufmachung. Im Normalfall schöpft keiner Verdacht, wenn er mich sieht. Milch? Zucker?«

»Für mich schwarz«, sagte Marc.

»Ich nehm Milch und Zucker«, antwortete Ricco. Der falsche Hippie reichte ihm den Kaffee und Ricco rührte darin herum. »Und wie funktioniert das Ganze? Wie kommst du an die Dealer ran?«

»Na ja, mit der Zeit entwickelst du ein Gespür für die Kerle. Du gehst auf jemanden zu, von dem du vermutest, dass er dealt. Dann verwickelst du ihn in ein Gespräch, machst einen auf gut Kumpel und fragst ihn schließlich, ob er zufällig wüsste, wo du Stoff herkriegen könntest. Wenn er selbst dealt, hast du ihn am Haken, sobald er dir was verkauft. Ansonsten wird er dich zu seinem Dealer bringen, was auf dasselbe hinausläuft. Sobald er dir den Stoff überreicht, kannst du ihm Handschellen anlegen. Von den kleinen Dealern haben wir schon etliche mit dieser Masche hochgenommen.«

»Und was ist mit den großen Fischen? Gehen die genauso leicht ins Netz?«

Shakespeare schob sich eine seiner Filzlocken aus dem Gesicht. »Die wirklich großen Fische sind nur schwer an Land zu ziehen. Das Problem ist, dass wir Drogenhändler nur verhaften dürfen, wenn wir sie in flagranti beim Dealen erwischen, also wenn sie gerade dabei sind, das Tauschgeschäft abzuwickeln. Der Käufer bringt das Geld, der Verkäufer die Drogen, und wir liegen auf der Lauer und greifen zu, wenn Geld und Drogen die Besitzer wechseln.«

»Also so ähnlich, wie man es im Kino sieht?«

»Ja, so ähnlich. Nur ist es leider nicht immer so einfach herauszufinden, wo und wann ein Deal über die Bühne geht. Und wir brauchen die Drogen *und* das Geld – an ein und demselben Ort. Einen

Dealer zu verhaften, wenn er mit einem Koffer voller Banknoten durch die Gegend spaziert, ist zwecklos, selbst wenn wir wissen, dass es sich um Drogengeld handelt. Ohne die Drogen haben wir keinen Beweis, dass der Mann dealt, und wir können ihm nichts nachweisen.«

»Die Lektion hab ich wohl an der Polizeihochschule verschlafen.«

»Hast du nicht. Gewisse Dinge lernt man erst im Einsatz. Und zum Glück wissen die Dealer nichts davon. Sonst würden sie ihre Taktik ändern, und wir hätten noch schlechtere Karten, sie zu fassen.«

»Hm«, meinte Ricco. Er musste erneut an seinen Bruder und seinen Cousin denken und wie wertvoll die Informationen, die ihm Shakespeare so bereitwillig preisgab, für ihre Drogengeschäfte hätten sein können. »Das heißt, wenn ich ein Dealer wäre, sollte ich es auf jeden Fall vermeiden, an einem Ort mit Geld *und* Drogen aufzutauchen.«

Shakespeare nahm einen Schluck Kaffee und hob den Zeigefinger in die Höhe. »Ganz genau. Und wenn du *wirklich* schlau bist, bezahlst du vor allem deine Steuern. Das Finanzamt interessiert es nämlich nicht, woher dein Geld kommt. Egal, ob du eine Bank ausgeraubt hast, mit Waffen oder mit Drogen handelst, solange du dein Geld versteuerst, ist alles in bester Ordnung.«

Ricco blickte den Hippiepolizisten skeptisch an. »Das soll ein Witz sein, oder?«

»Nein, das ist kein Witz«, sagte Shakespeare. »Du kennst doch Al Capone, den berüchtigtsten Verbrecher Amerikas aus den 20ern und 30ern. Was hat ihm letztlich das Genick gebrochen? Nicht seine zahlreichen Gräueltaten und Morde, sondern seine Steuerhinterziehung! Nur deswegen ist er in Alcatraz gelandet. Verrückt, oder?«

»Allerdings«, gab ihm Ricco recht.

»Weißt du, was ich machen würde, wenn *ich* einer dieser großen Drogenbarone wäre? Erstens würde ich aussteigen, bevor mich die DEA erwischt. Und dann würde ich zur Bundessteuerbehörde gehen und ihnen sagen: Leute, ich hab fünf Millionen mit Drogen verdient. Ich bin hier, um meine zwei Millionen Steuern dafür zu bezahlen.

Natürlich hätte ich in Wirklichkeit weit mehr Geld gescheffelt, als ich dem Finanzamt angebe. Aber ich würde brav meine Steuern bezahlen und mir dann vom restlichen Geld ein schönes Leben machen. Und sollte die Polizei kommen und mich fragen, woher ich so viel Geld hätte, sag ich einfach: ›Das geht Sie nichts an.‹ Schließlich ist es nicht illegal, Geld zu haben. Es ist nur illegal, keine Steuern dafür zu bezahlen.«

»Interessant«, murmelte Ricco. »Das bedeutet also, wenn ich als Drogendealer gewisse Regeln beachte, komme ich tatsächlich damit durch.«

»Theoretisch ja. Praktisch eher nicht. Jeder macht irgendwann mal einen Fehler. Und Smith hat seine Augen überall.«

»Wer ist Smith?«

»Du kennst Gary Smith nicht?« Shakespeare zog überrascht die Augenbrauen hoch. »Gary Smith, Chefinspektor der DEA?«

»Ja, ich glaube, ich hab mal in der Zeitung was über ihn gelesen.«

»Hast du bestimmt. Smith betrachtet die Jagd nach Drogendealern nicht als seine Verpflichtung, sondern als seine ganz persönliche Berufung. Ich sag dir eines: Bist du ein Drogendealer, und Smith hat dich im Visier, wird er dich bis ans Ende der Welt jagen, wenn es sein muss. Und wenn er dich erwischt, sperrt er dich für den Rest deines Lebens in die Gladiatorenschule.« Shakespeare zwinkerte Ricco amüsiert zu. »Am Ende landest du also dort, wo du eh schon bist, nur auf der anderen Seite der Gitterstäbe.«

»Na, wenn das so ist, lass ich das mit dem Berufswechsel erst mal bleiben.«

»Hey, du kannst gerne zu uns kommen«, mischte sich Marc in das Gespräch ein. »Gute Leute sind heutzutage schwer zu finden.«

»Oder wie wär's mit Undercoveragent?«, schlug Shakespeare vor. »Rastalocken und Piercings stünden dir bestimmt gut.«

»Danke für das Angebot«, lachte Ricco. »Aber ich verzichte. Einmal im Monat ein paar Türen eintreten reicht mir völlig aus.«

»Apropos Türen eintreten, wir sollten langsam gehen«, sagte Marc mit einem Blick auf seine Armbanduhr. »Danke für den Kaffee, Shakespeare. Ruf mich an, wenn du die Akten durchgesehen hast.«

»Geht klar«, antwortete der Hippie und wandte sich Ricco zu. »War nett, dich mal wieder zu sehen, Mr Cookie-and-Milk. Schau einfach vorbei, wenn du in der Nähe bist.«

»Ist notiert. Man sieht sich, Shakespeare. Und immer schön sauber bleiben.«

Ricco begleitete Marc und sein Team noch auf zwei weitere Polizeieinsätze, bevor er gegen vier Uhr morgens erschöpft, aber zufrieden zurück nach Modesto fuhr. Es war wie immer großartig gewesen, und Ricco freute sich bereits auf Marcs nächste Einladung. Über die Insiderinformationen aus dem Drogenhaus machte er sich keine großen Gedanken. Wieso sollte er auch? Das war nicht seine Welt. Seine Welt war das Hochsicherheitsgefängnis in Tracy, und damit hatte er wirklich genug am Hals.

***

Einige Wochen später

Gary Smith hatte einen Riecher für Drogendealer, und Alfredo Sotelo stand schon lange ganz oben auf seiner Verdächtigenliste. Dass Sotelo mit Drogen dealte, stand außer Frage. Allerdings war es Smith und seinen Leuten bisher nicht gelungen, ihm das nachzuweisen. Das sollte sich heute Nacht ändern.

Mit einer kugelsicheren Weste lag Smith zusammen mit seinen Mitarbeitern Kirk und Wayne auf der Lauer in der Nähe eines Parkplatzes in Modesto. Kirk war ein junger, ehrgeiziger Polizist, den Smith in seine Abteilung geholt hatte, weil er großes Potenzial in ihm sah. Er hatte schon ein paar Undercoveraufträge hinter sich und spielte gerne auf Risiko. Wayne war ein Schwarzer, der nicht viele Worte machte. Er war älter als Kirk und hatte eine natürliche Gelassenheit, so als stünde er über den Dingen. Smith arbeitete gerne mit den beiden zusammen.

Es war kurz vor Mitternacht. Der riesige Parkplatz vor dem Einkaufszentrum war menschenleer und unbeleuchtet. Smith, Kirk und Wayne hatten sich hinter einem großen Müllcontainer verschanzt, ein zweites Team saß geduckt in einem Auto, das auf dem Gelände geparkt war und nicht weiter auffiel, da noch einige weitere verlassene Autos dort standen. Zwei Streifenwagen standen in einer Seitenstraße unmittelbar neben der Ein- und Ausfahrt des Einkaufszentrums, um Sotelo den Fluchtweg zu versperren. Es war die perfekte Falle. Jetzt brauchten sie bloß noch zu warten, bis Sotelo hineintappte.

»Und wenn er nicht kommt?«, fragte Kirk.

»Warum sollte er nicht kommen?«, entgegnete Smith. »Er glaubt, Pedro sei ein potenzieller Neukunde. Deswegen will er ihm ja auch eine Unze[8] Kokain verkaufen, um ihn von der Qualität seiner Ware zu überzeugen. Keine Sorge. Es läuft alles nach Plan.« Smith schielte hinter dem Müllcontainer hervor. Pedro war Smiths Lockvogel, der sich Sotelo vor ein paar Tagen als Käufer vorgestellt hatte und nun einen Steinwurf von ihnen entfernt an ein Auto gelehnt stand und nervös seine Finger knetete.

»Ich hoffe, Pedro packt das«, meinte Wayne.

»Er weiß, was auf dem Spiel steht«, sagte Smith. »Wenn er uns Sotelo nicht liefert, wandert er umgehend in den Knast zurück. Und dort gibt es ein paar Kerle, die es nicht erwarten können, ihn wiederzusehen. Glauben Sie mir, Wayne, er wird es nicht versauen.«

»Da!«, sagte Kirk und deutete auf einen Wagen, der soeben auf das Gelände fuhr. »Da kommt er!«

Smith lächelte zufrieden. »Na also. Showtime.«

Das Auto fuhr langsam auf Pedro zu und hielt ein paar Meter vor ihm an. Der Motor wurde ausgeschaltet, das Scheinwerferlicht ging aus. Die Wagentür öffnete sich, und ein schnurrbärtiger Mexikaner um die dreißig stieg aus.

»Hallo Alfredo Sotelo«, flüsterte Smith, während er den jungen Mann nicht aus den Augen ließ.

Langsam näherte sich Alfredo Pedro. »Hast du das Geld?«

Pedro zog einen braunen Umschlag aus seiner Jeansjacke und streckte ihn demonstrativ in die Höhe. »1000 Dollar, wie vereinbart. Ich hoffe, das Koks ist so gut, wie du gesagt hast.«

---

8 Eine Unze entspricht 28,3 Gramm.

»Bessere Qualität kriegst du von niemandem«, sagte Alfredo. Er blieb stehen. Die Männer standen sich jetzt direkt gegenüber.

»Mach schon«, murmelte Smith ungeduldig. »Greif in deine Jackentasche und hol das Päckchen raus! Worauf wartest du denn noch?«

Der Dealer stand einfach nur da. Sekunden verstrichen, die Smith wie eine Ewigkeit vorkamen. *Komm schon, komm schon ...* Irgendwie dauerte ihm das viel zu lange. Pedro schien genauso zu empfinden.

»Ich hab das Geld, wo ist meine Unze?«

»Ich ... hab sie im Wagen«, meinte Alfredo. »Bin gleich wieder da.«

Der Mexikaner drehte sich auf dem Absatz um und ging die paar Schritte zurück zu seinem Wagen.

»Glaubt ihr, er hat den Braten gerochen?«, flüsterte Kirk hinter dem Müllcontainer.

»Unwahrscheinlich«, antwortete Smith im Flüsterton. »Halten Sie sich bereit. Wir stellen ihn, sobald wir das Koks in seinen Händen sehen.«

Wie gebannt beobachteten sie jede kleinste Bewegung ihres Verdächtigen. Sotelo stieg in sein Auto – zog die Tür hinter sich zu und startete blitzschnell den Motor.

»So ein Mist!«, rief Smith und drückte die Sprechtaste seines Funkgerätes. »Zugriff! Sotelo haut ab! Zugriff, Männer! Zugriff!«

Sotelo riss das Steuer herum und ergriff mit quietschenden Reifen die Flucht, einen völlig verdatterten Pedro hinter sich zurücklassend. Smith, Kirk und Wayne rannten über den Platz zu ihrem Wagen und nahmen unverzüglich die Verfolgung auf. Auch die Männer des zweiten Teams gaben Vollgas. Sotelo raste zur Ausfahrt des Parkplatzes, und als diese von zwei Streifenwagen blockiert wurde, scherte er nach rechts aus, fuhr zwischen zwei Bäumen über die Böschung auf die Straße hinunter und donnerte in überhöhter Geschwindigkeit davon. Die Streifenwagen jagten ihm mit Sirene und Blaulicht hinterher, dicht gefolgt von den zwei Zivilwagen von Smiths Team.

»Wie konnte das passieren?«, wunderte sich Kirk, der auf dem Beifahrersitz saß. »Was ist da grad schiefgelaufen?«

»Keine Ahnung«, sagte Smith und drückte das Gaspedal durch. »Aber wir kriegen ihn! Wenn nicht wegen Drogenhandels, dann wenigstens wegen Drogenbesitzes! Du entkommst uns nicht, Sotelo!«

Mehrere Minuten dauerte die Verfolgungsjagd quer durch die Stadt. Dann hielt Sotelo bei einer Tankstelle, verließ das Auto und stürmte zu den Toiletten, wo er sich in einer der Kabinen verschanzte. Als Smith eintraf, hatten die Polizisten das Toilettenhäuschen bereits umzingelt. Smith war nicht in der Stimmung für lange Verhandlungen. Er zog die Waffe und betrat mit Kirk zusammen den Toilettenraum. Dann ging Smith zielstrebig auf die eine Toilette zu, deren Tür verschlossen war, und gab Kirk einen Wink mit dem Kopf, worauf dieser kurzerhand die Tür eintrat.

»Sotelo, Sie sind verhaftet!«, rief Smith und richtete seine Pistole auf den Drogendealer.

Der saß mit Unschuldsmiene auf der Toilette, als würde er gerade sein Geschäft verrichten, und hob erschrocken die Hände. »Was soll das? Sehen Sie nicht, dass ich beschäftigt bin?«

»Aber sicher. Warum sind Sie vor der Polizei geflüchtet?«

»Weil ich ganz dringend mal musste.«

»Wo ist das Koks?«

»Was für Koks?«

»Stehen Sie auf!«

Alfredo zog die Hosen hoch und erhob sich. Kirk zerrte ihn aus der Toilette und presste ihn mit dem Gesicht gegen die Wand.

»Hände hinter den Kopf! Beine auseinander! Los!«

Er tastete den Mexikaner nach Waffen und Drogen ab, konnte aber nichts finden. Wayne kam zur Tür herein und flüsterte Smith ins Ohr, sie hätten Sotelos Wagen untersucht. Keine Spur von Drogen. Der Wagen sei sauber. Smith schnaubte leise. Er drehte Sotelo an der Schulter herum. Dieser grinste siegessicher.

»Ich sag doch, ich hab kein Koks.«

»Sie sind trotzdem wegen Verdacht auf Drogenhandel festgenommen«, bestimmte Smith und gab Kirk ein Zeichen. Der junge Polizist legte Sotelo Handschellen an.

»Hey, Sie haben nichts gegen mich in der Hand!«, meinte Sotelo spöttisch. »Mehr als 48 Stunden dürfen Sie mich nicht festhalten.«

»Mag sein«, entgegnete Smith, trat nahe an Alfredo heran und musterte ihn mit zusammengekniffenen Augen. »Aber eines lassen Sie sich gesagt sein, Sotelo. Ich weiß, dass Sie dealen, und ich werde Sie dafür drankriegen. Früher oder später werde ich Sie mir schnappen, darauf können Sie sich verlassen. Abführen!«

Alfredo grinste nur überheblich, während zwei Polizisten ihn aus dem Toilettenhaus brachten. Smith blickte ihm zerknirscht und entschlossen hinterher.

»Irgendwann machst du einen Fehler, Sotelo. Und dann nehm ich dich hoch. Darauf geb ich dir mein Wort.«

***

»Johnny Saldaña, Sie sind verhaftet!«

»Nein!«, schrie Johnny und wand sich am Boden wie ein Wurm, während die Handschellen zuschnappten und vier grobe Hände ihn hochzerrten. »Nein! Lassen Sie mich los! Ich hab nichts getan!«

»Nichts getan? Sie haben einen Burschen halb totgeprügelt«, sagte einer der Polizisten. »Sie können von Glück reden, wenn er überlebt. Das hier war versuchter Mord, mein Freund! Und dafür werden Sie eine ganze Weile hinter Gitter kommen.«

»Nein!«, rief Johnny verzweifelt. »Ich war das nicht! Ich hab das nicht getan!«

Er blickte hinüber zu der Tragbahre, auf der ein Bursche lag, der kaum noch bei Bewusstsein war. Sein rechtes Auge war dick und zugeschwollen, seine Nase gebrochen. Aus einer Platzwunde an der Stirn rann Blut. Zwei Ärzte des Rettungsdienstes kümmerten sich um ihn. Die Gäste in der Bar warfen verstohlene Blicke zu dem Verletzten und dessen verhafteten Angreifer hinüber und tuschelten hinter vorgehaltenen Händen. Johnnys Kumpel standen schockiert zwischen Johnny und dem Verletzten und schwiegen betreten. Johnny wollte das alles nicht wahrhaben.

Mann! Was hab ich getan?! Wie konnte das passieren? Wer ist dieser

Kerl? Warum hab ich ihn nur so zugerichtet?! Warum tu ich so was? Was passiert mit mir?

Nur vage erinnerte sich Johnny an die vergangenen zwei Stunden. Er wusste noch, wie er zusammen mit Sergio, bei dem er wohnte, gekokst hatte. Dann waren sie mit ein paar Freunden durch die Straßen gezogen und hatten noch mehr gekokst. Oder war es LSD gewesen? Vielleicht hatten sie auch Heroin geraucht. So genau konnte Johnny sich nicht mehr daran erinnern, was sie alles geraucht, gesnifft[9] und geschluckt hatten. Jedenfalls hatte er sich danach großartig gefühlt, so als wäre er der Herrscher des Universums. Sie waren in eine Bar gegangen und hatten einige Bier und Wodka getrunken. Keiner von ihnen hatte schon das trinkreife Alter[10] von 21 erreicht, aber ein paar hatten gefälschte Ausweise, und der Barkeeper gab sich damit zufrieden. Sie hatten gesoffen, dass sich die Balken bogen. Und dann war es geschehen. Ohne Vorwarnung, von einem Moment auf den anderen, verlor Johnny fast sein ganzes Sehvermögen. Alles wurde schwarz bis auf zwei kleine Punkte in der Mitte. Er sah alles nur noch wie durch einen Tunnel. Es war äußerst merkwürdig und sehr beängstigend. Johnny torkelte hinüber zu Sergio und rempelte dabei ungewollt einen Typen an. Der wurde wütend, und ehe sich Johnny versah, bekam er eins auf die Nase. Johnny ging zum Gegenangriff über, und innerhalb weniger Sekunden war eine wilde Schlägerei im Gange.

Johnny war eigentlich kein Schlägertyp. Aber der Tunnelblick und all die Drogen und der Alkohol verwandelten ihn in einen wahren Hulk. Er schlug wie von Sinnen auf den Kerl ein, auch dann noch, als der Bursche längst am Boden lag und Blut spuckte. Der Barkeeper rief die Polizei. Johnny war völlig außer Kontrolle, sodass es selbst seinen Freunden nicht gelang, ihn zu beruhigen. Als Sergio versuchte, ihn am Ärmel von dem Mann wegzureißen, wirbelte

---

9 Mit »sniffen« wird in der Drogenszene das Schnupfen einer »Linie« (einem kleinen zusammengeschobenen Streifen einer Droge in Pulverform) Kokain oder Heroin bezeichnet.

10 In den USA ist der öffentliche Ausschank von Alkohol an Personen unter 21 Jahren verboten.

Johnny herum und begann, wie ein Verrückter auf seinen Kumpel einzudreschen.

»Johnny! Hör auf! Ich bin's! Sergio! Hör auf!«, hatte Sergio gerufen, doch Johnny hatte ihn nicht erkannt. Er war nicht mehr er selbst gewesen und hatte blindlings um sich geschlagen, als kämpfte er gegen den Teufel. Erst als die Polizei eingetroffen war, konnte Johnny überwältigt und ihm von den Beamten Handschellen angelegt werden.

Allmählich kehrte Johnny in die Realität zurück. Die schwarzen Flächen verschwanden aus seinem Sichtfeld, und zurück blieben nur noch ein paar flimmernde Punkte sowie die lähmende Erkenntnis, dass etwas furchtbar schiefgelaufen war. Die Polizisten zerrten ihn vom Boden und führten ihn an den Schaulustigen vorbei nach draußen. Die Beamten verfrachteten ihn auf den Rücksitz ihres Streifenwagens und fuhren los. Johnny sah durchs Fenster, wie Sergio mit einer aufgeplatzten Lippe aus der Bar kam und ihm wehmütig hinterherblickte. Ein Kloß bildete sich in Johnnys Hals.

Was ist aus mir geworden? Ich hätte beinahe jemanden umgebracht! Ich bin nicht mehr zurechnungsfähig! Ich bin ein Monster! Ein Tier ... Ich hasse mich! Ich hasse mein Leben! Warum bin ich überhaupt geboren worden? Warum bin ich hier? Es wäre besser für alle, es gäbe mich gar nicht.

Eine Träne rollte ihm über die Wange.

Ich will so nicht mehr weiterleben! Ich kann es nicht! Ich kann es einfach nicht ...

10 Die Liste

Oktober 1974

Eigentlich konnte Ricco von sich behaupten, dass ihn die drei Jahre als Justizvollzugsbeamter bei der DVI ziemlich abgehärtet hatten. Ihn warf nichts so schnell aus der Bahn. Doch kurz nach Riccos 28. Geburtstag passierte etwas, worauf er nie und nimmer vorbereitet war.

Alles begann mit einer gewöhnlichen Zellendurchsuchung. Als Sergeant gehörte es zu Riccos Pflichten, die Frischlinge, die dem K-Flügel zugeteilt waren, herumzuführen und ihnen alles beizubringen, was sie für ihre Arbeit wissen mussten. Eines Morgens zeigte Ricco einem jungen Beamten, wie man eine Zelle durchsuchte, und wählte dafür spontan die Zelle von Miklo Romo, einem Anführer der Nuestra Familia. Ricco legte Romo Handschellen an, holte ihn aus seiner Zelle und ließ ihn auf dem Korridor, an den Maschendraht gelehnt, warten. Dann begann er zusammen mit dem Frischling die routinemäßige Suche nach Waffen. Doch sie fanden keine Waffen. Ricco entdeckte allerdings etwas anderes, und das bedeutete nichts Gutes: Es war eine Liste mit Dutzenden von Namen. Neben jedem Namen stand das Gefängnis, in dem sich die Person befand, und es war angegeben, ob es sich um einen Aufseher oder einen Häftling handelte. Und ganz oben auf dem Zettel stand in Großbuchstaben die unmissverständliche Überschrift: »Todesliste«.

Ricco fuhr es kalt den Rücken hinunter, als ihm klar wurde, was er da in Händen hielt. Er warf einen Blick hinüber zu Miklo Romo. Der schien alles andere als begeistert zu sein über Riccos Fund.

»Sotelo«, sagte er mit ruhiger, aber sehr scharfer Stimme. »Legen Sie das zurück, wo Sie es herhaben.«

Ricco trat mit der Liste aus der Zelle heraus und musterte Romo mit zusammengekniffenen Augen. »Oder was? Ich kenne dich, Romo. Auftragsmorde in sämtlichen kalifornischen Gefängnissen?

So mächtig bist du nun auch wieder nicht, um so was in die Tat umzusetzen.«

»Wir werden ja sehen«, antwortete Romo und fixierte Ricco, als hätte er seinen Namen soeben ganz oben auf die Liste gesetzt. »Legen Sie die Liste zurück. Haben Sie mich verstanden?«

»Du erteilst hier keine Befehle, Romo«, erklärte Ricco unbeeindruckt. »Und jetzt geh zurück in deine Zelle! Na los!«

Romo gehorchte. Ricco steckte das Papier in seine Hosentasche und beeilte sich, den Mann wieder einzusperren.

»Sie machen einen Fehler, Sergeant«, raunte ihm der Nuestra-Familia-Anführer zu, als Ricco ihm durch die Gitterstäbe die Handschellen abnahm. »Einen sehr großen Fehler.«

Ricco ignorierte seine Drohung und ließ sich nicht anmerken, dass er tatsächlich etwas beunruhigt war. Er hatte gesehen, was er nicht hätte sehen dürfen. Es spielte im Grunde keine Rolle mehr, was er mit der Liste anstellte, ob er sie Romo zurückgab, der Gefängnisleitung zeigte oder sie die Toilette runterspülte. Allein die Tatsache, dass er die Liste gefunden hatte, durchkreuzte Romos Pläne, und das würde der Gangster nicht einfach auf sich beruhen lassen. Natürlich gab Ricco die Liste der Gefängnisdirektion, und alle Gefängnisse wurden umgehend von der Todesliste und den darauf befindlichen Namen in Kenntnis gesetzt. Doch Ricco hatte das ungute Gefühl, dass die Geschichte noch nicht zu Ende war.

Zwei Wochen nach dem brisanten Fund saß Ricco abends gemütlich zu Hause auf dem Sofa und sah fern, als das Telefon klingelte. Die Kinder waren bereits im Bett. Corinna, die gerade dabei war, ihre Fingernägel zu lackieren, nahm den Hörer ab. »Sotelo? ... Ja, er ist hier, einen Moment bitte ... Ricco, da will dich jemand sprechen.«

»Wer ist es?«

»Keine Ahnung.«

Ricco stand auf und ging zum Telefon. »Ja? Sotelo?«

Eine ihm unbekannte Männerstimme meldete sich am anderen Ende der Leitung. »Sind Sie Ricco Sotelo?«

»Ja.«

»Sie arbeiten bei der DVI?«

»Ja. Wer will das wissen?«

»Unwichtig«, sagte der Fremde. »Hören Sie mir zu: Die Nuestra Familia hat einen Auftragskiller auf Sie angesetzt.«

»Wie bitte?!« Ricco erstarrte. *Einen Auftragskiller?* »Sind Sie sicher?«

»Wäre ich es nicht, würde ich Sie nicht damit behelligen. Aber die Nuestra Familia plant, Sie zu töten. Das weiß ich aus zuverlässiger Quelle.«

»Das ist nicht wahr!«

»Doch. Die haben Sie vom Gefängnis aus verfolgen lassen, um herauszufinden, wo Sie wohnen. Sie müssen unbedingt Schutz anfordern. Sie sind in großer Gefahr, Sotelo.«

Ricco spürte, wie sein Puls in die Höhe jagte. Er ging hinüber zum Fenster und schielte auf die Straße hinaus. »Was wissen Sie noch? Wissen Sie, wen die Nuestra Familia damit beauftragt hat?«

»Nein«, sagte die Stimme. »Leider nicht. Aber ich werde versuchen, es herauszufinden. Ich rufe Sie wieder an.«

Der Mann legte auf. Ricco stand da, den Hörer immer noch in der Hand, und war für einen Moment wie gelähmt. Er hatte ja geahnt, dass das Auffinden der Todesliste ihn in Schwierigkeiten bringen könnte. Deshalb war er in den letzten Tagen auch noch mehr auf der Hut gewesen als sonst und hatte versucht, zu keiner Zeit einem Gefangenen den Rücken zuzudrehen oder zu nahe an den Zellengittern vorbeizugehen. Aber ein Auftragsmord? Damit hatte er beim besten Willen nicht gerechnet. Ob es ein Bluff war? Ein Gerücht, um ihn einzuschüchtern? Wohl kaum. Es waren schon Leute für weniger gestorben. Und der anonyme Anrufer? Warum warnte er ihn? Wer war der Kerl?

Jedenfalls ist es kein Gefängnisinsasse, überlegte Ricco. Sträflinge hatten ihren eigenen Slang, ihre eigene Art zu reden. Doch dieser Mann redete nicht wie einer vom Knast.

Wenn es kein Knacki ist, wie ist er dann an diese Informationen gekommen? Tausend Fragen schossen Ricco durch den Kopf. Doch er fand keine Antworten darauf. Nur das eine wusste er mit Bestimmtheit: Er war in Lebensgefahr.

»Was ist los, Ricco?«, fragte ihn Corinna und schüttelte ihre Hände, um den Nagellack zu trocknen. »Wer war das?«

»Kennst du nicht«, sagte Ricco ausweichend.

»Und was wollte er von dir?«

»Ach nichts, bloß eine Auskunft.«

»Klang aber irgendwie ernst.«

»Das bildest du dir nur ein, Corinna. Es ist alles in Ordnung.«

»Na dann ist ja gut.«

Natürlich war gar nichts in Ordnung. Und kaum hatte sich Corinna wieder ihren Fingernägeln zugewandt, eilte Ricco in den oberen Stock, um das Telefon im Büro zu benutzen. Er musste das Gefängnis über den mysteriösen Anruf informieren. Und zwar jetzt gleich. Damit Corinna das Gespräch nicht mithören konnte, verschanzte er sich im Büro. Dann rief er in der Zentrale des Gefängnisses an und wurde anschließend mit dem stellvertretenden Direktor verbunden. Als Ricco ihm die Situation schilderte, zögerte dieser keinen Augenblick und schaltete die Polizei in Modesto ein, die unverzüglich eine Streife losschickte, damit sie vor Riccos Haus patrouillierte. Ricco wäre es wohler gewesen, wenn das Polizeiauto auf der gegenüberliegenden Straßenseite geparkt und das Haus nicht mehr aus den Augen gelassen hätte. Aber um einen 24-Stunden-Personenschutz zu rechtfertigen, war ein anonymer Anruf eben nicht gut genug, und so konnte Ricco nur hoffen, dass der Auftragskiller gestellt würde, bevor er sein Werk vollenden konnte. Corinna bekam von alldem nichts mit. Ricco war das nur allzu recht. Er hätte nicht die Nerven gehabt, sich auch noch mit einer hysterischen Frau herumzuschlagen. Es genügte zu wissen, dass die Nuestra Familia ihm bis nach Hause gefolgt war.

In dieser Nacht schlief Ricco schlecht. Unruhig wälzte er sich im Bett hin und her, und kaum hatte er für einen Moment die Augen geschlossen, wurde er im Traum von einer Horde mit Messern bewaffneter Häftlinge durch die Gefängniskorridore gejagt und schließlich niedergestochen. Es war nicht das erste Mal, dass er dies träumte.

Seitdem Pajaro versucht hatte, ihn zu töten, verfolgte ihn dieser Traum fast jede Nacht. Es war immer dieselbe Szene, und sie war so real, dass Ricco manchmal schweißgebadet aufwachte und seinen ganzen Körper untersuchte, um sicherzugehen, dass die Stichwunden nicht echt waren.

Als Ricco am nächsten Tag zur Arbeit fuhr, wählte er bewusst einen anderen Weg zum Gefängnis und schaute ständig in den Rückspiegel, um sicherzugehen, dass er nicht verfolgt würde. Er war den ganzen Morgen in höchster Alarmbereitschaft - »Zustand Orange« hoch drei. In der Mittagspause erzählte er Thomas von dem Anruf. Zwischen Thomas und ihm hatte sich in den vergangenen Monaten eine enge Freundschaft entwickelt.

»O Mann, das ist nicht gut«, meinte Thomas kopfschüttelnd, während er eine Gräte aus seinem Fisch herauspickte. »Weiß deine Frau davon?«

»Wo denkst du hin, nein«, sagte Ricco und stocherte in seinem Teller herum. »Sie würde total ausflippen. Ich versuche, sie da rauszuhalten.«

»Und was hast du jetzt vor?«

»Ich habe vor zu überleben, was sonst.«

Als Ricco gegen 18 Uhr nach Hause kam, erwartete ihn Corinna mit finsterer Miene. Sie hatte die Fäuste in die Seite gestemmt und war völlig aufgebracht. »Warum hast du mir nichts davon gesagt, Ricco?!«

Ricco legte die Autoschlüssel auf die Kommode und trat ins Wohnzimmer. »Was gesagt?«

»Dass dich die Nuestra Familia töten lassen will!«

Ricco seufzte. »Tut mir leid, Corinna. Ich wollte dich nicht damit belästigen.«

»Damit *belästigen*?! Ich bin deine Frau, Ricco! Denkst du nicht, ich hätte ein Recht darauf zu erfahren, wenn jemand meinen Mann umbringen will? Da schneide ich heute Morgen nichtsahnend die Hecke, als ein Polizeiwagen neben mir hält, und der Beamte auf dem Beifahrersitz winkt mir aus dem offenen Fenster zu und sagt: ›Guten Morgen! Wohnen Sie hier?‹ Ich habe das natürlich bestätigt. ›Sind Sie Sotelos Frau?‹, wollte er dann wissen, und ich sag: ›Ja, wieso? Ist etwas passiert?‹ – ›Wir haben den Auftrag, vor Ihrem Haus zu patrouillieren‹, sagt er. ›Patrouillieren?‹, frag ich. ›Wieso das denn?‹ – ›Ach, Sie wissen es nicht? Es ist ein Anschlag auf Ihren Mann geplant. Die Nuestra Familia will Ihren Mann töten lassen.‹« Corinna sah Ricco mit Feuer in den Augen an. »Mann, ich bin schier gestorben vor Sorge! Ich hab die Kinder den ganzen Tag nicht aus dem Haus gelassen vor lauter Angst, jemand könnte ihnen etwas antun! Kannst du dir überhaupt vorstellen, was ich hier durchgemacht habe? Was ist eigentlich los? Warum will die Nuestra Familia deinen Tod? Warum verschweigst du mir so was?«

»Jetzt beruhig dich erst mal, Corinna«, sagte Ricco und hob beschwichtigend die Hände. »Für dich und die Kinder besteht keine Gefahr, okay? Die Kerle haben es nicht auf euch abgesehen, sondern auf mich.«

»Und das soll mich beruhigen? Woher wissen die überhaupt, wo wir wohnen?«

»Vermutlich hat mich jemand auf dem Parkplatz vor dem Gefängnis abgepasst und ist mir dann bis nach Hause gefolgt.«

»Na toll!«, rief Corinna. »Und was tun wir jetzt? Abwarten, bis jemand an der Tür klingelt und uns alle erschießt?«

»Ich sagte dir doch, es geht nicht um euch. Ich hab einen Anführer der Nuestra Familia verärgert, und jetzt will er sich an mir rächen.«

»Was ist Nuestra Familia, Daddy?« Die sechsjährige Michelle stand plötzlich hinter ihm und sah ihren Vater mit großen Augen an.

»Das erzähl ich dir ein anderes Mal, Prinzessin«, sagte Ricco und Corinna wies das Mädchen an, in sein Zimmer zu gehen. Die Eltern unterbrachen ihre hitzige Unterhaltung, bis Michelle die Tür ihres Zimmers zugezogen hatte.

»Ich weiß, du denkst, ich hätte keine Ahnung, was in der DVI so alles abgeht«, fuhr Corinna etwas ruhiger fort. »Aber ich bin nicht naiv, Ricco. Ich lese die Zeitung. Und ich höre deine Schreie im Schlaf. Auch wenn du mir offensichtlich nicht zutraust, dass ich mit der harten Realität deines Jobs klarkomme: Ich bin stärker, als du denkst. Und es kränkt mich, dass ich von einer Polizeipatrouille hören muss, was ich mir gewünscht hätte, von dir persönlich zu erfahren!«

»Corinna, ich ...« Ricco ging auf Corinna zu und wollte sie an der Schulter berühren, doch sie wich zurück und wischte sich über die feuchten Augen.

»Ich koch uns was zum Abendessen«, murmelte sie und ging in die Küche.

Ricco fuhr sich mit der Hand übers Gesicht und stieß einen tiefen Seufzer aus.

Genau deswegen erzähl ich dir nicht alles, dachte er. *Wenn du austickst, hilft das keinem weiter.* Es genügte, wenn einer von beiden sich mies fühlte. Und das tat Ricco. Er fühlte sich elend. Von allen brenzligen Situationen, die er als Justizvollzugsbeamter hatte meistern müssen, war diese mit Abstand die schwierigste. Nicht, weil er dem Tod noch nie so nahe gekommen wäre, sondern weil der Tod noch nie so nah an sein Zuhause gekommen war. Und das war beängstigend. Es war schon schwer genug für ihn, tagtäglich zur Arbeit zu gehen und nie zu wissen, ob er abends wieder nach Hause käme. Doch jetzt musste er nicht nur tagsüber um sein Leben fürchten, sondern auch *nach* Dienstschluss. Sein Job brachte seine ganze Familie in Gefahr. Sein Zuhause, seine Oase, der einzige Ort, an dem Ricco nicht ständig einen Blick über die Schulter werfen musste, war mit einem Mal nicht mehr sicher. Die Nuestra Familia wusste, wo er wohnte. Und irgendwo da draußen lag ein Auftragskiller auf der Lauer, um ihn zu töten. Wo sollte das noch hinführen?

Das Telefon klingelte und riss Ricco aus seiner Gedankenwelt. Er ging hinüber zum Telefon und nahm den Hörer ab.

»Sotelo?«

Dieselbe Männerstimme vom Abend zuvor meldete sich. »Ich weiß jetzt, wer mit dem Mord beauftragt wurde.« Riccos Herz klopfte automatisch höher. »Es sind die Brüder Esparcia. Sie sind heute auf Bewährung aus dem Soledad-Gefängnis entlassen worden. Seien Sie auf der Hut.«

Es klackte, und bevor sich Ricco bei dem Unbekannten bedanken konnte, hatte dieser aufgelegt.

Die Esparcia-Brüder, dachte Ricco. Er hatte noch nie von ihnen gehört, aber das spielte keine Rolle. Für die Polizei wäre es ein Leichtes, herauszufinden, wer diese Männer waren und wo sie verkehrten. Vielleicht wäre der Albtraum tatsächlich bald zu Ende. Ricco hoffte es inständig. Die letzten 24 Stunden hatten ihm gereicht. Er war völlig fertig mit den Nerven, auch wenn er sich alle Mühe gab, stark zu sein. Sofort rief er bei der Polizei an und gab ihnen die wertvolle Information weiter. Sie versprachen, der Sache nachzugehen und die Wohnungen der Freundinnen zu überwachen, bei denen die Esparcia-Brüder nach ihrer Entlassung vermutlich als Erstes auftauchen würden.

Viel ruhiger schlief Ricco deswegen nicht in dieser Nacht. Immer wieder wachte er auf, ging zum Fenster und schaute hinunter auf die Straße. Erst im Morgengrauen fand er ein paar Stunden Schlaf. Als um sechs der Wecker rasselte, kam es Ricco vor, als hätte er sich gerade eben erst hingelegt. Er schlurfte zum Fenster und warf zum hundertsten Mal einen Blick auf die Straße. Und da erschauerte er: Auf der anderen Straßenseite stand ein dunkles Auto, in dem zwei Männer saßen. Aus seiner Perspektive konnte Ricco ihre Gesichter nicht erkennen, aber er wusste auch so, wer sie waren.

Die Esparcia-Brüder!

Sie waren es! Daran gab es keinen Zweifel. Offenbar hatte die Polizei sie nicht rechtzeitig aufspüren können, und jetzt waren die Brüder hier. Sie waren gekommen, um ihm eine Kugel in den Kopf zu jagen, sobald er das Haus verließe! Ricco wurde es heiß und kalt zugleich. Rasch lief er hinüber ins Büro und rief die Polizei an. Keine drei Minuten später waren die Kollegen vor Ort und blockierten mit mehreren Streifenwagen die Straße. Polizisten in kugelsicheren Westen verschanzten sich hinter den offenen Autotüren und richteten ihre Dienstwaffen auf das Auto mit den mutmaßlichen Attentätern.

»Hier spricht die Polizei!«, rief der Einsatzleiter über ein Megafon. »Steigen Sie mit erhobenen Händen aus dem Wagen!«

Es dauerte ein paar Sekunden, dann stiegen die Männer tatsächlich aus dem Wagen. Sie waren unbewaffnet.

»Legen Sie sich auf den Boden! Hände hinter den Kopf!«

Die Burschen gehorchten. Die Polizisten eilten von allen Seiten herzu und legten den beiden Handschellen an. Die Brüder leisteten keinerlei Widerstand. Ricco, der die Verhaftung vom Schlafzimmerfenster aus beobachtet hatte, atmete hörbar auf.

»Was ist das für ein Lärm da draußen?«, wollte Corinna wissen, die noch immer im Bett lag und sich verschlafen die Augen rieb.

Ricco drehte sich ihr zu und lächelte. »Sie haben die Kerle, die mich töten wollten, soeben verhaftet.«

»Wie verhaftet? Hier, vor unserem Haus?« Corinna setzte sich auf und war auf einmal hellwach. »Du willst sagen, die Killer sind *hier*?«

»Ja. Aber keine Panik. Sie werden in diesem Moment abgeführt. Sie können uns nichts mehr tun. Der Albtraum ist vorbei.«

»Bist du sicher?«, fragte Corinna zweifelnd. Sie warf die Bettdecke zurück, stand auf und kam zu Ricco ans Fenster.

»Siehst du?«, sagte Ricco und deutete auf die Esparcia-Brüder, die soeben mit Handschellen in ein Polizeifahrzeug verfrachtet wurden.

Doch Corinnas Blick blieb an den Maschinenpistolen hängen, die ein Polizist aus dem Wagen der Brüder sichergestellt hatte. Sie schluckte. »Und was, wenn sie wiederkommen? Wenn die Nuestra Familia einen neuen Auftragskiller auf dich ansetzt? Sie wissen, wo wir wohnen! Wir sind hier nicht mehr sicher, Ricco!«

Ricco sagte nichts. Derselbe Gedanke war ihm auch schon gekommen. Selbst wenn die Nuestra Familia ihre Mörderhunde zurückpfeifen und ihn in Ruhe ließe, wer garantierte dafür, dass sich ein solcher Vorfall nicht irgendwann doch wiederholte? Beim nächsten Mal gäbe es vielleicht keinen telefonischen Schutzengel mehr, der ihn rechtzeitig warnen würde. Beim nächsten Mal würde er vielleicht tatsächlich ins Gras beißen.

Bin ich wirklich bereit, für diesen Beruf mein Leben aufs Spiel zu setzen?, überlegte Ricco. *Und das Leben meiner Familie? Ist es das wert?*

Zum ersten Mal, seitdem Ricco bei der DVI arbeitete, fragte er sich, ob es nicht ein Fehler gewesen war, den Job anzunehmen. Die

Geschichte war aus dem Ruder gelaufen, und Ricco wusste nicht, wie lange er mit den damit verbundenen Risiken und Nebenwirkungen noch klarkäme.

11 Der Aufstand

»*Wie* war das? Du bist *verhaftet* worden?«

»Na ja, halb so wild. Ich bin ja wieder draußen.«

»Was ist passiert?« Ricco sah seinen Bruder mit gerunzelter Stirn an.

Es war Samstagabend, und Ricco war zu seinem Bruder nach San José gefahren, wo sie sich in einer Bar trafen, die Simon kürzlich eröffnet hatte. Fredo war etwas beschwipst und bester Laune.

»Das war so, Brüderchen«, erzählte Fredo und legte Ricco die Hand auf die Schulter. »Da ist dieser Pedro, ein Käufer. Wir treffen uns um Mitternacht auf dem Parkplatz vor dem Einkaufszentrum in Modesto. Ich will ihm einen Cadillac Kokain verkaufen. Du weißt, was ein Cadillac ist, oder?«

Ricco kannte den Begriff von seiner Arbeit im Gefängnis. »28,3 Gramm, eine Unze, richtig?«

Sein Bruder nickte. »Richtig. Ich will ihm also einen Cadillac verkaufen, damit er sich davon überzeugen kann, wie gut unsere Ware ist. Aber dann steig ich aus dem Wagen, und während ich auf den Kerl zugehe, sehe ich etwas in seinen Augen, das mir ganz und gar nicht gefällt: Angst. Der Kerl hat Angst! Mir wird sofort klar, was das bedeutet: Es ist eine Falle. Der Mann ist ein *Cold Shooter*[11]. Die Bullen wollen mich hochgehen lassen, sobald ich ihm das Koks aushändige! Ich sag ihm, ich hätte das Dope im Wagen vergessen – ist natürlich Quatsch, denn ich hab das Kokain längst in meiner Jackentasche –, gehe zurück zum Auto und steig ein, fahr los, und schon kleben mir die Bullen an der Stoßstange. Ich kann sie nicht abhängen. Schließlich halte ich bei einer Tankstelle und rette mich in eine Toilette, wo ich gerade noch rechtzeitig den Cadillac runterspüle, bevor die Polizisten mich verhaften. Aber es gibt kein Dope mehr, und ohne Dope keine Anklage. Nach 48 Stunden mussten sie

11 Damit wird in der Drogenszene ein V-Mann oder Polizeiinformant bezeichnet.

mich wieder freilassen.« Er grinste breite. »Die haben sich schön geärgert.«

Ricco hatte sich die Geschichte mit besorgter Miene angehört. Er fand die Angelegenheit alles andere als witzig. »Fredo, du spielst mit dem Feuer. Ich bitte dich: Lass die Finger davon, bevor es zu spät ist.«

Fredo wedelte mit der Hand in der Luft herum und bestellte sich seinen dritten Schnaps. »Papperlapapp. Da müssen sie sich schon was Besseres einfallen lassen, um Alfredo Sotelo auf frischer Tat zu ertappen. Ich bin unschlagbar!« Er hob das Schnapsglas und kippte dessen Inhalt in einem Zug hinunter.

»Blödsinn, Fredo! Die haben dich ganz offensichtlich im Visier! Die wissen, dass du dealst. Wenn sie es einmal wissen, ist es vorbei, mein Bruder. Die werden dich hochgehen lassen und ins Gefängnis stecken, egal, was nötig ist. Ist dir nie aufgefallen, was in der Zeitung steht, wenn ein Drogenring hochgenommen wird? Da steht: Nach intensiven, monatelangen Ermittlungen wurde so und so verhaftet. *Intensive, monatelange* Ermittlungen. Verstehst du? Die werden dich nicht mehr aus den Augen lassen, Fredo. Die werden dir so lange nachstellen, bis du einen Fehler machst. Und dann sperren sie dich für den Rest deines Lebens hinter Gitter. Ich arbeite zufällig im Knast, und ich sage dir: Da willst du auf keinen Fall hin! Du hast eine Frau, du hast zwei Kinder! Steig aus, Bruder! Steig aus, solange du noch kannst!«

Aber Alfredo wollte nichts davon wissen, schon gar nicht, wenn er fröhlich an einer Bar saß und alle Drinks aufs Haus gingen. Das Leben war viel zu schön, um etwas daran zu ändern. Gegen ein Uhr morgens fuhr Ricco seinen Bruder nach Hause. Fredo hatte es ein wenig übertrieben mit dem Alkohol und konnte kaum noch aufrecht stehen. Ricco hatte wie üblich nur Cola getrunken und war völlig nüchtern. Er brachte Alfredo bis zur Tür und fuhr anschließend zurück nach Modesto. Dass sein Bruder so dickköpfig war, ärgerte ihn. Und dass er nichts dagegen tun konnte, ärgerte ihn noch mehr. Er liebte seinen Bruder und wollte nicht zusehen, wie er in sein Unglück rannte. Aber Fredo war taub für seine Ratschläge. Genauso gut hätte Ricco mit einer Wand reden können. Das Einzige, was ihm blieb, war die Hoffnung, dass sein Bruder doch noch zur Vernunft käme. Er hätte es nicht ertragen, ihn im Gefängnis zu sehen. Lieber hätte er sich selbst angezeigt, als zusehen zu müssen, wie die Polizisten Fredo in Handschellen abführten. Er hätte alles für seinen Bruder getan. Alles.

Was sein eigenes Leben anging, so war Ricco froh, dass er den Mordanschlag der Nuestra Familia heil überstanden hatte. Seine Kollegen zeigten sich sehr solidarisch, und gemeinsam fassten sie einen Entschluss. Sie versammelten sämtliche Anführer der Nuestra Familia in einem kleinen Raum und machten ihnen klar, dass sie derartige Operationen nicht mehr länger dulden würden.

»Es reicht!«, so sprach Thomas im Namen aller. »Diesmal seid ihr zu weit gegangen. Wenn ihr noch einmal, nur ein einziges Mal einem unserer Leute ein Haar krümmt, dann schwören wir, dass wir euch der Mexican Mafia zum Fraß vorwerfen. Wir werden euch einzeln auf all die Gefängnisse Kaliforniens verteilen, in denen die Mexican Mafia das Sagen hat. Sie werden euch in Stücke reißen, bevor ihr überhaupt euren Zellenblock erreicht. Und ihr wisst sehr genau, dass das die Wahrheit ist. Haben wir uns verstanden?«

Sie hatten. Und sie wussten, dass Thomas kein bisschen übertrieben hatte und die Verlegung in ein von La Eme kontrolliertes Gefängnis tatsächlich einem Todesurteil gleichkam.

Nach diesem Gespräch zwischen Nuestra-Familia-Anführern und Gefängniswärtern hatte Ricco das Gefühl, wieder einigermaßen sicher zu leben. Dennoch: Die Paranoia blieb. Ständig war er innerlich in Alarmbereitschaft. Die ganze Zeit über fürchtete er, ein Heckenschütze würde ihm eine Kugel in den Kopf jagen, sobald er morgens das Haus verließ. Er fuhr auf Umwegen zur Arbeit und achtete jeden Abend darauf, dass ihm niemand folgte. Schließlich hielt er es nicht mehr länger aus, verkaufte das Haus und zog mit Corinna und den Kindern in ein anderes Stadtviertel.

Der Alltag kehrte zurück – wenn man denn bei der DVI jemals von einem Alltag reden konnte. Nebst den üblichen Messerstechereien und Morden kam es in letzter Zeit vermehrt zu Gefängnisausbrüchen. Die meisten Flüchtigen schafften es jedoch nicht mal über den ersten Zaun. Die beiden Maschendrahtzäune waren oben jeweils mit rasiermesserscharfem Rollstacheldraht versehen. Einige Gefangene kletterten daran hoch und legten eine Matratze oben drauf, um sich nicht die Haut aufzureißen. Es waren ziemlich wagemutige Aktionen, denn während die Flüchtigen versuchten, mit der Matratze über den Zaun zu klettern, wurde von den Wachtürmen mit scharfer Munition auf sie geschossen. Es war so gut wie unmöglich, lebend über beide Zäune zu kommen. Zwei Insassen hatten die glorreiche Idee, einen Holzbalken über beide Zäune zu legen und einfach darüber zu balancieren. Der erste Mann wurde dabei tödlich getroffen und fiel zwischen die beiden Zäune. Dem zweiten gelang die Flucht. Er kam bis nach Florida, wo er allerdings nur wenige Monate später wegen Mordes festgenommen und wieder ins Gefängnis gebracht wurde.

Ein ziemlich bekannter Mörder aus Modesto entkam ebenfalls. Unter der Bevölkerung herrschte Panik, als die Zeitung über den Ausbruch berichtete. Dabei war der Mann noch gar nicht über den ersten Zaun geklettert. Zwischen den Zäunen war feiner Sand, der jeden Schuhabdruck sichtbar machte. Da nirgendwo auch nur ein einziger Abdruck zu sehen war, musste der Gefangene noch auf dem Gelände sein. Und es war ein ziemlich großes Gelände. Zur DVI gehörte auch eine ganze Farm mit Milchkühen, wo die Häftlinge arbeiten konnten, wenn sie nur noch zwei Jahre oder weniger absitzen mussten. Drei Tage lang blieb der Mörder verschwunden. Dann quälte ihn der Hunger doch zu sehr und er kam freiwillig aus seinem Versteck heraus.

Ein anderes Mal hatten es zwei Häftlinge geschafft, unverletzt über beide Zäune zu klettern. Es war mitten in der Nacht und regnete in Strömen. Die beiden flüchteten zu Fuß durch die Felder. Eine große Suchaktion wurde gestartet, bei der sämtliche verfügbaren Polizisten und Aufseher die Verfolgung aufnahmen. Ricco und Thomas bretterten in Riccos Wagen über die holprigen Landstraßen, um den Flüchtigen den Weg abzuschneiden. Doch anstatt sie zu schnappen, rammte Ricco in der Dunkelheit ein Regenrohr, das auf der Straße lag, und der Wagen landete in einem Schlammgraben und musste mit einem Traktor wieder herausgezogen werden. Auch die anderen Suchtrupps hatten keinen Erfolg. Zwei Aufseher hielten bei einer Tankstelle mitten in der Pampa, um das wohl einzige Telefon in der einsamen Gegend zu benutzen und das Gefängnis darüber zu informieren, dass ihnen die Kerle entwischt seien. Die Beamten betraten die Tankstelle, und wer stand dort atemlos und dreckverschmiert in der Ecke und führte gerade ein Telefongespräch? Die entflohenen Häftlinge! Da war die Flucht doch noch misslungen, und Ricco und seine Kollegen hatten am nächsten Tag mal wieder etwas zu lachen.

Ricco hatte nie ganz verstanden, was sich die Gefangenen dabei dachten, wenn sie versuchten zu flüchten. Selbst wenn sie es schafften, über die Zäune zu kommen, selbst wenn alles nach Plan verlief und ihre Verbündeten auf der anderen Seite in einem Auto auf sie warteten, um sie an einen sicheren Ort zu bringen, sie entkamen dem Staat trotzdem nicht. Nach Hause konnten sie nicht gehen, weil die Behörden ja wussten, wo sie vor ihrer Haft gewohnt hatten. Sobald sie bei ihrer Familie, bei Freunden oder Bekannten auftauchten, schnappte die Falle zu und sie kamen postwendend zurück in den Knast. Sie fanden auch keine ehrliche Arbeitsstelle. Dazu hätten sie ja ihren Ausweis vorlegen müssen, und der war im System gespeichert und hätte bei der Polizei sofort Alarm geschlagen. Somit konnten sie nur tun, womit sie sich bestens auskannten: ihre kriminelle Karriere fortsetzen. Es war also vorprogrammiert, dass Ausbrecher früher oder später wieder im Bau landeten. Meistens eher früher als später. Und das war nicht nur bei entflohenen Häftlingen so. Selbst diejenigen, die auf Bewährung rauskamen, schafften es nur selten, sauber zu bleiben. 95 Prozent von ihnen waren im Handumdrehen wieder zurück.

»Was machst *du* denn wieder hier?«, pflegte Ricco sie jeweils zu begrüßen. »Hast du den Kaffee vermisst oder was?«

Romo, Anführer der Nuestra Familia, kam ebenfalls auf Bewährung frei. Etwa einen Monat nach seiner Entlassung machte bei der DVI ein interessantes Gerücht die Runde.

»Hast du das von Romo schon gehört?«, fragte Thomas Ricco, als sie im K-Flügel das Mittagessen verteilten.

»Nein, was denn?«

»Er ist aus der Nuestra Familia ausgestiegen.«

»Quatsch. Romo? Niemals.«

»Doch«, sagte Thomas. »Er hat den Anführern hier im Knast einen Brief geschrieben und gesagt, er werde aussteigen. Er sei Christ geworden.«

Ricco blieb stehen und lachte. »Das soll wohl ein Scherz sein, oder?«

»Nein. Er hat offenbar eine göttliche Erfahrung gemacht oder so was. Er sagt, ihm sei Jesus Christus begegnet und habe sein Leben geändert. Mit der Nuestra Familia wolle er nichts mehr zu tun haben.«

Ricco verzog skeptisch das Gesicht. »Eine Begegnung mit Jesus Christus? Ach, hör mir auf. Der führt doch was im Schilde.«

»Ich glaube nicht. Er geht anscheinend sogar zur Kirche.«

»Das will gar nichts heißen.«

»Vielleicht ist ihm ja tatsächlich Gott erschienen.«

»Sei nicht albern.«

»Glaubst du nicht, dass so was möglich ist?«

»Dass Gott höchstpersönlich vom Himmel herabsteigt, um sich mit einem Anführer der Nuestra Familia zu unterhalten? Halt ich für ziemlich unwahrscheinlich.«

»Bist du nicht religiös?«

»Ich bin zwar katholisch erzogen worden, aber jetzt bin ich Atheist«, antwortete Ricco. »Ich meine, sieh dir die Welt an, in der wir leben. Hungersnöte, Kriege, Morde. Von der DVI ganz zu schweigen. Sieht das für dich etwa danach aus, als gäbe es einen Gott? Ich finde nicht.« Er schloss die Luke in der Eisentür einer Zelle auf und schob Hernandez, einem Nuestra-Familia-Gangmitglied, das Esstablett durch die Öffnung.

»Was meinst du, Hernandez?«, fragte er den Häftling spontan, als dieser sein Essen entgegennahm. »Ist Romo tatsächlich Christ geworden?«

Hernandez zuckte die Achseln. »Weiß nicht. Aber eines kann ich Ihnen sagen, Sergeant. Er meint es besser ernst, oder ich möchte nicht in seiner Haut stecken. Ich sage nur: Blood in, Blood out. Sie verstehen, was ich meine.«

»Eure Spielregeln sind mir bekannt«, sagte Ricco. »Die einzige Möglichkeit, die Gang zu verlassen, ist in einem Sarg.«

»Richtig.«

»Das heißt, wenn Romo aussteigt, werdet ihr ihn töten.«

»Wenn er tatsächlich Christ geworden ist, ich meine, ein richtiger Christ, mit Jesus und Bibel und dem ganzen Programm, dann lassen wir ihn leben.« Hernandez klammerte sich mit den Fingern ans Gitter und sah die beiden Aufseher mit funkelnden Augen an. »Aber wehe, wir finden heraus, dass sein neues Leben nicht echt ist. Wehe, er leistet sich auch nur einen Fehltritt. Dann ist er dran.«

Ricco war sehr erstaunt über diese Information. Er hätte nicht gedacht, dass eine Gefängnisgang wie die Nuestra Familia auch nur einen Zentimeter von ihren Gesetzen abweichen würde, nur weil jemand behauptete, er habe sich dem christlichen Glauben zugewandt. Ob Romo nur bluffte oder sich wirklich verändert hatte, vermochte Ricco nicht zu beurteilen.

Doch eines Tages war Romo plötzlich wieder im Knast. Er hatte irgendetwas ausgefressen, und sein Bewährungshelfer hatte es den Behörden gemeldet, sodass Romo drei weitere Monate Haft aufgebrummt wurden. Das bedeutete das Ende für Romo. Die Nuestra Familia hatte ihren Beweis, dass er offenbar doch kein echter Christ war, und setzte ihn ganz oben auf die Todesliste. Die drei Monate in der DVI überlebte er. Doch kaum war Romo wieder zu Hause, klopfte es eines Morgens an seine Haustür, und als er öffnete, standen zwei Typen vor ihm und erschossen ihn kaltblütig.

Romos Tod nahm Ricco nicht sonderlich mit. Wieso sollte er auch? Solange sich die Gangster gegenseitig umbrachten, war ihm das ziemlich egal. Ganz anders sah es aus, wenn er und seine Arbeitskollegen bei Krawallen zwischen die Fronten der verfeindeten Gangs gerieten. Gefängnisaufstände waren zum Glück nicht an der Tagesordnung. Aber sie kamen vor, und wenn sie geschahen, war keiner mehr seines Lebens sicher.

Einmal kam es in einem Zellenblock zu einem Tumult. Die Insassen begannen, sich gegenseitig über die Brüstung ihres Stockwerks zu werfen. Zwei Beamte waren mittendrin, als es passierte, und eilten in Panik zu ihrem abgeschlossenen Büro. Der eine der Wärter versuchte den Schlüssel ins Schloss zu stecken, doch seine Hand zitterte so sehr, dass es ihm nicht gelang. Sein Kollege musste dessen Hand festhalten, damit er das Schlüsselloch traf. Sie öffneten die Tür, und als sie ins Büro schlüpfen wollten, hängten sich vier vor Angst zitternde Häftlinge wie kleine Kinder an sie, um sich ebenfalls vor der wilden Meute in Sicherheit zu bringen. Und so verschanzten sich Häftlinge und Aufseher gemeinsam in dem kleinen Büro, bis Hilfe kam. Über diese tragisch-komische Situation lachten sich Ricco und seine Kollegen noch tagelang kaputt.

Nicht immer ging es für die Wärter glimpflich aus. Einmal brach ein heftiger Streit zwischen den Häftlingen aus, und als die Wärter kamen, um die Männer auseinanderzureißen, wurde einer nach dem anderen niedergestochen. 26 Aufseher mussten an diesem Tag mit Stichverletzungen ins gefängnisinterne Krankenhaus gebracht werden. Erst als die Beamten die großen Tränengaswerfer holten und den gesamten überdachten Innenhof mit Tränengas vollpumpten, konnten sie die Gefangenen überwältigen und zurück in die Zellen sperren. Danach dauerte es trotz Ventilatoren und offenen Fenstern mehrere Tage, bis sich das ganze Tränengas wieder verflüchtigt hatte. Bei der DVI wurde jährlich mehr Tränengas versprüht als in allen amerikanischen Gefängnissen zusammen. Das inoffizielle Motto der Wärter lautete: »Nimmt so viel Tränengas, bis sie über der Toilettenschüssel hängen.« Die Chemikalien waren hartnäckig wie die Pest. Sie blieben an den Betonwänden haften, auf dem Flur, an den Kleidern, auf den Polstern der Autositze. Außerdem ließ das Zeug Augen und Hals anschwellen, und Ricco verlor im Verlauf der Jahre sogar seinen Geruchssinn.

Das Schockierende an Gefängnisrevolten war, dass die Gefangenen den Aufsehern zahlenmäßig fünf zu eins überlegen waren: 1400 Häftlinge standen gerade mal 275 Aufseher gegenüber. Das bedeutete: Wann immer aber die Insassen das Gefängnis übernehmen wollten - sie konnten es tatsächlich tun. Schon zu Beginn seiner Dienstzeit war Ricco eingeschärft worden, wie er sich zu verhalten hatte, falls er mitten in eine Gefängnisrevolte geraten und als Geisel genommen werden sollte. Damals hatte man ihm gesagt: »Der Staat Kalifornien kauft keine Geiseln frei. Wir verhandeln nicht mit Geiselnehmern. Wir schießen. Sollten Sie sich also in der Gewalt von Gefangenen befinden, werden wir zwar versuchen, mit den Kerlen zu reden, aber nur so lange, bis alle Aufseher Gewehre geholt haben. Dann spreizen Sie Ihre Beine, damit wir freies Schussfeld auf die Beine des Geiselnehmers haben. Sobald Sie den ersten Schuss hören, werfen Sie sich zu Boden und hoffen, dass Sie in dem Kugelhagel nicht getroffen werden.«

Gott sei Dank wurde Ricco nie als Geisel genommen. Dafür aber geriet er im April 1975 in einen Aufstand, der mit nichts zu vergleichen war, was er je bei der DVI erlebt hatte, und selbst einen abgebrühten Kerl wie ihn an seine Grenzen brachte.

Es war ein ganz normaler Dienstag. Ricco war bei der Aufsicht der Gefangenen draußen auf dem Hof eingeteilt. Alles war friedlich. Die einen Häftlinge stemmten Gewichte, einige spielten Schach und andere Basketball, während manche einfach zusammenstanden und sich unterhielten. Und dann geschah es. Völlig aus dem Nichts heraus begannen sich alle gegenseitig anzugreifen, als hätten sie es vorher so vereinbart. Die Nuestra Familia attackierte La Eme, die Aryan Brotherhood ging auf die Black Guerilla Family los. Jeder Gefangene, der ein Shank hatte - und es schien, als hätte jeder eins -, zückte es und stach damit auf das nächstbeste Mitglied einer verfeindeten Gang ein. Der Gefängnishof verwandelte sich innerhalb von Sekunden in ein blutiges Schlachtfeld. Ricco traute seinen Augen nicht. Und er hatte nur noch einen Gedanken: raus hier!

Er rannte auf das nächstbeste Tor zu, doch bevor er es erreichte, wurde es in großer Eile von außen verschlossen.

Hilfe, nein!, dachte Ricco. *Lasst die Tore offen, bitte!*

Er kannte die Vorschriften. Bei einem Krawall wurden als Erstes die Tore verschlossen, damit die Revolte sich nicht weiter ausbreiten konnte. Wer es von den Aufsehern nicht rechtzeitig schaffte, den Zellenblock oder Hof zu verlassen, hatte Pech gehabt. Ricco wirbelte herum und stürmte auf das nächste Tor zu. Aber auch dieses wurde ihm vor der Nase zugeschlagen. Ein Tor nach dem anderen fiel krachend ins Schloss, bevor Ricco die Möglichkeit hatte, sich auf die andere Seite zu retten. Ihm wurde speiübel, als ihm klar wurde, was das bedeutete: Er saß in der Falle! Alle Fluchtwege waren ihm versperrt worden. Er war mit einer Horde blutrünstiger Bestien in einem Käfig eingesperrt, aus dem es kein Entkommen mehr gab. Das würde sein Ende bedeuten. Die Sirenen heulten los, und die Aufseher auf den Wachtürmen eröffneten das Feuer. Ricco wollte sich zu Boden werfen, wie er es gelernt hatte, doch sein Körper gehorchte ihm nicht mehr. Er konnte sich nicht von der Stelle rühren und stand nur wie gelähmt da. Seine Knie zitterten so stark, wie man es normalerweise nur bei Comicfiguren in Zeichentrickfilmen sieht. Noch nie in seinem ganzen Leben hatte Ricco so viel Angst verspürt. Er hatte Todesangst.

Um ihn herum tobte ein Krieg. Die Schützen auf den Wachtürmen versuchten wohl, Ricco die Häftlinge vom Leib zu halten. Doch in dem Chaos war es nur eine Frage der Zeit, bis er getroffen oder von einem Häftling mit einem Messer niedergestochen wurde. Die Kugeln flitzten Ricco um die Ohren. Wo er auch hinsah, stachen Gefangene auf andere Gefangene ein. Es war ein Gemetzel wie in einem Horrorfilm. Reihenweise gingen die Männer zu Boden. Schreie. Blut. Schüsse. Panik. Und Ricco mittendrin, schlotternd vor Angst, den sicheren Tod vor Augen. Die Verzweiflung in ihm war so groß, dass er etwas tat, was er noch nie zuvor getan hatte: Er betete. Er, der überzeugte Atheist, der nicht an Gott, sondern nur an Ufos und Außerirdische glaubte, flehte Gott an, sein Leben zu verschonen.

Gott, ich will nicht sterben! Hol mich hier raus und ich verspreche dir, ich werde jeden Sonntag zur Kirche gehen! Ich werde der Kirche

Geld spenden! Ich tu alles, was du von mir verlangst, wenn du mich nur lebend hier rausholst! Bitte!

Auch wenn Ricco nicht an Gott glaubte, so war er sich sicher, dass Gott seine einzige Chance war, hier lebend wieder rauszukommen. Und so betete er, während die Häftlinge vor, hinter und neben ihm sich gegenseitig abstachen und die Wächter auf den Türmen ununterbrochen in die Menge schossen. Plötzlich hörte Ricco ein ihm vertrautes Geräusch: Die Tore öffneten sich! Eine Wand aus mit Schilden und Tränengaswerfern bewaffneten Beamten stürmte das offene Gelände. Wenige Augenblicke später hatten ein paar Kollegen Ricco in ihre Mitte genommen und eilten mit ihm zum Ausgang. Er war gerettet! Ricco zitterte noch immer am ganzen Körper und war leichenblass im Gesicht. Er war völlig fertig mit den Nerven – aber in Sicherheit.

Wie in Trance setzte sich Ricco auf eine Bank, während die anderen Beamten die Gefangenen überwältigten. Sein Herz schlug ihm bis zum Hals. Seine Knie waren weich wie Pudding. Er konnte noch immer nicht ganz fassen, was da soeben geschehen war. Dass er die Schlacht überlebt hatte, sogar ohne einen einzigen Kratzer, grenzte an ein Wunder. Er hätte eigentlich tot sein sollen, oder zumindest schwer verwundet. Ob es vielleicht tatsächlich einen Gott gab, der ihn beschützt hatte? Wie auch immer, seine großen Versprechungen Gott gegenüber verschob Ricco auf später. Er lebte, das war alles, was zählte.

In der Zwischenzeit wurden die Verletzten in Sicherheit gebracht. Ricco beobachtete, wie die Gefangenen an ihm vorbeigeschleppt wurden, um sie in das Gefängniskrankenhaus zu bringen. Und mit einem Mal wusste er, was er zu tun hatte. Er hatte schon mehrmals mit diesem Gedanken gespielt, vor allem, seitdem die Nuestra Familia ihn zu Hause aufgesucht hatte, um ihn umzubringen. Schon damals war er nahe daran gewesen, seinen Job hinzuschmeißen. Doch er hatte sich zusammengerissen und weitergemacht. Aber irgendwann war auch für den toughsten Mann Schluss. Irgendwann konnte auch der toughste Mann nicht mehr weitermachen wie bisher. Und nach dem heutigen Tag wusste Ricco, dass dieser Moment definitiv gekommen war: Er konnte und er wollte nicht mehr täglich sein Leben riskieren für diese Häftlinge, diese Mörder, diese Killermaschinen.

Er hasste sie. Er hasste sie dafür, dass sie sein Leben innerhalb weniger Jahre in einen Albtraum verwandelt hatten. Was zu viel war, war zu viel.

Gute Bezahlung hin oder her: Ich muss hier weg!

Eines wusste Ricco ganz genau: Er würde nicht ans Fließband zurückkehren und Autositze zusammenschrauben - das kam als Alternative überhaupt nicht infrage.

Vielleicht wechsle ich doch zur Kriminalpolizei, überlegte Ricco in den nächsten Tagen. *Oder ich werde verdeckter Ermittler wie Shakespeare. Oder vielleicht legt Marc ein gutes Wort für mich ein und ich bekomm eine Stelle in seinem Team. Immerhin hab ich reichlich Erfahrung mit Verbrechern, und Sergeant bin ich auch. Obwohl: Den Sergeanttitel könnte ich gleich in die Tonne treten, wenn ich jetzt wechsle. Ich müsste wieder ganz unten anfangen und jahrelang auf eine Beförderung warten. Und beim Lohn müsste ich auch Abstriche machen. Aber was ist dann mit den Raten fürs Haus? Wenn wir schon wieder umziehen müssen, nur weil ich die Raten nicht mehr bezahlen kann, wird Corinna vollends austicken.*

Was Geld anging, verstand Corinna keinen Spaß. Sobald es eng wurde, verwandelte sie sich in einen wahren Drachen. Manchmal, wenn sie sich deswegen in die Haare gerieten, fragte sich Ricco, was wohl gewesen wäre, wenn er statt Corinna Judy geheiratet hätte ...

Weder im Gefängnis noch zu Hause erzählte Ricco von seinen Gedanken und Plänen. Er wollte nichts überstürzen. Aber gleichzeitig merkte er, wie ihm die Arbeit bei der DVI von Tag zu Tag schwerer fiel. Er konnte die Insassen nicht mehr ansehen, so satt hatte er ihre düsteren Absichten und blutigen Bandenkriege. Hätte ein Arzt ihm gesagt, er habe nur noch zwei Monate zu leben, er wäre ohne zu zögern mit einer geladenen Waffe zurück ins Gefängnis gegangen, um jeden Einzelnen dieser Kreaturen zu erschießen - so sehr verabscheute er sie.

Im Mai 1975 geschah etwas Unerwartetes für Ricco. Keine zwei Wochen nach dem Aufstand lud ihn sein Cousin Simon zum Essen ein. Er habe etwas Wichtiges mit ihm zu besprechen, sagte er. Also fuhr Ricco hin.

Sie saßen auf der Veranda von Simons Villa, aßen und tranken, redeten über dieses und jenes, und beim Dessert brachte Simon endlich sein Anliegen vor. »Ricco, ich weiß, du stehst auf der anderen Seite des Gesetzes. Und ich weiß auch, dass du mehrmals klar Stellung bezogen hast, wenn ich oder dein Bruder dich fragte, ob du nicht bei uns einsteigen wolltest. Ich will ganz offen mit dir sprechen. Die Bullen kleben an Fredo wie eine feuchte Nudel an der Wand. Wir haben sie bisher erfolgreich austricksen können, aber für Fredo wird es immer riskanter. Er muss aussteigen, oder wir fliegen alle auf. Das Blöde ist, dass ich niemanden hab, der seine Stelle übernehmen könnte. Und deshalb frage ich dich geradeheraus: Würdest du den Platz deines Bruders einnehmen?«

Ricco steckte sich eine Weintraube in den Mund und schüttelte ohne lange zu überlegen den Kopf. »Simon, du weißt, dass ich das nicht tun kann. Ich bin Polizist.«

»Ich weiß, dass du Polizist bist«, sagte Simon und nippte genüsslich an seinem Whisky. »Aber hör mal: Du rackerst dich tagtäglich für den Staat Kalifornien ab, und was hast du davon? Nur Messerattacken und Morddrohungen. Du ziehst sogar mit deiner ganzen Familie in ein anderes Stadtviertel aus Angst, die Nuestra Familia würde dir vor deinem eigenen Haus eine Kugel in den Kopf jagen. Ich wette, du fragst dich jeden Tag, wenn du durch dieses elendige Gefängnistor gehst, warum du dir das überhaupt antust und wie lange es noch dauert, bis dir jemand ein Messer in den Rücken sticht. Ist es nicht so? Hab ich nicht recht? Ich meine, seien wir ehrlich: Das ist doch kein Leben, Cousin!«

Ricco kaute an der Traube herum und schwieg. Er wollte es nicht zugeben, aber jedes einzelne von Simons Worten traf haarscharf ins Schwarze. Und anders als die Male zuvor, als Simon oder Fredo versucht hatten, ihn auf ihre Seite zu ziehen, war Ricco nun an einem Punkt angelangt, wo er tatsächlich offen für Alternativen war.

»Okay, Ricco«, nahm Simon einen neuen Anlauf, als sein Cousin nicht darauf ansprang. »Reden wir Klartext: Wie viel verdienst du im Gefängnis? 900? 1000?«

»1700«, sagte Ricco mit einem Anflug von Stolz. »Ich bin einer der bestbezahltesten Cops Kaliforniens. Und was kannst *du* mir bieten?«

Simon stellte das Whiskyglas ab, beugte sich über den Tisch und sah Ricco mit einem verheißungsvollen Lächeln an. »Wenn du für mich arbeitest, werde ich Fredo dafür bezahlen, dass er nicht mehr dealt. Und dir geb ich 2000.«

Ricco lachte. »Ich soll für 2000 Dollar im Monat Drogen für dich verkaufen? Das sind gerade mal 300 mehr, als ich jetzt verdiene.«

»Wer redet denn von einem Monatslohn? Ich geb dir 2000 *pro Tag*!«

»Pro Tag?!« Ricco fiel die Kinnlade herunter. »Du meinst 2000 *pro Tag*?!«

»Ganz genau«, bestätigte Simon grinsend. »Das wären dann 14000 die Woche, 60000 im Monat und eine dreiviertel Million im Jahr. Klingt das nach einem fairen Angebot für dich?«

Ricco starrte seinen Cousin an und brachte für ein paar Sekunden keinen Ton mehr heraus. 60000 im Monat! So viel verdiente nicht mal ein Chirurg oder ein Anwalt! In einem Monat würde er fast so viel verdienen wie in den gesamten dreieinhalb Jahren bei der DVI! Und er müsste dafür nicht in ständiger Alarmbereitschaft leben! In Riccos Kopf purzelten die Gedanken durcheinander. Ein verlockenderes Angebot hatte er in seinem Leben noch nicht gehört. Und das ausgerechnet jetzt, als er sowieso die Nase voll hatte von der DVI und sich bereits fragte, ob er sein Haus aufgeben müsste, wenn er Streifenpolizist würde. Wie in einem Film zogen all die dramatischen Situationen der vergangenen Jahre an ihm vorbei und all die furchtbaren Momente, in denen er geglaubt hatte, er müsste sterben. Hatte er sich nicht lange genug im Namen des Gesetzes in Todesgefahr begeben? Hatte er nicht lange genug für sein Land den Kopf hingehalten? War es nicht an der Zeit, endlich mal etwas für sich selbst zu tun?

Aber es ist falsch!, klopfte eine leise Stimme an seine Gewissenstür. *Du weißt, dass es falsch ist!*

»Ich weiß nicht«, murmelte Ricco, innerlich hin- und hergerissen, und sprach seine Zweifel offen aus. »Ich meine, du weißt schon, dass es nicht richtig ist, was du tust. Was ist mit all den Tausenden von Drogenabhängigen, die von dem Stoff draufgehen, den du ihnen besorgst?«

»Hey«, sagte Simon und hob verteidigend die Hände. »Drogenabhängige hat es immer gegeben und wird es immer geben. Kaufen sie den Stoff nicht von uns, kaufen sie ihn von jemand anderem. Denk an all die Leute, die Zigaretten rauchen. Rauchen kann tödlich sein. Und dennoch gibt es Hunderte von Firmen, die Zigaretten produzieren. Ich wette, keiner von diesen Firmenbossen fühlt sich verantwortlich dafür, wenn sich jemand zu Tode raucht. Du hast den falschen Blickwinkel, Cousin. Genau betrachtet bin ich kein Dealer. Ich leite einen internationalen Konzern. Ich liefere ein Produkt, das sehr gefragt ist. Ich hab Hunderte von Angestellten unter mir, die auf mich zählen. Und ich würde dich, wie gesagt, sehr gerne zum Geschäftspartner haben. Also, was ist?«

Ricco runzelte die Stirn. Die Sichtweise seines Cousins hatte tatsächlich eine gewisse Logik. Es war nichts weiter als ein Geschäft. 60 000 im Monat waren auch nicht zu verachten. Und dann die Sache mit seinem Bruder, der unweigerlich im Knast landen würde, wenn er jetzt nicht aufhörte. Allein um seines Bruders willen konnte Ricco nicht Nein sagen. Nochmals spielte er sämtliche Pros und Contras von Simons Angebot in seinem Kopf durch.

Dann nickte er entschlossen. »Okay, ich bin dabei! Ich tu's, Simon! Unter zwei Bedingungen. Erstens: Ich bin dir allein unterstellt und sonst niemandem. Zweitens: Ich zieh die Sache auf meine Art durch. Ich hab zu lange im Gefängnis gearbeitet, um eines Tages selbst dort zu landen. Ich weiß, wie die Leute von der DEA arbeiten und was man beachten muss, um nicht erwischt zu werden. Ich bin also direkt unter dir und wende meine eigene Geschäftsstrategie an. Wenn du mit diesen Bedingungen einverstanden bist, dann steig ich ein. Sonst lass ich es bleiben.«

Simon grinste über sein ganzes Gesicht. »Aber klar bin ich damit einverstanden! Willkommen an Bord, Cousin! Ich wusste, du würdest irgendwann zur Vernunft kommen. Darauf müssen wir anstoßen! Pamela!« Das Dienstmädchen kam sofort herbeigeeilt. »Bringen Sie uns bitte zwei Gläser und eine Flasche Champagner!«

»Cousin, du weißt doch, dass ich das Zeug nicht vertrage.«

»Nur zum Anstoßen, Ricco. Zu einem feierlichen Moment wie diesem gehört nun mal Champagner.«

Pamela brachte den Champagner und füllte die Gläser. Simon ging mit Ricco hinüber zur Pergola, von wo aus sie einen herrlichen Blick über San José hatten. Dann hob Simon das Glas. »Auf die Sotelo-Familie!«

»Auf eine erfolgreiche Zusammenarbeit!«

Die Gläser klirrten. Der Pakt war besiegelt. Und Ricco war soeben von einem gewöhnlichen Polizisten zur Nummer zwei eines der größten Drogenringe Nordkaliforniens aufgestiegen.

12 Drogengeschäfte

Simon Sotelo hatte sich in den vergangenen Jahren ein wahres Drogenimperium aufgebaut. Konkurrenz hatte er so gut wie keine. So wie Immobilienhändler eine Immobilie nach der anderen aufkaufen, bis ihnen die halbe Stadt gehört, riss sich Simon ein Drogenrevier nach dem nächsten unter den Nagel. Sobald wieder ein größerer Drogenhändler verhaftet wurde, übernahm Simon dessen Gebiet. Sein Einflussbereich wuchs so schnell, dass Simon begann, immer mehr Cousins an Bord zu holen, weil er die vielen Aufträge nicht mehr allein bewältigen konnte. Alles war perfekt durchorganisiert. Jeder der Cousins hatte seinen eigenen Aufgabenbereich.

Nachdem Ricco Simons Angebot angenommen hatte, machten es sich die beiden an einem kleinen Kaffeetisch unter der Pergola gemütlich.

»Um es gleich vorwegzunehmen: Du, ich und Raul, wir sind die Drahtzieher in dem Unternehmen«, weihte Simon Ricco ins Familiengeschäft ein. »Mein Bruder Carlos ist mehr im Hintergrund tätig und kümmert sich um all meine Nachtklubs und Geschäfte. Chale ist für den Verkauf des gestreckten Stoffes zuständig. Raul ist für den Nachschub verantwortlich. Er ist es, der die Drogen von Mexiko in die USA bringt. Das läuft folgendermaßen ab: Ich fahre nach San Francisco und miete beim Flughafen einen ganz bestimmten Ford, der den besten Stauraum für die Ware bietet. Dann bringe ich Raul den Wagen und das Geld, sodass er in Mexiko die Drogen kaufen kann. Damit an der Grenze keiner Verdacht schöpft, engagiert Raul bei jedem Trip eine Frau mit Kindern, die mit ihm mitfahren und seine Familie spielen. Somit sieht alles nach einem gewöhnlichen Familienurlaub aus. Das Geld für Miguel, unseren Partner in Mexiko, verpacken wir in einer großen, als Hochzeitsgeschenk getarnten Schachtel. Die Geldübergabe findet in Tijuana statt, das ist die erste mexikanische Stadt hinter der Grenze, ca. 800 Kilometer von uns entfernt. Raul fährt also mit seiner gemieteten Familie nach Tijuana und nimmt sich ein Hotelzimmer. Dann bringt er das Auto zum vereinbarten Treffpunkt und übergibt der Kontaktperson die Autoschlüssel. Wenn der Wagen ein paar Stunden später zurückgebracht wird, ist das Hochzeitsgeschenk mit dem Geld weg, dafür aber das ganze Auto mit Drogen vollgestopft, versteckt im Hohlraum der Rückbank und im Ersatzreifen.«

»Haben die Grenzpolizisten bisher nie Verdacht geschöpft?«

»Nein. Nie. Nicht ein einziges Mal. Und selbst wenn es einmal passieren sollte, dass Raul auf dem Rückweg in eine Kontrolle gerät und das Heroin und Kokain gefunden werden, es würde ihm trotzdem nichts passieren. Er hat ja die Lieferung nie angefasst und somit keine verräterischen Fingerabdrücke hinterlassen. Er kann also sagen, das Auto sei gemietet und er habe keine Ahnung von den Drogen gehabt. Die Polizei kann ihm nicht das Gegenteil nachweisen.«

»Clever«, meinte Ricco. »Und für wie viel Geld kauft ihr den Stoff ein?«

»Nicht ihr, Ricco, sondern *wir*. Du darfst dich gerne miteinschließen, verehrter Cousin. Schließlich bist du jetzt einer von uns.«

Ricco schmunzelte. »Also gut: Für wie viel Geld kaufen *wir* den Stoff ein?«

»Für ein Kilo Heroin bezahlen wir 27 000 Dollar. Und wir verkaufen es für 57 000.«

»Also machen wir pro Kilo Heroin einen Gewinn von 30 000 Dollar.«

»Richtig. Ein Kilo Kokain kostet uns 11 000, und unsere Käufer bezahlen dafür 40 000. Das ergibt einen Gewinn von 29 000 Dollar pro Kilo Koks.«

»Nicht schlecht. Und der Stoff ist gut?«

»Der Beste, den du finden kannst. Wir reden hier von reinstem, unverschnittenem Heroin und Kokain. Es würde dich glatt umbringen, wenn du es nicht streckst. Kein Vergleich zu dem Zeug von der Straße, das mit Rattengift oder was weiß ich für Pulver angereichert wurde.«

»Und wie viel verkauft ihr – ich meine, wie viel verkaufen wir so pro Woche?«

»Im Schnitt je 20 Kilo Heroin und Kokain.«

»Wow!«, staunte Ricco. »Das heißt, wir machen pro Woche einen Profit von ...« - er begann zu rechnen - »... von über *einer Million Dollar*?!«

»Vom rohen Stoff, ja«, stimmte Simon zu, als wäre nichts weiter dabei.

Ricco blieb wieder mal die Spucke weg. Das waren ja astronomische Summen, mit denen Simon jonglierte. Eine Million Dollar Profit in einer Woche?

Kein Wunder, dass er mir 60 000 pro Monat bezahlen kann!, dachte Ricco. *60 000 Dollar sind ein Klacks für ihn. Wahnsinn!*

»Lass mich erklären, wie's weitergeht, wenn Raul mit einer Lieferung aus Mexiko zurück ist«, fuhr Simon fort. »Er stellt den Wagen in einer gemieteten Garage in San Francisco ab, und dort holen wir die Drogen aus dem Rücksitz und dem Ersatzreifen und packen sie in Reisetaschen. Dann bringe ich den Mietwagen zum Flughafen in San Francisco zurück und bringe die Drogen anschließend zu einem unserer gemieteten Häuser in der *Bay Area*. Der nächste Schritt ist, die Drogen aufzuteilen. Ein Teil bleibt unverschnitten und unverarbeitet und ist für die großen Kunden reserviert. Der andere Teil wird für den direkten Verkauf auf der Straße vorbereitet.«

»Was heißt *vorbereitet*?«

»Lass uns mal kurz nach Fremont fahren. Dann zeig ich dir eines unserer Lagerhäuser und wie wir die Drogen dort verarbeiten.«

Eine halbe Stunde später parkten sie vor einem unscheinbaren, alten Haus mit bröckelnder Fassade. Simon schloss die Haustür auf und ließ Ricco eintreten. Das Haus war vollkommen leer und staubig. Gemeinsam gingen sie hinunter in den Keller, dessen Tür verschlossen war.

»Das hier«, sagte Simon, während er die Tür aufsperrte, »ist eine unserer Fabriken. Hier werden die Drogen gewogen, gestreckt und verpackt.«

Ricco betrat einen fensterlosen Raum, dessen Wände kahl waren und der mit dem kalten Licht von Neonröhren ausgeleuchtet war. Es gab mehrere Tische und ein paar Stühle. Auf einem der Tische befanden sich mindestens zehn Waagen und Mixer, außerdem Schüsseln, Mehlsiebe, Messlöffel und jede Menge kleine, durchsichtige Plastiktütchen. Auf einem Regal waren große runde Behälter mit Proteinpulver gelagert. Daneben gab es eine weitere Tür wie von einem Lagerraum. Alles war pieksauber und aufgeräumt. Ricco kam sich vor wie in einem Chemielabor.

»Und wie läuft das hier ab?«

»Warte kurz.« Simon ging durch den Raum zur zweiten Tür, schloss sie auf und kam Sekunden später mit zwei gut verklebten Paketen zurück. Jedes hatte ungefähr die Größe eines Ziegelsteines. Ricco wusste sofort, was das war: ein Kilo Heroin und ein Kilo Kokain. Nach Drogenrazzien wurden manchmal Bilder in der Zeitung veröffentlicht, auf denen all die beschlagnahmten Drogen wie Goldbarren aufeinandergestapelt waren. Und die Blocks sahen genauso aus wie die Pakete in Simons Händen. Rohes Kokain und Heroin mal in echt zu sehen und nicht mit dem Stempel der Zollbehörde oder des Drogendezernats gekennzeichnet, war schon irgendwie komisch, aber auch extrem aufregend.

Und allein mit diesen beiden Paketen machen wir einen Gewinn von 59 000 Dollar, überlegte Ricco. *Zwei Kilo, und mein ganzer Monatslohn ist damit bezahlt. Abgefahren!*

Simon legte die Drogenpakete auf einen Tisch.

»So, hier sind ein Kilo Kokain und ein Kilo Heroin«, erklärte er. »Beginnen wir mit dem Heroin.« Er nahm das eine Paket und schlitzte es mit einem Messer auf. Ein dunkelbraunes Pulver kam zum Vorschein. Ricco fühlte sich in eine Chemiestunde an der Highschool zurückversetzt. »Ein Kilo reines Heroin ergibt acht Kilo gestrecktes Heroin für die Straße. Jedes Kilo wird auf acht Tüten verteilt. In jede Tüte kommen 125 Gramm reines Heroin und 875 Gramm Proteinpulver zum Strecken. Dann schüttest du das gestreckte Kilo in den Mixer und vermischt das Heroin mit dem Proteinpulver. Jedes so entstandene Kilo wird nun sorgfältig in 4 000 kleine Ballone von je einem viertel Gramm verpackt. Wir nennen die Ballone auch Kugeln oder Bubbles.«

Simon nahm zur Anschauung ein kleines, durchsichtiges Plastiktütchen und ein winziges Messlöffelchen und führte Ricco vor, wie das gemacht wurde. »Du nimmst exakt 0,25 Gramm, gibst es in das Tütchen, schüttelst es und verschließt es, indem du es vorne verdrehst, den Rest des Tütchens nach hinten stülpst und nochmals verdrehst und verknotest. So ist es stabil und reißt nicht auf, selbst wenn ein Dealer es herunterschlucken sollte.«

»Du meinst wegen der Polizei?«

»Ja. Die Verkäufer auf der Straße tragen die Bubbles im Mund. Und wenn sie gefilzt werden, schlucken sie die Kugeln einfach runter. Wären die Tütchen nur einfach verknotet, würde die Magensäure sich durch das Plastik fressen, und je nach Menge verschluckter Bubbles könnten die Drogen den Dealer umbringen. Jedenfalls ist es eine Menge Arbeit, den Stoff zu wiegen, zu strecken und richtig zu verpacken. Ich hab dafür ungefähr zwanzig Mädchen engagiert. Die bestelle ich hierher, wenn eine neue Lieferung reinkommt. Das ist ungefähr einmal alle zwei Wochen.«

»Und du vertraust diesen Mädchen?«

»Was abzuzweigen ist unmöglich, weil wir alles genau wiegen und überprüfen. Außerdem bezahl ich sie gut. Eines der Mädchen ist sogar mit einem Polizisten verheiratet. Der hat natürlich keine Ahnung von ihrem kleinen Nebenverdienst.« Simon grinste. »Nein, die Mädchen sind okay. Hab noch nie Probleme mit ihnen gehabt.«

Ricco hörte seinem Cousin gespannt zu. »Und wie viel kostet so eine Bubble Heroin auf der Straße?«

»Das ist unterschiedlich. Ich verkaufe zwei Ballone für 125 Dollar an meine Unterhändler, die es an ihre Straßendealer weiterverticken. Wenn du es hochrechnest, dann kriegen wir für ein von uns gestrecktes Kilo Heroin 250 000 Dollar. Mit anderen Worten, das ursprüngliche Kilo, wie du es hier auf dem Tisch siehst und für das wir 27 000 bezahlen, hat am Ende einen Wert von zwei Millionen auf der Straße.«

»Zwei Millionen?!«, wiederholte Ricco völlig perplex. »Wir machen zwei Millionen mit einem einzigen Kilo Heroin? Das ist ... unglaublich! Einfach nur ... genial!«

Simon grinste zufrieden. »Tja, mein verehrter Cousin. Drogen sind nun mal das mit Abstand lukrativste Geschäft in dieser Welt. Die Gewinnmargen sind höher als in jeder anderen Branche. Als ich damals noch am Fließband gearbeitet habe, sagte ich dir ja, dass ich 10 000 Dollar investieren würde, um daraus Millionen zu machen. Und das hab ich getan. Mit Erfolg, wie du siehst.«

Ricco starrte noch immer kopfschüttelnd auf das Kilo Heroin vor ihm auf dem Tisch und konnte kaum glauben, was ihm Simon da erzählte. Natürlich hatte er gewusst, dass Drogendealer eine Menge Kohle verdienen. Aber wie viel es wirklich war, davon hatte er nicht die geringste Ahnung gehabt.

»So, nun zum Kokain«, sagte Simon und legte seine Hand auf den sandfarbenen Block, der mit mehreren Schichten Plastikfolie eingewickelt war.

»Das Koks strecken wir nicht. Wir verkaufen es nur in Kilos. Trotzdem müssen wir es kontrollieren, wiegen und neu verpacken.« Er nahm ein Messer und schnitt das Paket auf. Der Inhalt bestand aus kleinen festen Brocken und Kokain, das aussah wie Sand. »Siehst du die Brocken? Je mehr Brocken wir kriegen, desto besser verkauft sich der Stoff. Das Pulver ist zwar auch reines Kokain, aber wenn ein Käufer Pulver sieht, ist er sich nie ganz sicher, ob schon etwas dazu gemischt wurde. Sieht er aber Brocken, so weiß er auf Anhieb, dass es reinstes Kokain ist. Zurzeit erhalten wir ungefähr 30 bis 40 Prozent in Brocken.«

Simon griff nach einem Mehlsieb. »Wir sieben das Kokain, um die Brocken vom Sand zu trennen. Wenn wir zehn Kilo Kokain haben, teilen wir die Brocken möglichst gleichmäßig auf zehn Tüten auf, stellen diese auf die Waage und füllen jede Tüte mit Pulver auf, bis sie genau wieder ein Kilo wiegt. Das ist alles. Kokain ist günstiger als Heroin. Für ein Gramm gestrecktes Kokain bezahlst du auf der Straße zwischen 150 und 175 Dollar. Aber wir verkaufen es nicht auf der Straße, sondern nur an Großhändler, genauer gesagt an auserlesene VIP-Kunden. Raul hat eine Handvoll solcher Kunden. Ich hab auch ein paar. Aber die acht wichtigsten und größten Kunden betreute dein Bruder. Und da kommst du ins Spiel. Du wirst seine acht Kunden übernehmen und dich ausschließlich um ihre Bestellungen kümmern. Wie du das tust, ist deine Sache. Aber dies sind die wichtigsten acht Leute, denen wir unverschnittenes, reines Heroin und Kokain verkaufen. Und das wird deine Aufgabe sein.«

»Klingt gut«, sagte Ricco und fuhr sich mit der Hand übers Kinn. »Und ich glaube, ich weiß auch schon, wie ich's machen werde.«

Simon schmunzelte. »Ich wusste, du bist der richtige Mann für den Job. Wann kannst du anfangen?«

»Gib mir ein paar Tage Zeit. Ich melde mich bei dir, wenn ich soweit bin.«

Ricco fühlte sich geradezu beflügelt, als er nach dem Gespräch mit Simon nach Hause fuhr. Gewissensbisse hatte er keine. Dass er soeben von einem Gesetzeshüter zu einem Gesetzesbrecher geworden war, störte ihn nicht im Geringsten. Im Gegenteil. Zum ersten Mal seit Langem hatte er das Gefühl, als würde er endlich wieder leben.

»Corinna«, sagte er seiner Frau noch am selben Abend, während sie das Geschirr spülte. »Simon hat mich gefragt, ob ich bei ihm einsteige. Und ich hab Ja gesagt. Ich werde morgen bei der DVI meine Kündigung einreichen.«

»Endlich!«, meinte Corinna erstaunlich gelassen, ohne das Geschirrspülen zu unterbrechen. »Ich hab mich schon gewundert, wie lange du das im Gefängnis noch durchziehst. Wie viel zahlt er dir?«

Ricco grinste zufrieden. »2000 ... pro Tag.«

Corinna ließ vor Schreck einen Teller ins Spülbecken fallen und drehte sich mit offenem Mund zu ihrem Mann um. »2000 ... *pro Tag*?!«

»Yep! Das sind 60000 im Monat, Baby.«

»O Mann, Ricco! Unglaublich!« Corinna warf sich ihm kurzerhand um den Hals und küsste ihn. »Das sind ja großartige Neuigkeiten! Absolut großartige Neuigkeiten! Dann können wir ja doch Urlaub in Disneyland buchen! Und wir können uns eine neue Küche kaufen! Und ich kann endlich ohne einen Taschenrechner shoppen gehen und mir die Fingernägel machen lassen! O Ricco, ich liebe dich!« Sie küsste ihn erneut und strahlte vor Begeisterung. »Wann fängst du an?«

»Sobald ich gekündigt habe«, meinte ihr Mann.

Ricco hätte nicht gedacht, dass Corinna so positiv reagieren würde und offenbar keinerlei Bedenken hatte, dass ihr Mann dabei war, ins Drogengeschäft einzusteigen. Aber es war ihm nur allzu recht. Besser so, als dass sie die Rolle seines Gewissens übernommen hätte.

Gleich am nächsten Tag kündigte Ricco bei der DVI. Thomas und seinen Kollegen sagte er, er werde das Wein- und Spirituosengeschäft seines Bruders übernehmen. Auf dem Papier gehörte ihm der Laden ohnehin schon. Fredo hatte ihn auf Ricco umschreiben lassen, nachdem er auf dem Parkplatz des Einkaufszentrums in eine Falle getappt war. Fredo befürchtete nun, die Behörden könnten den Laden beschlagnahmen, falls sie ihn noch einmal beim Dealen erwischten. Dass Simon ihm das Dealen sowieso verbieten würde, hatte er damals noch nicht gewusst.

Das Geschäft seines Bruders kam Ricco in zweierlei Hinsicht sehr gelegen: Erstens hatte er dadurch dem Schein nach ein offizielles Einkommen, und zweitens konnte er den Laden zum Waschen von Drogengeldern benutzen. Natürlich achtete er von Anfang an auf eine lupenreine Buchführung, damit nicht der Hauch eines Verdachts aufkommen konnte, dass irgendetwas nicht korrekt lief. Er würde nicht denselben Fehler begehen wie Al Capone und wegen Steuerhinterziehung in den Knast wandern.

Überhaupt hatte Ricco ein großes Insiderwissen, was die Methoden der Drogenfahnder anging. Das kam ihm jetzt zugute, und er entwickelte die perfekte Strategie, um der DEA nicht auf den Leim zu gehen: Er trennte die Drogen- von der Geldübergabe. Wie er von Marc wusste, konnte die Polizei nur dann zuschlagen, wenn sie einen Dealer und seinen Käufer auf frischer Tat ertappten.

Wenn das so ist, überlegte Ricco, *dann werde ich es ihnen unmöglich machen, mich auf frischer Tat zu ertappen.*

Zu diesem Zweck mietete er rund um die Bucht von San Francisco 19 Schließfächer, einige in Selbstbedienungs-Lagerhäusern in San José, andere in Mountain View, Fremont, Oakland und Hayward. Er bezahlte sie alle für ein Jahr im Voraus. In einem Schließfach in San José verstaute er die erhaltenen Drogen. Die anderen Schließfächer waren für die Geld- und Drogenübergabe bestimmt. Außerdem mietete Ricco ein kleines Büro in San José mit einem Telefonanschluss – natürlich unter einem anderen Namen – und stellte ein junges Mädchen für 150 Dollar die Woche ein, um eingehende Telefonanrufe entgegenzunehmen. Dann informierte Simon die acht Großhändler, dass es einen neuen Ansprechpartner gebe, und Ricco traf sich mit jedem Einzelnen persönlich, um die neuen Spielregeln zu erklären.

Einer der acht Kunden war ein gewisser Mr Bosko. Ricco traf sich mit ihm in einer Bar in San Francisco. Bosko war ein großer, schlanker Mann mit Pferdeschwanz und leicht hervorstehenden Wangenknochen. Er trug einen schicken sandfarbenen Anzug und glänzend polierte Krokodillederschuhe. Der Mann strahlte Eleganz und Durchtriebenheit aus. Als Ricco die Bar betrat, saß Mr Bosko an einem Tisch in der hintersten Ecke des Raumes und rauchte gemütlich eine Zigarre. Ricco hatte sich für das Treffen nicht wirklich herausgeputzt und trug Jeans und eine schwarze Lederjacke. Er brauchte keinen teuren Anzug, um sein Gegenüber von seiner Kompetenz zu überzeugen. Durch den rauen Umgang mit den Gefangenen fehlte es ihm weder an Selbstvertrauen noch an Durchsetzungsvermögen. Wäre es erforderlich gewesen, hätte Ricco nicht gezögert, sich eine Schusswaffe zu besorgen und notfalls auch davon Gebrauch zu machen. Aber allein seine Körpersprache ließ seinen Kunden erkennen, dass er ein ernst zu nehmender Geschäftspartner war, den man nicht unterschätzen sollte.

Kaum hatte Ricco Platz genommen, begann er auch schon damit, Bosko die nötigen Informationen für die zukünftigen Drogendeals zu geben. »Eines möchte ich von Anfang an klarstellen: Ich bin nicht an Neukunden interessiert. Also rufen Sie mich nie an und sagen, es gebe da einen Typen, den Sie mir gerne vorstellen würden. Is' nicht drin, verstehen Sie? Sie dealen mit Ihren Leuten, ich deale mit Ihnen. Außerdem werden Sie mich nach dem heutigen Gespräch nicht mehr zu Gesicht bekommen. Das sind meine Regeln. Ich nehme an, Sie haben kein Problem damit.«

Bosko zog an seiner Zigarre und stieß den Rauch in die Luft. »Nicht das Geringste«, sagte er ruhig.

»Gut«, meinte Ricco. »Dann wäre das geklärt. Nun zum Ablauf. Wie schon gesagt, werden wir uns für die Deals nicht mehr persönlich treffen, Mr Bosko. Stattdessen wickeln wir alles telefonisch ab. Hier ist eine Liste mit allen Adressen, Telefonnummern, Namen und Zahlencodes, die Sie dafür brauchen werden.« Er schob ein Couvert über den Tisch. Bosko nahm es entgegen und zog einen Zettel heraus. »Die Telefonnummer auf dem Papier ist unsere neue Bestellhotline. Wenn Sie Heroin oder Kokain bestellen möchten, rufen Sie diese Nummer an. Ein Mädchen namens Janine wird dann Ihre Bestellung aufnehmen. Sie ist nicht eingeweiht. Sie denkt, mein Name wäre Mr Fox und sie würde für mich Zigaretten und Bier verkaufen. Sie bestellen also einfach Zigaretten und Bier von allen gängigen Marken und so viel Sie wollen. Möchten Sie ein Kilo Heroin kaufen, so bestellen Sie einen Kasten Falstaff-Bier. Ein Kilo Kokain entspricht einem Karton Kool-Zigaretten. Möchten Sie zwei Cadillac Kokain extra, um einem Ihrer Kunden die Qualität des Stoffes zu zeigen, bitten Sie Janine, Ihnen zwei Packungen Kool-Zigaretten gratis zu geben. Dasselbe beim Heroin: Für eine Unze Heroin extra sagen Sie einfach, Sie hätten gerne ein Sechserpack Falstaff-Bier. So weit alles klar?«

Bosko nickte.

»Kommen wir zur Geldübergabe. Die 19 Mädchennamen und Zahlencodes auf der Liste beziehen sich auf 19 Schließfächer in der *Bay Area*. Die entsprechenden Adressen finden Sie unterhalb der Namen. Ich werde Sie telefonisch kontaktieren und Ihnen in einem belanglosen Gespräch einen Mädchennamen nennen. In dem entsprechenden Schließfach deponieren Sie das Geld. Sobald ich das Geld abgeholt und durchgezählt habe, rufe ich Sie ein zweites Mal an und nenne Ihnen einen weiteren Mädchennamen. In dem entsprechenden Schließfach wird Ihre Bestellung für Sie bereitliegen. Sie werden mich also während des gesamten Deals nie zu Gesicht bekommen, und die Telefongespräche werden so banal sein, dass die Polizei keinen Verdacht schöpfen kann, selbst wenn das Telefon verwanzt sein sollte. Haben Sie noch Fragen, Mr Bosko?«

Bosko schüttelte den Kopf. Ricco erhob sich und nickte seinem Kunden steif zu. »Mr Bosko, es hat mich gefreut, Ihre Bekanntschaft zu machen. Dieses Treffen hat nie stattgefunden. Und wir sind uns nie begegnet.«

Damit drehte Ricco sich auf dem Absatz um und verließ die Bar.

***

»Janine, ist heute eine Bestellung reingekommen?« Ricco tätigte den Anruf wie immer von einer öffentlichen Telefonzelle in Modesto.

»Ja, Mr Fox. Charlie hat eine Bestellung aufgegeben. Sieben Kästen Budweiser und fünf Kästen Falstaff. Außerdem zwei Kartons Marlboro-Zigaretten, 18 Kartons Chesterfield, einen Karton Kool, einen Karton Philip Morris. Ach, und Charlie bat mich darum, ob Sie ihm zwei Pack Kool-Zigaretten gratis geben könnten.«

»Danke, Janine. Ist notiert. Sonst noch was?«

»Äh, nein, eigentlich nicht. Aber dürfte ich Ihnen eine Frage stellen, Mr Fox?«

»Sicher.«

»Ich arbeite jetzt schon zwei Wochen für Ihren Zigaretten- und Bierlieferdienst, und dies ist erst die sechste Bestellung. Ich meine, ich find's ja voll großzügig, dass Sie mir 150 Dollar die Woche geben, obwohl ich praktisch nichts dafür tue. Ich hab mir auch tonnenweise Bücher besorgt, um die Zeit totzuschlagen, wie Sie's mir vorgeschlagen haben. Und das Geld kann ich natürlich gut gebrauchen, denn ich spare für mein erstes Auto, müssen Sie wissen. Aber wenn ich manchmal so tagelang dasitze und das Telefon klingelt höchstens ein oder zwei Mal, da frag ich mich schon, ob sich das für Sie überhaupt lohnt.«

»Janine, darüber mach dir mal keine Sorgen. Lies du weiter deine Bücher und spar für dein erstes Auto. Und ich kümmere mich um die eingegangenen Bestellungen. Ich ruf dich morgen wieder an, okay?«

»Okay. Vielen Dank, Mr Fox. Und einen schönen Abend noch!«

»Danke, dir auch, Janine.«

Ricco legte schmunzelnd auf. *Wenn das Mädchen wüsste, dass es für einen Drogendealer arbeitet, fiele es wahrscheinlich vor Schreck vom Stuhl.*

Die Idee mit dem Büro hatte sich als sehr praktisch erwiesen. Es gab keine Spur, die zu Ricco führte. Und Janine war die Unschuld in Person. Sie hätte der Polizei rein gar nichts sagen können, was ihnen irgendwie weitergeholfen hätte, nicht einmal seinen oder die echten Namen seiner acht Kunden. Ricco notierte sich auf der Hand die Bestellung, die Janine ihm soeben unwissend durchgegeben hatte: fünf Kilo Heroin, ein Kilo Kokain und zwei Unzen Kokain extra. Dann wählte er die Nummer von Mr Bosko alias Charlie.

Bosko meldete sich unverzüglich. »Ja, bitte?«

»Hi, Charlie! Wie geht's denn so?«

»Hi, Tony. Gut, danke, und selbst?«

»Kann nicht klagen. Sag mal, hast du zufällig Susys Telefonnummer? Ich muss sie wohl verlegt haben.«

»Nee, tut mir leid. Ich hab Susy 'ne Ewigkeit nicht gesehen.«

»Na ja, hätte ja sein können. Du, ich muss Schluss machen. Ich ruf dich später noch mal an. Bis dann, Tony!«

»Bis dann.«

Ricco legte den Telefonhörer auf die Gabel zurück und blickte auf seine Uhr. Es war kurz nach 18 Uhr. Bis 21 Uhr würde Bosko das Geld, 327 000 Dollar, in das Schließfach mit dem Decknamen Susy gelegt haben. Susy war eines der Schließfächer in einem Mietlager in Oakland. Ricco warf ein paar Münzen in den Telefonautomaten und wählte als Nächstes die Nummer seines Bruders.

»Hi, Fredo«, sagte er, als sich dieser am anderen Ende der Leitung meldete. »Ich wollte nur kurz fragen, wie's Marisol geht. Hab gehört, sie habe sich eine Grippe eingefangen.«

»Ach, es geht ihr gut«, antwortete Fredo. »Lass dich mal wieder blicken.«

»Mach ich. Vielleicht nächsten Sonntag.«

»Ich würd mich freuen.«

Auch dieses Gespräch war natürlich Teil von Riccos Strategie. Wann immer er seinen Bruder anrief und ihn fragte, wie es Marisol gehe, wusste Fredo, dass er sich in Bewegung setzen musste. Fredo war zwar nicht mehr aktiv am Dealen beteiligt, aber gerade deswegen war er sozusagen das Ass im Ärmel der Sotelos. Und das aus folgendem Grund: Seitdem Fredo verhaftet worden war, ließen ihn die Drogenfahnder nicht mehr aus den Augen. Es waren immer wieder andere Teams und andere Autos, die ihn verfolgten. Egal, ob er zu Hause war oder beim Einkaufen oder unterwegs zu einer Bar, die DEA beschattete ihn. Anfangs war Fredo davon tierisch genervt. Aber dann hatte Simon die glorreiche Idee, sich die Neugier der Polizei zunutze zu machen. Jedesmal, wenn Ricco also seinen Bruder anrief und sich nach Marisol erkundigte, wusste Fredo, dass wieder ein Deal über die Bühne ging und Ricco für die Geld- und Drogenübergabe auf dem Weg nach San José war. Und das bedeutete für Fredo: den Lockvogel spielen! Es war ganz einfach. Fredo wartete eine Stunde, dann verließ er das Haus, setzte sich in seinen Wagen und fuhr auf dem Highway 101 in Richtung Süden nach Gilroy, Salinas oder Monterrey, die Polizisten schön brav im Schlepptau. Wenn er weit genug gefahren war, setzte er sich in irgendeine Bar und verhielt sich so auffällig wie nur möglich. Er tat, als würde er auf jemanden warten, ging ab und zu zur Tür, blickte auf die Uhr, trank ein Bier, trommelte mit den Fingern auf die Tischplatte, checkte die Umgebung, blickte wieder auf die Uhr, trank noch ein Bier. Und während die Polizisten ihn durchs Fenster beobachteten und dachten, er werde sich bestimmt mit einem Käufer treffen, merkten sie nicht, dass Fredo sie die ganze Zeit zum Narren hielt, damit sie seinem Bruder nicht bei dem echten Deal in die Quere kamen.

Auch dieses Mal wartete Fredo nach Riccos Anruf eine Stunde ab, setzte sich dann in sein Auto und fuhr Richtung Süden, um sich in Monterrey in eine Bar zu setzen und auf einen imaginären Käufer zu warten. Wie erwartet folgten ihm die Beamten des DEA und warteten vor der Bar auf den scheinbar geplanten Deal.

Unterdessen fuhr Ricco in aller Ruhe nach San José und holte aus seinem Vorratsschließfach fünf Kilo Heroin, ein Kilo Kokain und 56,6 Gramm Kokain extra. Er verstaute alles in einer schwarzen Stofftasche, legte sie auf den Beifahrersitz und machte sich auf den Weg zu einem der 19 Schließfächer. Diesmal wählte er ein Schließfach in Hayward mit dem Codenamen Laura. Er öffnete das Kombinationsschloss, deponierte die Tasche und fuhr anschließend zu einem Hotel, wo er sich ein Zimmer nahm. Gegen 21 Uhr holte er in Oakland die 327 000 Dollar aus dem Schließfach Susy und zählte sie im Hotelzimmer nach. Wenn der Betrag stimmte, und das tat er immer, war es Zeit, dem Käufer das Schließfach zu nennen, in welchem er seine Ware vorfinden würde. Wieder war es ein kurzes, ungezwungenes Telefongespräch wie unter Freunden, in welchem beiläufig der Name Laura fiel. Mr Bosko konnte sich nun seine Bestellung abholen, und Ricco fuhr seelenruhig nach Hause. Hier übergab er das Geld Corinna. Ihre Aufgabe war es, die Scheine zu bündeln - das war ein Job, den sie unglaublich liebte. Sie kippte das viele Geld aufs Bett, setzte sich mitten hinein und machte Bündel zu je 2 000 Dollar.

»Mir ist was eingefallen«, sagte sie gut gelaunt, als Ricco kurz den Kopf zum Schlafzimmer reinsteckte, um zu sehen, wie weit sie schon war. »Erinnerst du dich an die Wahrsagerin, die wir vor einem Jahr in Sacramento besucht haben? Weißt du noch, was sie mir prophezeit hat? Sie sagte, ich sei bald von Bergen von Geld umgeben.« Sie breitete die Arme aus und lachte. »Ist das nicht witzig? Berge von Geld! Sieh dir das an! Ihre Prophezeiung ist wahr geworden! Ach, Ricco«, sagte Corinna und sah ihren Mann verträumt an. »Ich habe solches Glück, einen Mann wie dich zu haben. Ich wünsche mir, dass dieser süße Traum niemals endet!«

»Das wird er nicht, Corinna«, versprach ihr Ricco. »Das wird er nie.«

13 Luxus und Macht

März 1976

Sechs Monate waren seit seinem ersten verschwenderischen Las-Vegas-Trip vergangen. Ricco war sehr zufrieden mit seinem neuen Leben. Die Zeiten, in denen er jeden Tag um sein Leben fürchten musste, waren endgültig vorbei. Er hatte Kohle ohne Ende, das neue Verkaufskonzept mit den Schließfächern funktionierte einwandfrei, und die DEA hatte nicht den leisesten Schimmer, dass sie die Angel am falschen Ort auswarfen. Innerhalb weniger Monate hatte Ricco so viel Geld gescheffelt, dass er sich ein neues Haus mit Swimmingpool und einer Hausangestellten leisten konnte, dazu einen *Chevrolet El Camino Pick-up*, ein goldenes *Oldsmobile Cutless* und für seine Frau einen schicken *Lincoln Continental*. Außerdem war er Besitzer eines Spirituosenladens, den er von seinem Bruder übernommen hatte, eines Plattenladens, einer Autowaschanlage und dem *Hollywood Palace*, der angesagtesten Disco in San Francisco mit der größten Tanzfläche in der ganzen Stadt. Hier hingen die Cousins oft ab, um sich zu amüsieren. Alle Drinks gingen selbstverständlich aufs Haus. Damit niemandem auffiel, dass Ricco nur Cola trank, ließ er sich das Getränk stets in einem Whiskyglas servieren. Seine Cousins und sein Bruder Fredo zogen sich ab und zu eine Linie Koks in die Nase, was die Stimmung noch mehr ankurbelte. Und da die Sotelos mehr Geld hatten, als sie überhaupt ausgeben konnten, hatten sie natürlich jede Menge Freunde, außerdem schwirrten junge hübsche Mädchen um sie herum wie Nachtfalter um die Glühbirne. Das Leben war eine einzige Party. Einfach fantastisch.

Dienstags um 18 Uhr war Zahltag. Dann versammelten sich alle Cousins in Simons Büro und erhielten ihren ausgemachten Anteil: Für jeden gab es 2000 Dollar pro Tag. Das erhielt sogar Fredo, und zwar allein dafür, dass er die Polizisten aus San José weglockte, wenn ein Deal über die Bühne ging, sich in eine Bar setzte und schuldig aussah. Da die Polizisten ihm überallhin folgten, fuhren sie ihm natürlich auch dienstags zu Simons Villa nach. Aber das war nicht weiter gefährlich. Denn Simon hatte immer so viel Besuch aus der Verwandtschaft, dass die Anwesenheit von Fredo, Ricco und den anderen Cousins nicht weiter auffiel. Manchmal war es ein einziges Gewusel an Menschen, die sich im Swimmingpool, im Garten, auf der Terrasse, im Billardraum oder an der hausinternen Bar vergnügten. Simons Haus war der Familientreffpunkt schlechthin, und so war es der DEA unmöglich herauszufinden, ob hier irgendetwas Illegales im Gange war. Das Einzige, das die Beamten der DEA tun konnten, war, die Nummernschilder der vor Simons Villa geparkten Autos zu überprüfen und zu checken, ob eine der anwesenden Personen polizeilich gesucht wurde. Und da dies nicht der Fall war, konnten sie nichts anderes tun, als gelangweilt in ihrem Wagen zu sitzen und Däumchen zu drehen, während Fredo und all die anderen in Simons Büro Zahltag hatten.

Ricco liebte die Dienstage bei seinem Cousin. Simon hatte jeweils Berge von gebündeltem Geld auf seinem Schreibtisch liegen und schob jedem Partner einen Stapel über den Tisch.

»Hier, der ist für dich, Raul. Der für dich, Carlos. Der für dich, Fredo. Der für dich, Ricco, und der ist für dich, Chale.«

Jeder nahm sich seinen Berg und verstaute ihn in einer Tasche. Dass ihr Verdienst nur ein Bruchteil von Simons Gewinn war, störte niemanden. Simon war der Kopf der Organisation. Er war es, der alles gestartet hatte und der das größte Risiko trug. Und daher war es nur fair, wenn er sich das größte Stück des Kuchens abschnitt. Das war wohl auch das Erfolgsrezept des Unternehmens: Es gab keine Rivalitäten und keine Eifersucht unter ihnen, denn es war ein Familiengeschäft, bei dem jeder dem anderen vertraute. Jeder wusste, dass der andere ihn niemals übers Ohr hauen oder an die Polizei verpfeifen würde. Und deswegen funktionierte es.

Natürlich wussten auch die Frauen der Cousins über die illegalen Geschäfte ihrer Männer Bescheid, außerdem der gesamte Familienclan. Aber keiner wäre jemals auf die Idee gekommen, zur Polizei zu gehen. Familie war eben Familie. Man legte sich keine Steine in den Weg, man unterstützte und half sich gegenseitig, so wie es sich für eine Familie gehörte. Die mexikanische Gemeinschaft in San José wusste ebenfalls Bescheid. Na ja, mehr oder weniger. Und natürlich nicht offiziell. Schon gar nicht, wenn die Polizei danach fragte, der man ohnehin nicht traute. Aber inoffiziell war es kein Geheimnis, dass Simon Sotelo eine Größe in der kriminellen Szene war und dass man sich besser nicht mit ihm und der Simon-Sotelo-Familie anlegte.

Auch Ricco war mit seinen 29 Jahren schon bald so etwas wie eine Berühmtheit unter der mexikanischen Bevölkerung, vor allem in Modesto. Die Leute kannten ihn. Sie kannten zwar keine Details über seine Geschäfte und wussten nicht so genau, ob er mit Menschen, Waffen oder Drogen handelte oder möglicherweise mit allem gleichzeitig. Sie wussten nur, dass er sehr reich und sehr mächtig war und dass er sein Geld definitiv nicht im Lotto gewonnen hatte. Außerdem strahlte Ricco eine natürliche Autorität aus, die die Menschen unweigerlich in ihren Bann zog. Er wurde auf der Straße von allen gegrüßt und ehrfurchtsvoll mit »Don Ricardo Sotelo« angesprochen. Diese Anrede wurde normalerweise nur für Adlige oder Familienoberhäupter einflussreicher Familien verwendet und war für den Angesprochenen ein Zeichen von höchstem Respekt und Würde. Jeder wollte mit Ricco zusammen gesehen werden. Jeder wollte sagen können, dass er mit Don Ricardo Sotelo befreundet war.

Einmal wurde Ricco zu einer Hochzeit eingeladen, obwohl er weder die Braut noch den Bräutigam kannte. Als er den Festsaal betrat, hörte die Band auf zu spielen. Und als wäre er der Präsident der Vereinigten Staaten höchstpersönlich, begrüßte ihn der Gastgeber übers Mikrofon: »Don Ricardo Sotelo! Es ist uns eine Ehre, Sie bei uns zu haben!«

Die ganze Hochzeitsgesellschaft klatschte, und eine Dame begleitete Ricco zu seinem Ehrenplatz an der langen Tafel. Ricco fühlte sich wie ein König. Und er genoss es. Er genoss jede Minute davon. Was für ein Leben! Was für ein himmelweiter Unterschied zu seinem harten Leben als Gefängnisaufseher. Er hatte die richtige Entscheidung getroffen. Daran gab es überhaupt keinen Zweifel. Später an diesem Abend kamen die Braut und der Bräutigam zu ihm an den Tisch und baten ihn, ihre Ehe zu segnen.

»Aber gerne«, sagte Ricco, obwohl er keine Ahnung hatte, was genau er jetzt machen sollte.

Wieder hörte die Band auf zu spielen und alle blickten gespannt zu ihm hinüber, um den großartigen Moment mitzuerleben, wenn er die Ehe des Hochzeitspaares segnen würde.

Einen Segen sprechen, überlegte Ricco nervös, während sich das Ehepaar vor ihm niederkniete und die Köpfe senkte. *Ich kenn keinen Segen. Vielleicht was Lateinisches? Latein ist immer gut. Aber wo krieg ich auf die Schnelle einen gut klingenden lateinischen Spruch her?*

Ohne sich seine Verlegenheit anmerken zu lassen, legte er den beiden die Hände auf, und mit feierlicher Stimme sprach er die einzigen lateinischen Worte aus, die er kannte: die Worte, die auf jeder amerikanischen Münze eingeprägt waren: »E pluribus unum!«

Das hieß zwar wörtlich »aus vielen eines« und hatte nicht gerade viel mit einer Eheschließung zu tun. Der Spruch bezog sich auf die Gründung Amerikas. Aber Ricco fand, die Worte klangen sehr mystisch und zeremoniell, und alle waren davon sichtlich angetan. Wie viel Segen die Worte eines Drogenbarons und Gottesleugners wirklich über die Ehe des Hochzeitspaares brachten, blieb allerdings fraglich.

Die Ehe war nicht der einzige religiöse Akt, bei dem die mexikanische Bevölkerung mehr Wert auf Riccos Segen als auf den eines Geistlichen legte. Ein großer Boom war die Babytaufe. Die Leute rissen sich darum, dass Ricco Pate ihres Babys wurde. Alle Eltern, die ein Kleinkind im tauffähigen Alter hatten, wollten damit prahlen können, dass Don Ricardo Sotelo der Pate ihres Kindes war. Bei der ersten Taufe dachte sich Ricco nichts weiter dabei. Er kannte die Eltern nicht persönlich und hatte nur eingewilligt, weil Corinna ihn derart bestürmt hatte. So betrat er zum ersten Mal seit langer Zeit wieder eine Kirche. Ausgerechnet er, der überzeugte Atheist und Ufo-Narr, hielt bei der Taufzeremonie das kleine Kind hoch und sprach dem katholischen Priester ein Gebet nach, während dieser dem strampelnden und schreienden Baby Wasser auf die Stirn träufelte.

Die Eltern des kleinen Schreihalses waren völlig aus dem Häuschen und schossen jede Menge Fotos von Ricco und dem Baby auf seinem Arm. Ricco dachte, es sei eine einmalige Sache gewesen - aber das war falsch gedacht.

Keine Woche später klingelte das Telefon, und eine weitere Familie wollte unbedingt einen Termin für eine Babytaufe vereinbaren. Die Eltern sagten, sie seien Bekannte von Bekannten der Familie, von dessen Sohn Ricco Pate geworden sei, und es würde sie mit großem Stolz erfüllen, wenn er sich die Zeit nähme, um auch Pate ihres neugeborenen Sohnes zu werden. Erst wollte Ricco dankend ablehnen, aber seine Frau überredete ihn auch diesmal, dem Wunsch der Familie nachzukommen. Ehe sich Ricco versah, waren fast alle seine Sonntage für Babytaufen ausgebucht. Es machte ihm nichts aus, Pate der Kinder zu werden. Es war ja kein großer Aufwand, und mit dieser kleinen Geste machte er alle glücklich.

Die Rolle des Wohltäters à la Robin Hood gefiel Ricco sowieso ganz gut. Oft kamen die Leute zu ihm und wollten sich Geld von ihm leihen. Ricco hatte so viel davon, dass es ihm nichts ausmachte, großzügig zu sein. Ob die Menschen ihre Not nur vortäuschten oder sich tatsächlich in einer ausweglosen Lage befanden, erkannte Ricco allein an ihrer Körpersprache. Die Arbeit im Gefängnis hatte seine Augen und Ohren gut geschult, um sofort zu erkennen, wenn jemand log. Stand jemand vor ihm, dessen Verzweiflung echt war, gab ihm Ricco den gewünschten Betrag und sagte: »Weißt du was? Du brauchst es mir nicht zurückzuzahlen. Ist ein Geschenk.«

Meistens wussten die Leute kaum, wie sie Ricco dafür danken sollten. Viele weinten vor Rührung. Und Ricco freute sich, dass sie sich freuten.

Den anderen Leuten, die nur auf die Schnelle an Bares kommen wollten und deren heuchlerische Unterwürfigkeit Ricco geradezu anekelte, gab er ebenfalls Geld und sagte ihnen: »Du hast bis Ende des Monats Zeit, es mir zurückzuzahlen.«

Ihm war klar, dass sie gar nicht vorhatten, ihm das Geld zurückzuzahlen. Sie krallten sich das Geld und verschwanden auf Nimmerwiedersehen. Und das war genau das, was er damit bezweckt hatte: Sie nicht mehr wiederzusehen. Das verlorene Geld war ihm egal. Es kam ja jeden Dienstag reichlich Nachschub, mehr, als er überhaupt ausgeben konnte.

Wer natürlich am meisten von Riccos Tätigkeit als Dealer profitierte, war Corinna. Oh, sie liebte das luxuriöse Leben, das ihr Mann ihr seit nunmehr einem Jahr bieten konnte. Sie kaufte sich teure Kleider, teure Parfüms, teures Make-up, teure Handtaschen; nur noch das Beste vom Besten war gut genug. Und Ricco verwöhnte sie mit exklusivem Schmuck. Er kaufte ihr goldene Armbänder, eine silberne Armbanduhr und Diamantohrringe. Außerdem ließ er für sich und Corinna neue Eheringe anfertigen. Die bisherigen Ringe hatten zusammen gerade mal 40 Dollar gekostet. Als Ricco sie gekauft hatte, war er noch beim Militär gewesen, und für mehr hatte es damals nicht gereicht. Aber das war den beiden egal gewesen. Sie hätten sich sogar mit Eheringen aus dem Kaugummiautomaten zufriedengegeben. Schließlich ging es nicht um den Wert ihrer Ringe, sondern um den Wert ihrer Beziehung. Aber jetzt, zehn Jahre später, als Geld auf einmal keine Rolle mehr spielte, kaufte Ricco zwei Prachtexemplare an Ringen, beide aus Weißgold und mit Diamanten besetzt. Corinna kam sich wie eine Prinzessin vor, als Ricco ihr den funkelnden Ring an den Finger steckte.

»O Schatz«, sagte sie und warf sich ihm um den Hals. »Ich bin der glücklichste Mensch auf der Welt!«

Ricco lächelte.

»Ich auch, Corinna. Ich auch.«

***

»Ich bin der glücklichste Mensch auf der Welt!«

Johnny lächelte. »Ich auch, Samantha. Ich auch.«

Er zog sie an sich heran und küsste sie. Es war wie ein Traum. Der Neunzehnjährige konnte noch immer nicht ganz glauben, dass er nicht auf irgendeinem Trip hängen geblieben war und sich das alles nur einbildete. Aber der Zehn-Dollar-Ring an ihrer Hand war echt, und sein Zehn-Dollar-Ring war ebenfalls echt. Sie hatten geheiratet! Sie hatten tatsächlich geheiratet! Vor sechs Monaten hatten sich Johnny und Samantha in einem Haus in San José kennengelernt. Beide hatten unter Drogeneinfluss gestanden und Dinge gesagt und getan, an die sie sich später nicht erinnern konnten. Johnny erinnerte sich nur noch daran, dass plötzlich irgend so ein Drogenfahnder den Laden gestürmt und einen Drogenhändler namens Doody verhaftet hatte. Und er wusste noch, dass er sich auf dem Nachhauseweg mehrmals übergeben musste. Doch trotz der Vernebelung durch die Drogen und den Alkohol hatte es an jenem Abend zwischen den beiden gefunkt, und von da an sahen sich Johnny und Samantha regelmäßig. Samantha war nicht drogenabhängig, jedenfalls nicht wie Johnny. Sie kiffte zwar ab und zu und trank bei Partys ziemlich viel Alkohol, aber von harten Drogen wie Heroin und Kokain hielt sie sich fern. Johnny war bis über beide Ohren in Samantha verliebt. Und Samantha auch in ihn. Deshalb beschlossen sie, gleich nach ihrem 18. Geburtstag zu heiraten.

Es kamen nur eine Handvoll Gäste zur Hochzeit. Aber Johnnys älterer Bruder Noah war da, den Johnny seit Ewigkeiten nicht gesehen hatte. Und er gab ihm seine Karte und sagte, wann immer er etwas brauchen werde, solle er sich bei ihm melden. Er sei für ihn da.

Wer's glaubt, dachte Johnny und steckte die Karte ein. *Ich hab mich ein Leben lang allein durchgeschlagen, und das werde ich auch weiterhin tun.* Er brauchte niemanden, schon gar nicht seinen Bruder. Wo war er all die Jahre gewesen? Warum hatte er sich nie gemeldet?

Auch egal, überlegte Johnny. *Ich hab Samantha. Ich hab mir das hübscheste Mädchen von Kalifornien geangelt, und wir lieben uns. Was will ich mehr?*

Johnny konnte von Glück reden, dass die Hochzeit überhaupt stattgefunden hatte. Denn eigentlich hätte er im Gefängnis sitzen sollen für das, was er diesem armen Kerl in der Bar angetan hatte. Er wusste bis heute nicht, was in ihn gefahren war und warum er solche Kräfte entwickelt und den Burschen halb totgeprügelt hatte. Johnny hatte damit gerechnet, dass er für sehr lange Zeit hinter Gitter käme.

Doch Sergio hatte den Burschen im Krankenhaus besucht und ihn überreden können, keine Anzeige zu erstatten. Und so war Johnny schon nach wenigen Tagen wieder freigekommen.

Aber das war alles lange her, und Johnny dachte kaum noch daran. Alles, was zählte, war das Hier und Jetzt. Und hier und jetzt saß er frisch verheiratet und überglücklich mit Samantha auf dem Sofa in ihrer gemeinsamen Wohnung, in der außer dem Sofa und dem Bett so ziemlich alle Möbel fehlten.

»Weißt du, was ich denke?«, fragte Samantha, während sie sich an ihn kuschelte.

»Nein, was?«

»Du solltest mit den Drogen aufhören. Ich helf dir auch dabei.«

»Dann musst du aber mit Kiffen aufhören.«

»Okay. Abgemacht«, sagte Samantha und streckte ihm die Hand entgegen. »Wir hören beide auf. Deal?«

Johnny ergriff ihre Hand. »Deal«, sagte er, doch seine Gedanken wanderten bereits zu der Bubble Heroin, die er vor ein paar Stunden von seinem Dealer gekauft hatte. Den Stoff konnte er doch nicht einfach so wegwerfen, vor allem, wo er eines der Hochzeitsgeschenke - die Silberplatte von Samanthas Mutter - dafür vertickt hatte.

Okay, schloss er einen Kompromiss mit sich selbst. *Heute Abend sniffe ich das Heroin, und morgen hör ich Samantha zuliebe damit auf. Ein für alle Mal.*

Er hatte sich zwar schon hundert Mal geschworen, die Finger davon zu lassen. Doch diesmal würde er es durchziehen. Mit Samantha an seiner Seite würde das schon klappen. Irgendwie.

***

Gary Smith und Wayne betraten den Friseursalon im mexikanischen Stadtviertel von San José. Das kleine Glöckchen über der Tür klingelte. Das fröhliche spanische Geschnatter der Kundinnen und Friseurinnen verstummte und sämtliche Köpfe, mit und ohne Lockenwickler, drehten sich in ihre Richtung.

Eine pummelige Mexikanerin sprach die Männer an. »Señores,

ich fürchte, Sie haben sich in der Tür geirrt. Dies ist ein Damensalon.«

»Es sei denn, Sie wollen sich die Augenbrauen zupfen«, bemerkte eine Angestellte. Die Frauen kicherten und wechselten ein paar Worte auf Spanisch.

Smith war nicht zum Lachen zumute. Es reichte, dass er sich wieder einmal mit seiner Frau gestritten hatte. Es war immer dasselbe ausgeleierte Lied. Er schenke ihr zu wenig Aufmerksamkeit. Er sei mit seinem Job verheiratet. Seitdem er diesem Sotelo nachjage, sei er nicht mehr er selbst. Bla bla bla. Er konnte es nicht mehr hören. Warum war es so schwer zu verstehen, dass er diesen Kerl aus dem Verkehr ziehen wollte? Das war sein Job. Und er nahm seinen Job sehr ernst. Er und sein Team waren in den letzten Jahren sogar sehr erfolgreich gewesen. Sie hatten in der Bucht von San Francisco jede Menge kleiner Dealer aus dem Verkehr gezogen. Auch ein paar große Fische waren ihnen ins Netz gegangen.

Nur an einen kamen sie nicht ran: Alfredo Sotelo. Smith wusste nicht, wie tief der Mexikaner im Drogengeschäft drinsteckte. Aber sein sechster Sinn sagte ihm, dass er einer von den großen Fischen war, vielleicht sogar von den ganz großen. Die Beinahe-Verhaftung des Dealers lag nun schon über eineinhalb Jahre zurück. Seither setzte Smith alles daran, Sotelo zu fassen. Er hatte sein Telefon angezapft und ließ ihn regelmäßig von verschiedenen Teams überwachen. Bisher erfolglos. Manchmal schien es, als träfe sich Sotelo mit einem Käufer, aber am Ende kam doch nichts dabei heraus. Kirk, Wayne und auch andere von Smiths Team waren schon seit Längerem der Ansicht, Smith habe sich da in etwas verrannt. Doch Smith ließ sich nicht beirren, ging jeder noch so kleinen Spur nach. Diesmal hatte er es auf die perfekte Gerüchteküche abgesehen: den Friseursalon, den Sotelos Frau regelmäßig besuchte.

»Nichts für ungut, Boss«, sagte Wayne, als sie den Laden betraten. »Aber denken Sie nicht, wir sind zu sehr auf diesen Sotelo fixiert? Vielleicht ist er ja damals nach dem geplatzten Deal tatsächlich ausgestiegen, und wir vergeuden hier nur unsere Zeit.«

»Leute wie Sotelo steigen nicht einfach aus«, erklärte Smith. »So was tun die nicht. Nein, Sotelo dealt, da bin ich mir sicher. Und ich wette, die Damen hier können uns ein paar interessante Informationen über ihn liefern.«

Er holte seine Dienstmarke hervor und streckte sie in die Höhe. »DEA, mein Name ist Smith, das hier ist mein Kollege Pasdar. Wir möchten Ihnen ein paar Fragen stellen.«

Die Frauen hörten auf zu kichern und plaudern und blickten die Drogenfahnder gespannt an.

»Kennen Sie diesen Mann?«, fragte Smith und zeigte das Foto eines schnauzbärtigen, ungefähr dreißigjährigen Mexikaners herum. »Sein Name ist Alfredo Sotelo. Wir vermuten, dass er mit Drogen dealt. Marisol Sotelo ist seine Frau. Sie lässt sich hier jeden Monat die Haare schneiden.«

Eine betretene Stille legte sich über den Salon, gerade so, als hätte Smith die Mutter Gottes beleidigt.

»Wenn Sie also irgendetwas über Sotelos Geschäfte wissen, wären wir Ihnen dankbar für Ihre Kooperation«, beendete Smith seine Ansage. Er beobachtete, wie die vorher fröhlichen Frauen sich in eine feindselige Front verwandelten. Die Ladenbesitzerin, eine Schere in der Hand haltend, trat von ihrer Kundin weg und fixierte die Polizisten misstrauisch, die Spitze der Schere wie ein Messer auf sie gerichtet.

»Wer denken Sie eigentlich, dass Sie sind? Spazieren hier einfach so rein, beleidigen eine meiner besten Kundinnen und erwarten auch noch, dass wir kooperieren?«

»Hören Sie, wir machen nur unseren Job«, meldete sich Wayne beschwichtigend zu Wort, was die Mexikanerin aber nur noch mehr in Rage brachte.

»Schwingen Sie gefälligst Ihre Hintern aus meinem Salon und machen Sie Ihren Job woanders!«, fauchte sie und verschränkte provokativ die Arme vor ihrem wuchtigen Körper. »Ich weiß ja nicht, wie das in Ihrer Kultur ist, Officer. Aber wir Mexikaner verfüttern unsere Landsleute nicht an die Bullen. Selbst wenn wir etwas wüssten, von uns werden Sie es jedenfalls nicht erfahren. Hab ich nicht recht?«

Sämtliche Frauen, sowohl Kundinnen wie Friseurinnen, nickten eifrig und schnatterten empört durcheinander.

»Und jetzt raus hier!«

Smith sah ein, dass er mit seiner Neugier in ein Wespennest gestochen hatte, und kapitulierte. »Na gut. Wayne, gehen wir.«

Unter den feindseligen Blicken der Mexikanerinnen begaben sich Smith und Wayne zur Tür.

»Eine letzte Frage«, sagte Smith und drehte sich nochmals um. »Sagt Ihnen der Name Suzuki etwas?«

»Raus!«, rief die Mexikanerin wütend.

Die Drogenfahnder verließen den Friseursalon und kehrten zu ihrem Auto zurück.

»Ein temperamentvolles Völkchen, diese Mexikaner. Au weia«, meinte Wayne, während sie die Straße überquerten. »Ich hab gedacht, die würden gleich über uns herfallen.«

»Haben Sie ihre Reaktion gesehen, als ich das Foto hochhielt?«, fragte ihn Smith, ein Funkeln in den Augen. »Haben Sie den Ausdruck in ihren Gesichtern gesehen? Die kennen Sotelo, und zwar alle von ihnen. Die wissen ganz genau, wer er ist, und ich wette, die wissen auch ganz genau, womit er sich seinen Lebensunterhalt verdient.«

»Ja, mag sein. Nur bringt uns das nicht viel, solange sie nicht mit uns reden. Wissen Sie, was mir aufgefallen ist? Die Frauen sahen nicht aus, als würden sie sich vor Sotelo fürchten. Da war keine Spur von Angst in ihren Blicken – sondern von Bewunderung. Das Ganze erinnert mich stark an die Legende von Zorro, dem Rächer der Armen.«

»Sotelo ist ein Drogendealer, kein Volksheld.«

»Ich weiß nicht«, überlegte Wayne stirnrunzelnd. »Irgendwie hab ich den Eindruck, dass Sotelo für die mexikanische Bevölkerung in einer verdrehten Art und Weise genau das ist: ein Volksheld.«

Smith setzte sich ans Steuer. Wayne nahm auf dem Beifahrersitz Platz.

»Egal, ob die Mexikaner ihn verehren oder nicht«, sagte Smith. »Wir suchen weiter, bis wir jemanden finden, der bereit ist, zu singen.«

»Und Sie glauben, wir finden jemanden?«

Smith startete den Motor. »Das werden wir. Unser Moment wird kommen, Wayne. Nur Geduld.«

***

Obwohl Ricco nicht mehr im Gefängnis arbeitete, verfolgte er doch aufmerksam jeden Zeitungsartikel über die DVI oder über Verbrecher, mit denen er zu tun gehabt hatte. Bei jeder neuen Messerstecherei, von der berichtet wurde, bekam Ricco eine Gänsehaut. Für ihn waren diese Mitteilungen nicht irgendwelche Sensationsnachrichten, über die man schnell hinweglas. Für ihn war damit ein Stück seiner eigenen Geschichte verbunden. Er wusste aus eigener Erfahrung, wie es sich anfühlte, mittendrin in einem Massaker zu stehen und nicht zu wissen, ob man dabei draufgeht. Auch der eine Albtraum, in dem er vor einer Horde mit Messern bewaffneter Häftlinge flüchtet und tausendmal niedergestochen wird, verfolgte ihn noch immer jede Nacht. Und selbst ein Jahr nach seiner Kündigung bei der DVI sprang er noch immer wie elektrisiert auf, wenn in einem Schnellrestaurant der Alarm der Fritteuse losging. Dann fühlte er sich für Sekunden ins Hochsicherheitsgefängnis zurückversetzt, und sein ganzer Körper stellte automatisch auf »Zustand Orange« um. Ja, das Gefängnis hatte seine Spuren hinterlassen, Spuren, auf die er lieber verzichtet hätte.

An einem Dienstag, nachdem alle Cousins wie üblich ihre Geldbündel erhalten hatten, gab Simon fröhlich bekannt: »Leute, ihr werdet es nicht glauben: Lázaro, der Drogenboss aus Culiacán, der Pate höchstpersönlich, hat uns zu sich eingeladen! Miguel, unser Kontakt in Mexiko, hat es mir vor ein paar Stunden mitgeteilt. Wir seien so gute Kunden, dass sein Boss beschlossen habe, er wolle uns kennenlernen.«

Die Cousins waren baff. Damit hatte keiner gerechnet. Alle Drogengeschäfte liefen ausschließlich über Miguel. Das war der Zwischenhändler mit den direkten Beziehungen zu einem der Drogenkartelle in Culiacán. Das Drogenkartell wurde von einem Mann namens Lázaro angeführt. Lázaro war sein Spitzname, weil schon mehrere Mordanschläge auf ihn verübt worden waren und man ihn genau wie den Lazarus in der Bibel einfach nicht totkriegte. Höher als Lázaro konnte man im Drogengeschäft gar nicht mehr steigen. Und dass Lázaro sich mit den Sotelos persönlich treffen wollte, weil sie schon so viele Drogen von seinem Kartell gekauft hatten, war eine immense Ehre und zeigte, wie weit sie es in der Branche schon gebracht hatten.

Simon beschloss, nur Ricco und Fredo auf den Geschäftsausflug nach Culiacán mitzunehmen. Culiacán war die Hauptstadt des Bundesstaates Sinaloa in Mexiko. Die Metropole war als Drehscheibe für kolumbianisches Kokain auf dem Weg in die USA bekannt. Sie befand sich außerdem im sogenannten »Goldenen Dreieck«, dem wichtigsten Drogenanbaugebiet Mexikos für Marihuana und Schlafmohn, die Pflanze, die zur Herstellung von Heroin verwendet wird. Die Stadt war eine Drogenhochburg und komplett in der Hand der Drogenkönige, die die Stadt regierten. Sie standen über den Richtern, über der Polizei und sogar über der Armee. Wer sich mit den Drogenbaronen von Culiacán anlegte, landete von Kugeln durchlöchert oder enthauptet in der Gosse.

Als Simon, Ricco und Fredo nach einer langen Reise auf dem Flughafen in Culiacán landeten und aus dem Flugzeug stiegen, schlug ihnen eine wallende Hitze entgegen. Die Luft über dem Boden flimmerte, obwohl es bereits 16.30 Uhr war. Ricco war innerhalb weniger Minuten schweißnass und kaufte sich erst mal eine Flasche Wasser. Vor dem Flughafengebäude wurden sie von Lázaros Eskorte in Empfang genommen. In einer Limousine durchquerten sie die Stadt und steuerten auf die kargen, mit Palmen und Büschen bewachsenen Hügel zu. Auf einer staubigen und kurvigen Landstraße erreichten sie schließlich Lázaros Residenz. Ricco blieb die Spucke weg, als das Schloss vor ihnen auftauchte. Simons Villa in San José war eine Hütte im Vergleich dazu. Das Anwesen war riesig und eine einzige Festung. Überall auf den Türmen, neben den Toren und auf den Balkonen standen Wachen mit M16-Gewehren im Anschlag. Keine Frage: Hier kam nur lebend rein, wer eingeladen war, und nur lebend raus, wer den Drogenbaron nicht verärgert hatte. In der Limousine passierten sie eine Reihe von Wachen und Toren und landeten in einem großen Innenhof mit Palmen, Springbrunnen und mosaikverziertem Steinboden. Simon, Ricco und Fredo stiegen aus.

»Mis amigos! Bienvenido!«, rief ihnen jemand zu und kam ihnen mit offenen Armen von der steinernen Außentreppe entgegen. Es war Lázaro. Irgendwie hatte Ricco ihn sich größer vorgestellt. Und für einen Mann, der ohne mit der Wimper zu zucken Menschen umbrachte, hatte er ein überaus sympathisches Lächeln. Er trug ein buntes, aufgeknöpftes Hemd und weiße Hosen. Sein kurzes Haar war pechschwarz, ebenso sein Schnauzbart. Über der linken Wange konnte Ricco eine breite Narbe erkennen. Um Lázaros Hals baumelte eine silberne Kette mit einem Kreuz.

»Wie war der Flug?«, fragte der Drogenbaron, nachdem sie sich alle vorgestellt hatten.

»Angenehm«, sagte Simon. »Danke. Sie haben es sehr schön hier.«

»Freut mich, dass es Ihnen gefällt. Kommen Sie, Sie sind bestimmt hungrig und durstig von der langen Reise.«

Die Cousins folgten dem Anführer des Drogenkartells die Treppe hoch zu einer großen Terrasse mit herrlichem Ausblick über das Tal. Es gab wunderschöne Sträucher mit knallig roten und zitronengelben Blüten. Kleine Schmetterlinge flatterten zwischen den Blüten hin und her. Im Schatten eines großen Sonnenschirmes stand ein gedeckter Tisch. Lázaro bat seine Gäste, daran Platz zu nehmen. Nach einem kleinen Aperitif fuhr der Drogenbaron ein wahres Festbüfett auf. Es gab gebratenes Fleisch, Hühnchen, Mais, Kartoffeln, Gemüse, Salate und exotische Früchte in Hülle und Fülle, dazu auserlesenen Wein. Ricco begnügte sich mit Wasser, was nicht weiter auffiel, da Simon und Fredo dafür doppelt so viel tranken. Es war ein entspanntes Zusammensein, so entspannt, dass Ricco beinahe vergaß, mit wem sie es hier zu tun hatten. Sie redeten über Geschäftliches und Nichtgeschäftliches, erzählten sich kuriose Geschichten und Bräuche aus ihrem Land, philosophierten über die Entwicklung des Drogenhandels und tauschten interessante Informationen über die DEA aus, welche seit Neuestem eng mit den mexikanischen Behörden zusammenarbeitete.

Langsam krochen die ersten Schatten das Tal hinauf. Die Luft kühlte etwas ab, und der Horizont verfärbte sich orange. Nachdem sie sich durch sämtliche Haupt- und Nachspeisen gegessen hatten, stellte Lázaro sein Weinglas auf den Tisch und ließ seinen Blick von einem zum anderen schweifen. »Wie Sie in der Zwischenzeit bemerkt haben dürften, sind wir sehr zufrieden mit unserer Partnerschaft. Sie gehören zu unseren besten Kunden, und das nun schon seit sechs Jahren. Gibt es irgendetwas, das wir für Sie tun könnten, um Ihre Geschäfte zu verbessern?«

Ricco tupfte sich mit der Serviette den Mund. »Geben Sie uns mehr Brocken«, antwortete er, ohne lange zu überlegen. »Bis jetzt beträgt der Anteil der Kokainbrocken um die 30 bis 40 Prozent. Aber wenn es eine Möglichkeit gäbe, 50, 60, vielleicht sogar 70 Prozent in Brocken zu kriegen, wäre das fantastisch. Sie wissen ja selbst, worauf die Kunden achten. Sobald sie einen Brocken sehen, wissen sie, dass es erstklassige, unverschnittene Ware ist. Mehr Brocken und weniger Sand. Damit würden Sie uns einen großen Dienst erweisen.«

Lázaro nickte. »Ist gut. Ich werde es veranlassen. Sonst noch etwas?«

»Von meiner Seite nicht«, sagte Ricco, und auch Simon und Fredo schüttelten den Kopf.

»Schön«, meinte Lázaro und stand auf. »Dann habe ich zum Ausklingen dieser Zusammenkunft noch eine kleine Überraschung für Sie. Entschuldigen Sie mich einen Moment.«

Er verschwand im Innern des Hauses, kam ein paar Minuten später mit einer sehr antik aussehenden Cognacflasche zurück und verkündete feierlich: »Meine Herren, als kleines Dankeschön für die jahrelange und reibungslose Zusammenarbeit halte ich es für angebracht, diesen edlen Cognac mit Ihnen zu genießen. Er ist fast 200 Jahre alt und stammt aus Napoleons persönlichem Weinkeller.«

Simon, Ricco und Fredo glaubten, sich verhört zu haben.

»Sie haben einen Cognac aus *Napoleons Weinkeller*?!«, wiederholte Fredo perplex. »Sie meinen *den* Napoleon? Napoleon Bonaparte?«

»Ganz recht. Der Cognac stammt aus dem ganz privaten Besitz des Imperators«, erklärte Lázaro und hielt die bauchige Flasche hoch, damit die Gäste sie genauer in Augenschein nehmen konnten. »Jahrgang 1802. Eine absolute Rarität. Ich habe ihn mir für einen ganz besonderen Moment aufgehoben. Und ich würde sagen, dies ist ein solcher Moment.«

Ricco wollte gar nicht wissen, wie viel Lázaro für die Flasche bezahlt hatte. Sie musste ein kleines Vermögen wert sein. Und dass er sie ausgerechnet mit ihnen teilte, war ein Zeichen höchsten Respekts. Der Drogenboss öffnete die Flasche, füllte vier Cognacgläser und reichte jedem eines.

»Auf eine weiterhin erfolgreiche Geschäftsbeziehung!«

Sie hoben die Gläser, nickten sich gegenseitig zu und kosteten von dem uralten Branntwein. Auch Ricco trank davon. Bei einem Cognac aus Napoleons privatem Weinkeller konnte er nicht gut Nein sagen, egal, ob er sich danach die ganze Nacht übergeben musste. Der Cognac schmeckte scheußlich. Er war ja auch fast 200 Jahre alt. Aber wer konnte schon von sich behaupten, Cognac aus dem Privatbesitz des berühmtesten französischen Herrschers der Geschichte getrunken zu haben? Ricco jedenfalls schon, und das war eine Magenverstimmung auf jeden Fall wert.

Auf der anschließenden Fahrt ins Hotel waren Ricco, Simon und Fredo aufgedreht wie kleine Kinder nach einem Zirkusbesuch. Lázaro hatte Ricco stark imponiert. Der Besuch beim Anführer des Drogenkartells in Culiacán käme definitiv auf die Liste der eindrücklichsten Erlebnisse seines Lebens. Wenn Ricco so darüber nachdachte, wie sich sein Leben in den vergangenen zehn Monaten entwickelt hatte, kam es ihm vor, als würde er von einer Glückssträhne zur nächsten fliegen. Konnte das Leben überhaupt noch besser werden?

14 Codewort »Suzuki«

Lázaro hielt Wort. Er ließ den Sotelos von nun an mehr Kokain in fester Form zukommen. Vorher hatte der Anteil an Brocken 30 bis 40 Prozent betragen, jetzt kam das Kokain zu 80 bis 90 Prozent in Brocken! Ricco traute seinen Augen nicht, als die erste neue Lieferung eintraf. Es war der absolute Hammer. Und der Stoff verkaufte sich wie warme Semmeln. Jede Woche brauchten sie Nachschub. Raul musste oft sogar zweimal pro Woche nach Mexiko fahren, weil die Nachfrage nach dem unverschnittenen Koks so hoch war.

Der Verkauf ging noch aus einem anderen Grund schlagartig in die Höhe: Mr Bosko war es gelungen, mit einem Mann im Staat Nevada, dem Nachbarstaat von Kalifornien, ins Geschäft zu kommen. Damit wurden die Sotelos zum größten Kokainlieferanten für Nevada. In Nevada stammten viele Konsumenten aus der Oberschicht. Es gab Millionäre, die locker mal 120 000 Dollar für Koks hinblätterten und große runde Glasbehälter damit füllten, um den Gästen auf ihren Partys den nötigen Kick zu bieten. Bosko kaufte nun nicht mehr zwei oder drei Kilo Koks auf einmal, sondern 20 bis 30. Es waren Millionenbeträge, die Ricco mehrmals die Woche aus den Schließfächern abholte.

Ja, der Rubel rollte. Die Las-Vegas-Wochenendausflüge fanden bald jeden Monat statt. Und die DEA war so blind wie ein Maulwurf. Ricco machte sich seine Beziehungen bei der Polizei zunutze, um immer mal wieder die Fühler auszustrecken und abzuchecken, wie viel die Beamten wussten. Sie hatten natürlich nicht die leiseste Ahnung, dass Ricco die Seiten gewechselt hatte, und gaben ihm bereitwillig Auskunft.

»Hey, Mr Cookie-and-Milk!«, begrüßte ihn Shakespeare fröhlich, als Ricco wieder mal im Drogenhaus vorbeischaute, weil er »zufällig« gerade in der Gegend war. »Na, vermisst du deine Arbeit bei der DVI?«

»Ehrlich gesagt überhaupt nicht«, antwortete Ricco wahrheitsgetreu, während Shakespeare ihm einen Kaffee einschenkte. »Nicht mehr in dem tränengasverseuchten Loch zu arbeiten, bekommt mir viel besser.«

»Erinnerst du dich an Holzbein?«

»Du meinst Joe Morgan, den Anführer der Mexican Mafia?«

Shakespeare nickte und schob sich seine Dreadlocks aus dem Gesicht. »Ist seit Kurzem auf Bewährung draußen.«

»Im Ernst?«

»Nicht zu fassen, oder?«

»Allerdings«, gab ihm Ricco stirnrunzelnd recht.

»Ich versteh nicht, warum man Typen wie ihn überhaupt freilässt«, sagte Shakespeare. »Der Kerl war schon als Häftling unberechenbar, wie ich gehört habe. Lässt Leute ermorden, kontrolliert in sämtlichen Gefängnissen den Drogenhandel. Und einen solchen Verbrecher lässt man auf die Bevölkerung los? Ist doch klar, wie das enden wird. Die Kontakte zu mexikanischen Drogenkartellen hat er bereits, die Macht über La Eme ebenso. Ich geh jede Wette ein, dass Holzbein in ein paar Monaten versuchen wird, den Markt zu übernehmen. Und dann wird es hier blutig, das kann ich dir jetzt schon sagen. Denn dass der Kerl über Leichen geht, ist kein Geheimnis.«

Ricco spitzte die Ohren. Es gefiel ihm gar nicht, was er da hörte. »Du denkst tatsächlich, er wird versuchen, auch außerhalb der Gefängnismauern Fuß zu fassen? Als Dealer?«

»Überleg doch mal: Er hat die Macht, er hat die Kontakte. Und in keiner anderen Branche kann man so schnell so reich werden.« Er deutete mit dem Zeigefinger auf Riccos Brust. »Ich sag's dir: Wenn wir einen überwachen sollten, dann Joe Morgan und nicht diesen Sotelo, auf den Smith so fixiert ist.« Er stutzte. »Witzig, heißt du nicht auch Sotelo?«

Ricco verschluckte sich beinahe an seinem Kaffee. »Ja, was für ein Zufall, nicht wahr?«, meinte er lachend. »Das kommt davon, wenn man einen mexikanischen Allerweltsnamen trägt. Sag mal, dieser Sotelo, von dem du redest, der dealt also auch im großen Stil?«

Shakespeare zuckte die Achseln. »Wir vermuten es. Zumindest hab ich das so mitbekommen. Du musst wissen, bei der Jagd nach den großen Fischen sind wir hier nur selten beteiligt. Smith kümmert sich da gerne selbst drum. Jedenfalls scheint es, als würden uns die Beweise fehlen, um diesen Sotelo festzunageln. Wir waren mal nah dran, ihn zu kriegen. Aber er hat den Braten gerochen, und seither ist er sauber. Wir können ihn nicht mal wegen falschen Parkens belangen.«

»Scheint ja ein cleverer Bursche zu sein«, sagte Ricco und unterdrückte ein Schmunzeln.

»Na ja. Irgendwann schnappt die Falle auch bei ihm zu. Und bis dahin säubern wir hier die Straßen von den kleinen Dealern.«

»Und wie viele lasst ihr diese Woche hochgehen?«

»Mal seh'n. Es ist für Freitag eine Razzia in Santa Clara geplant.«

»Oh, in Santa Clara. Wo denn?«

»Weiß ich noch nicht. Hast du Lust, mitzukommen?«

Ricco winkte ab. »Nein danke, am Freitag hab ich schon was vor. Du, ich muss los. Sonst komm ich heute Nacht überhaupt nicht mehr ins Bett. War nett mit dir zu plaudern.«

»Ja, gleichfalls. Bis zum nächsten Mal, Mr Cookie-and-Milk! Und immer schön sauber bleiben!«

Ricco verließ das Haus und kehrte zu seinem Wagen zurück. In seinem Hirn rotierte es. Joe Morgan war also draußen. Das war nicht gut. Ein Mann wie Joe Morgan sollte nie auf freiem Fuß sein. Ein Mann wie er führte immer etwas im Schilde. Ob er tatsächlich versuchen würde, sich ein Stück von ihrem Drogenkuchen abzuschneiden? Zuzutrauen war es ihm. Blieb nur zu hoffen, dass sich Shakespeare täuschte - oder dass der Anführer der Mexican Mafia wieder eingebuchtet würde, bevor er eine ernsthafte Bedrohung für die Sotelo-Familie darstellte. Denn so viel war sicher: Joe Morgan war der Letzte, den sich Ricco zum Rivalen wünschte.

Über die geplante Razzia setzte Ricco seinen Cousin Simon gleich am nächsten Morgen in Kenntnis, damit er seine Dealer informieren konnte und die ihrerseits ihre Leute warnen konnten. Es war nicht das erste Mal, dass die Sotelos dank Riccos Kontakten im Voraus wussten, wann und wo eine Razzia stattfinden sollte. Ricco schneite aber bewusst nicht zu oft ins Drogenhaus rein, damit niemand

Verdacht schöpfte. Manchmal parkte er einfach auf der gegenüberliegenden Straßenseite, um zu beobachten, wer in das Haus rein- und rausging, und um sich die Gesichter der Undercover-Agenten einzuprägen.

***

Simon hatte auch seine Quellen. Er kaufte sich ein paar korrupte Polizisten, die für Geld wertvolle Informationen an ihn weitergaben. Das war ganz leicht. Er hatte einen Freund, der jemanden kannte, dessen Freund ein Polizist war. Also ließ Simon diesem Polizisten über den Freund des Bekannten seines Freundes ausrichten, ob er Interesse daran habe, nebenbei etwas zu verdienen. Alles, was er dafür zu tun brauche, war, Augen und Ohren offen zu halten und ihn zu warnen, wenn zufällig der Name Sotelo fiel. Es ist erstaunlich, was Geld alles kaufen kann. Anfangs schmierte Simon nur einen Polizisten, aber je mächtiger er wurde, desto mehr Polizisten kaufte er. Außerdem hatte er eine der bekanntesten Anwältinnen der *Bay Area* auf seiner Gehaltsliste, Mrs Jenny Page, eine attraktive Frau um die vierzig, intelligent, skrupellos und resolut. Simon war per Du mit ihr. Jenny hatte keine Gewissensbisse, Verbrecher von der schlimmsten Sorte zu verteidigen, solange die Bezahlung stimmte. Einmal fragte sie Simon, ob er ihr nicht eine goldene Rolex besorgen könnte.

»Warum?«, fragte Simon.

»Nun ja«, sagte sie. »Richter Wahlberg würde sich wahnsinnig über eine solche Uhr freuen. Er erwähnte sie bei unserem letzten Zusammentreffen mehrmals.«

»Du willst ihn damit bestechen?«

»Ich will unsere Beziehung stärken. Ich bin sicher, du wirst überrascht sein, welche Fäden Richter Wahlberg für uns ziehen könnte, wenn er einen kleinen Ansporn von uns kriegt.«

»Wir kaufen also einen Richter.«

Die Anwältin schmunzelte. »Jeder hat seinen Preis.«

Gesagt, getan. Simon kaufte die Rolex, die Anwältin schenkte sie dem Richter, und Simons Spielbrett war um eine wertvolle und sehr einflussreiche Figur reicher geworden.

Nebst Richter Wahlberg und den Informanten bei der Polizei war Anwältin Page aber immer noch eine der wichtigsten Personen in Simons Team. Er bezahlte ihr jedes Jahr 50 000 Dollar. Dafür war sie unverzüglich zur Stelle, wenn einer von Simons Dealern verhaftet wurde, stellte die Kaution und sorgte dafür, dass der Verhaftete wieder draußen war, bevor die Polizei ihn in die Mangel nehmen konnte. So ersparten sich die Sotelos eine Menge Ärger und verhinderten, dass jemand zum Verräter wurde. Die Kaution wurde natürlich von Simon bezahlt. Das Ganze lief über eine Kautionsagentur, die Simon inoffiziell besaß. Offiziell gehörte sie Ron, dem Mann, den Ricco auf seinem ersten Las-Vegas-Trip kennengelernt hatte.

In den USA kann ein Angeklagter bis zur Hauptverhandlung auf freiem Fuß bleiben, indem er eine Kaution hinterlegt. Der Kautionsbetrag wird je nach Schwere des Verbrechens festgelegt und kann zwischen 5 000 Dollar und einer Million betragen. Die Summe ist absichtlich sehr hoch gehalten, um zu garantieren, dass die Person auch wirklich zur Gerichtsverhandlung erscheint. Tut sie es nicht, fällt die Kaution an den Staat. Ansonsten wird der Betrag nach Beendigung des Verfahrens zurückerstattet. Natürlich kann nicht jeder einfach so 5 000 Dollar als Kaution bezahlen, geschweige denn 100 000 oder gar eine Million. Deshalb kommen an dieser Stelle die Kautionsagenturen ins Spiel. Sie stellen die Kaution und verlangen dafür ein Honorar von zehn Prozent des Kautionsbetrages. Je höher also der Kautionsbetrag, desto höher der Gewinn des Kautionsbüros.

Als Simon Ron, den Inhaber eines Kautionsbüros, kennenlernte, konnte Ron keine großen Sprünge machen. Er hatte nicht viel Kapital, um hohe Kautionen zu bezahlen. Die beiden kamen ins Gespräch, und Simon machte ihm ein Angebot: »Ich investiere in deine Agentur. Ich sorge dafür, dass du höhere Gewinne mit höheren Kautionen erzielst. Du bist weiterhin der Geschäftsführer, und dafür bekomme ich einen Teil des Gewinns und du holst meine Dealer auf Kaution raus, falls sie verhaftet werden.«

Ron willigte ein und machte Simon außerdem mit Jenny Page bekannt. Sie war seiner Meinung nach das perfekte Bindeglied zwischen dem Kautionsbüro und den Behörden. Simon gefiel der Vorschlag, und er holte die Anwältin an Bord.

Zu diesem Zeitpunkt war Simon noch nicht der Kopf einer Multi-Millionen-Dollar-Vereinigung, sondern nur ein Dealer unter vielen. Doch das änderte sich. Während die DEA einen Dealer nach dem anderen hochgehen ließ, übernahm Simon langsam die Gebiete seiner Rivalen, spürte deren Dealer auf und ermutigte sie, für ihn zu arbeiten. »Es ist ganz einfach: Du verkaufst unsere Drogen, und im Gegenzug kümmern wir uns um dich und deine Familie, wenn du in Schwierigkeiten gerätst. Sollte die Polizei dich verhaften, rufst du diese Kautionsagentur an und verlangst nach Suzuki. Das ist unser Stichwort. Damit wissen die von der Agentur, dass du für uns arbeitest, und wir werden dafür sorgen, dass du innerhalb von 24 Stunden wieder draußen bist.«

Simon baute sein Drogennetz immer weiter aus, und als Ricco dazustieß, belieferten sie bereits einen großen Teil Nordkaliforniens mit Kokain und Heroin. Sie waren an der Spitze der Machtpyramide angelangt, und nur eine Handvoll Leute wusste, wer sie waren, und hatte direkten Kontakt zu ihnen. Die kleinen Dealer von der Straße kannten lediglich den Verkäufer direkt über sich, und auch der kannte wiederum nur den Mann, der eine Stufe höher war als er selbst. Doch egal, ob sie ganz unten oder ein paar Stufen weiter oben auf der Sotelo-Pyramide waren, sie alle kannten das eine Zauberwort, das sie aus dem Knast brachte: Suzuki.

Das Rettungssystem funktionierte einwandfrei. Simon, Ricco, Ron und Mrs Page waren ein eingespieltes Team. Sobald jemand verhaftet wurde und Mrs Page die Kaution gestellt und sich einen Überblick über den Fall verschafft hatte, setzte sie sich mit ihrem Mandanten zusammen und eröffnete ihm im Namen der Organisation seine Optionen. »Also, du wurdest in flagranti beim Dealen erwischt. Meiner Einschätzung nach wirst du dafür zwei, drei Jahre sitzen, wenn's hoch kommt fünf. Ich soll dir von meinem Auftraggeber Folgendes ausrichten: Entweder, er gibt dir 10 000 Dollar und du fliehst nach Mexiko und bleibst für immer dort, oder du gehst in den Knast. Mein Auftraggeber wird sich während deiner Haftzeit um deine Familie kümmern, und du hältst den Mund. Gibst du der Polizei irgendwelche Informationen preis, wird mein Auftraggeber es erfahren und dich töten lassen. Die Wahl liegt bei dir.«

Es gab keinen Einzigen, der die 10 000 Dollar nahm und nach Mexiko floh. Alle saßen brav ihre Strafe ab und schwiegen. Keiner wollte es darauf ankommen lassen, von dem allmächtigen Suzuki - wer auch immer sich hinter diesem Namen verbarg - umgebracht zu werden.

Ricco hatte keine Probleme damit, dass sie den Dealern mit dem Tod drohten. Er war mit der unbarmherzigen »Entweder-spuren-oder-sterben«-Methode bestens vertraut. In der kriminellen Szene verteilte man nun mal keine zweiten Chancen, vor allem dann nicht, wenn man der Kopf eines internationalen Drogenrings war. Wenn es dazu käme, hätten weder Simon, Raul noch er gezögert, die Drohung in die Tat umzusetzen.

Und dann, eines Tages, war es tatsächlich so weit. Einer von Sotelos Dealern wollte sie ans Messer liefern. Sein Name war Caio Cruz, besser bekannt unter dem Spitznamen Doody.

***

Juli 1976

Smith betrat mit einem Becher Kaffee und einer Aktenmappe den kahlen Verhörraum des Polizeireviers in San José. Es war drei Uhr in der Früh. Der Chefinspektor war seit über 19 Stunden im Einsatz. Wieder mal hatte er sich in der Hektik des Tages nur von Donuts und Kaffee ernährt und seine Energiereserven völlig ausgeschöpft. Trotzdem hatte er darauf bestanden, den festgenommenen Dealer persönlich in die Mangel zu nehmen, und zwar bevor er wieder auf Kaution raus war.

Caio Cruz saß in Handschellen auf einem Stuhl, wippte nervös mit seinem rechten Bein und würdigte Smith keines Blickes. Der Drogenfahnder setzte sich ihm gegenüber an den Tisch und stellte den Kaffeebecher ab. Dann öffnete er die Aktenmappe und breitete ein paar Fotos aus, auf welchen das beschlagnahmte Kokain zu sehen war, das sie vor weniger als zwei Stunden in einem Aktenkoffer gefunden hatten. Cruz hatte den Koffer bei sich geführt, als er einen Käufer getroffen hatte.

»Drei Kilo unverschnittenes Kokain, davon 60 Prozent in Brocken. *60 Prozent!* Sie müssen ganz schön weit oben in der Hierarchie sein, um an derart reines Koks zu kommen, Mr Cruz. Also, woher haben Sie den Stoff? Hm? Wer ist Ihr Verkäufer? Ist es Suzuki? Ist das der Mann, von dem Sie die Drogen beziehen? Oder Alfredo Sotelo?«

Doody schürzte die Lippen und schwieg.

Smith musterte Cruz mit zusammengekniffenen Augen. »Reden wir Klartext. Letztes Jahr sind Sie mit einer Bewährungsstrafe davongekommen. Bei Ihrem Vorstrafenregister kann das nur eines bedeuten: Jemand hat im Hintergrund die Fäden für Sie gezogen. Aber ich sag Ihnen eines: Diesmal werden Ihnen Ihre Beziehungen nicht viel nützen. Diesmal, mein Freundchen, reichen die Beweise, um Sie für sehr lange Zeit wegzusperren. Drogenhandel im großen Stil. In flagranti erwischt. Dazu all die Vorstrafen. Das gibt sieben bis zehn Jahre Minimum. Sie sind nicht dumm, Cruz. Sie wissen selbst, dass es ziemlich mies für Sie aussieht.«

Er beobachtete, wie seine Worte den Mann ins Grübeln brachten, und setzte noch einen drauf. »Ich hab gehört, Sie streiten sich mit Ihrer Ex über das Besuchsrecht für Ihre dreijährige Tochter.«

Der Dealer hörte auf, mit seinem Bein zu wippen.

»Ich würde sagen, mit der heutigen Aktion und der Aussicht auf zehn Jahre schwedische Gardinen haben Sie nicht gerade gute Karten in der Hand.«

Die Wangenknochen des Dealers strafften sich. Smith wusste, dass er ihn soweit hatte. Er beugte sich vor, stützte die Ellenbogen auf den Tisch und faltete die Hände. »Ihre Tochter wird ein Teenager sein, bis Sie wieder rauskommen. Sie wird Sie nicht mehr erkennen, geschweige denn etwas mit Ihnen zu tun haben wollen. Sie werden sie für immer verlieren, Cruz.«

Cruz’ Auge zuckte. »Was wollen Sie?«

»Liefern Sie uns den Namen Ihres Verkäufers, und ich sorge dafür, dass Sie höchstens drei Jahre kriegen, und die vielleicht sogar auf Bewährung.«

»Vergessen Sie’s. Niemals.«

»Zehn Jahre sind eine lange Zeit, Cruz.«

Der Dealer hob den Blick und sah Smith zum ersten Mal während des Gesprächs an. »Hören Sie, Sie wissen nicht, mit wem Sie es zu tun haben. Wenn die rausfinden, dass ich mit Ihnen geredet habe, bin ich ein toter Mann.«

»Sie werden es nicht erfahren. Ich kann den Prozess beschleunigen.«

Cruz knetete nervös seine Hände. Er überlegte. »Es geht nicht. Ich ... ich kann es nicht.«

»Dann kann ich Ihnen auch keinen Deal anbieten.« Smith sammelte seelenruhig die Fotos ein, klappte die Akte zu und erhob sich. Er nahm seinen Kaffee, ging zur verschlossenen Tür und klopfte daran. Ein Beamter öffnete. »Wir sind fertig hier«, sagte Smith. »Abführen.«

»Warten Sie ... Warten Sie!«, rief Doody. »Okay, ich tu’s! Ich geb Ihnen den Namen!«

Ein Lächeln huschte über Smiths Gesicht. Er drehte sich um und trank einen Schluck von seinem Kaffee. Die Müdigkeit war schlagartig verflossen. Erwartungsvoll kehrte er an den Verhörtisch zurück. »Gut. Ich bin ganz Ohr.«

***

Die Stimmung war im Keller, die Stille unerträglich. Simon, Raul, Chale, Carlos, Fredo und Ricco standen im Billardraum in Simons Villa und blickten einander ratlos an. Gerade noch war es eine entspannte, fröhliche Zusammenkunft gewesen. Simon hatte die Cousins und ein paar Freunde eingeladen. Sie spielten Billard, tranken sich durch sämtliche Cognacs und Whiskys in Simons Bar und schnüffelten Koks – alle außer Ricco. Er hatte nie das Bedürfnis danach verspürt und konnte sich auch ohne Drogen und Alkohol amüsieren. Sein Bruder war das ziemliche Gegenteil von ihm. Es kam immer mal wieder vor, dass er eine Linie zu viel schnüffelte oder ein paar Gläser über den Durst trank, sodass Ricco ihn nach Hause fahren musste. An diesem Abend war Fredo noch erstaunlich nüchtern. Wäre er es nicht gewesen, so hätte er spätestens dann wieder einen klaren Kopf gehabt, als Simon überraschend die Party beendete, die Gäste nach Hause schickte und den Cousins eröffnete, sie hätten ein Problem. Er erzählte ihnen, was er soeben von seinem Kontaktmann bei der Polizei erfahren hatte, und schlagartig war es vorbei mit der guten Laune.

»Irgendwann musste es ja passieren«, meinte Raul nach einer langen Pause, auf einen Billardstock gestützt.

»Und du bist dir hundertprozentig sicher, dass er auspacken wird?«, fragte Ricco.

Simon wog eine gelbe Billardkugel in der Hand und nickte. »Meine Quelle ist zuverlässig. Cruz hat einen Deal ausgehandelt. Strafminderung gegen sein Insiderwissen. Jenny hat gestern die Kaution für ihn bezahlt und ihre übliche Einschüchterungsrede gehalten. Cruz hat versprochen, brav in den Knast zu gehen und zu schweigen. Aber das ist eine Lüge. Er wird singen.« Simon sah zu Raul hinüber, der mit einem Cognac an der Bar stand. »Ich hab nichts dagegen, dass du dein eigenes separates Drogengeschäft am Laufen hast, Cousin, und dass du Doody Kokain verkauft hast. Aber sobald der Prozess beginnt und Cruz seinen Mund öffnet, wird dein Name fallen. Und von deinem Namen ist es nicht mehr weit bis zu uns allen.«

»Und was gedenkst du zu tun, Bruder?«, fragte Carlos.

»Na was wohl«, sagte Simon. »Wir können nicht zulassen, dass er vor Gericht aussagt.«

»Du wirst ihn tatsächlich ...«

»Was sollen wir sonst tun? Er lässt uns keine Wahl! Wenn er singt, sind wir erledigt!«

»Aber vielleicht gäbe es eine Alternative«, überlegte Carlos.

»Gibt es nicht«, meldete sich Ricco zu Wort. Er saß auf einem Barhocker und blickte mit gerunzelter Stirn in die Runde. »Er kennt die Spielregeln. Und er hat sie gebrochen. Entweder sein Kopf rollt – oder unsere. Da gibt es nichts zu diskutieren.«

Für ein paar Sekunden schwiegen die Mexikaner. Es war das erste Mal, dass ihr jahrelanger ungebremster Höhenflug einen Preis einforderte: das Leben eines Menschen. Nicht gerade etwas, womit man sich gerne auseinandersetzt.

»Und wer von uns kümmert sich darum?«, stellte Chale schließlich die unbequeme Frage.

Simon nickte Ricco zu. »Ricco und ich werden etwas herumtelefonieren und sehen, wer das Problem für uns beseitigen kann.«

»Okay«, meinte Raul mit einer Mischung aus Erleichterung und Gewissensbissen in der Stimme. »Gebt mir bitte Bescheid, wenn es erledigt ist.«

Simon und Ricco zogen sich in Simons Büro zurück und einigten sich auf ein Kopfgeld von 50 000 Dollar. Anschließend tätigten sie ein paar Telefonanrufe und fanden einen Mann, der sich bereit erklärte, Cruz für 50 000 Dollar auszuschalten. Der Plan war simpel. Der Killer sollte Doody in seiner Stammbar aufsuchen und aus nächster Nähe erschießen. Damit ihn später niemand wiedererkennen würde, sollte sich der Auftragskiller als Frau verkleiden.

Am nächsten Freitagabend war es so weit: Der Killer lackierte sich die Fingernägel, puderte und schminkte sich übertrieben stark, setzte sich eine lange blonde Perücke auf, dazu eine große schwarze Sonnenbrille und zwängte sich in einen knielangen Rock und in Schuhe mit hohen Absätzen. Die Waffe versteckte er in seiner Handtasche. Seelenruhig tänzelte er gegen Mitternacht in die Bar hinein, stöckelte zielstrebig auf sein Opfer zu, presste ihm wortlos den Revolver in die Rippen – und drückte ab. Nichts geschah. Die Waffe klemmte. Cruz gefror indessen das Blut in seinen Adern. Er spürte den Revolver auf seiner Brust und wusste, dass er so gut wie tot war. Bevor er auch nur einen Pieps von sich geben konnte, drückte der Killer ein zweites Mal ab – und wieder klemmte seine Waffe! Das war Cruz' Chance. Jäh sprang er auf und jagte in Richtung Tür, als wäre der Teufel hinter ihm her. Doody rannte um sein Leben. Er spurtete die Straße hinunter und steuerte auf die erstbeste Polizeistation zu. Er wusste genau, was er zu tun hatte.

***

Das Telefon auf Smiths Nachttisch klingelte. Smith schreckte aus dem Schlaf hoch und griff mechanisch nach dem Hörer.

»Smith?«

»Tut mir leid, dass ich Sie geweckt habe, Inspektor. Aber da ist so ein Verrückter auf der Polizeiwache Nummer 13. Der will Sie unbedingt sprechen.«

»Kann das nicht bis Montag warten?«, brummte Smith müde. Er war gerade erst eingeschlafen. Und er hatte keine Lust, nochmals fortzugehen. Es war schon schwierig genug gewesen, sich von der Arbeit loszureißen, um endlich wieder einmal einen Abend mit seiner Familie zu verbringen. Na ja, der Abend war zwar nicht gerade so verlaufen, wie er sich das vorgestellt hatte. Seine siebzehnjährige Tochter Tricia war gegen 23 Uhr mit verschmierter Schminke nach Hause gekommen und heulend in ihr Zimmer gerannt, weil ihr Freund Carl mit ihr Schluss gemacht hatte. Smiths Spruch, er habe sie ja von Anfang an vor dem Kerl gewarnt, war auch nicht gerade förderlich gewesen. Smiths Frau Nancy nannte ihn daraufhin unsensibel und herzlos, ein Wort gab das andere, und schon wieder pflasterte Nancy ihren Mann mit so vielen Vorwürfen zu, dass er bereute, überhaupt früher Feierabend gemacht zu haben.

»Es wäre wirklich gut, Sie würden dort kurz vorbeigehen und mit dem Kerl reden«, sagte der Polizist am anderen Ende der Leitung. »Er weigert sich offenbar, mit jemand anderem als Ihnen zu reden. Er behauptet, es sei ein Mordanschlag auf ihn verübt worden. Sein Name ist Caio Cruz.«

»Cruz«, brummte Smith und knipste die Nachttischlampe an. »Ich bin in einer Viertelstunde da.«

Er warf die Bettdecke zurück, kleidete sich an, löschte das Licht und zog leise die Schlafzimmertür hinter sich zu. Vor der Zimmertür seiner Tochter, auf der ein Schild mit der eingestanzten Aufschrift

»Zutritt für Eltern strengstens verboten!« klebte, blieb er kurz stehen. Er seufzte, fuhr mit den Fingern über das Hinweisschild und blickte ein paar Sekunden nachdenklich vor sich hin. Dann ging er die Treppe ins Erdgeschoss runter, schnappte sich seine schwarze Lederjacke und die Autoschlüssel und verließ das Haus.

Als er den Verhörraum auf dem 13. Polizeirevier betrat, sprang Doody wie elektrisiert auf. Sein Gesicht war aschfahl, als wäre er einem Geist begegnet. Smith erinnerte sich noch lebhaft daran, wie er den Dealer vor zehn Monaten in seinem schicken Haus verhaftet hatte. Von der damaligen Selbstsicherheit und Arroganz war nichts mehr vorhanden. An ihre Stelle war etwas anderes getreten: nackte Angst.

»Bleiben Sie sitzen, Cruz!«, wies ihn Smith an und nahm ihm gegenüber Platz. »Sie haben besser einen guten Grund, mich mitten in der Nacht herzubestellen.«

»Den hab ich allerdings!«, sprudelte es aus dem Mann heraus. »Ich ziehe meine Aussage zurück! Ich werde gegen niemanden mehr aussagen! Buchten Sie mich meinetwegen für zehn Jahre ein! Ist mir egal! Aber ich liefere Ihnen keinen Namen! Ich hab's mir anders überlegt! Ende. Aus. Meine Lippen sind versiegelt.«

»Was ist passiert?«

»Die haben einen Killer auf mich angesetzt! Das ist passiert! Die müssen Wind davon gekriegt haben! Irgendjemand muss Ihnen von dem Deal erzählt haben!«

Smith runzelte die Stirn. »Unmöglich.«

»Ach ja?! Und wie erklären Sie sich, dass mir vor einer halben Stunde jemand eine Waffe an die Brust gesetzt hat? Ich müsste jetzt eigentlich tot sein! Ich weiß selbst nicht, warum sich kein Schuss aus der Waffe gelöst hat. Sie hat zweimal abgedrückt! Direkt auf meine Brust! Zweimal!«

»Sie?«

»Eine Frau, lange blonde Haare, schwarze Sonnenbrille. Ich hab sie nie zuvor gesehen. Sie kam in die Bar, direkt auf mich zu, und bevor ich überhaupt kapiere, was hier vor sich geht, spüre ich den Revolverlauf auf meiner Brust. Das war eine Auftragskillerin, verstehen

Sie? Ich hab Ihnen gesagt, die bringen mich um. Mit den Kerlen ist nicht zu spaßen!«

Cruz knabberte nervös an seinen Fingernägeln und wippte wie ein Weltmeister mit seinem rechten Bein. Smith war lange genug Polizist, um zu wissen, dass er Cruz' Zeugenaussage abschreiben konnte. Der Mann würde keinen Ton mehr sagen. Lieber würde er sich lebenslänglich einsperren lassen, als zu verraten, wer ihn mit Koks belieferte. Die Drogenbarone hatten gewonnen. Schon wieder. Und offenbar hatten sie sogar einen Informanten bei der Polizei! Smith hätte am liebsten irgendetwas durch den Verhörraum geschleudert, so sauer war er. Dabei war er so nah an ihnen dran gewesen, so nah! Dass Alfredo Sotelo irgendwie mit drinsteckte, glaubte Smith nach wie vor, auch wenn ihm dafür die Beweise fehlten. Und dass die Typen versucht hatten, Cruz zu töten, zeigte, wie heiß die Spur wirklich war, die Smith verfolgte. Nur, wie konnte er sie überlisten? Wie konnte er sie dazu bringen, einen Fehler zu machen? Wo verflixt noch mal war ihre Achillesferse?

***

Als Simon und Ricco erfuhren, was geschehen war, pfiffen sie den Auftragskiller zurück und ließen Cruz am Leben. Es war zwar anders geplant gewesen, aber die Aktion hatte Cruz auch so zum Schweigen gebracht, und damit hatte sich die Angelegenheit für die Sotelos erledigt. Warum die Waffe des Killers zweimal geklemmt hatte, blieb ihnen allerdings ein Rätsel.

15 Knappe Angelegenheiten

Nur zwei Monate nach dem missglückten Attentat auf Cruz wurde es erneut brenzlig für die Sotelos. Diesmal war es nicht die Polizei, die gefährlich nahe an ihre Identität herankam, sondern ein skrupelloser Einzeltäter. Der Mann wollte die Sotelos vom Thron stoßen, indem er sich Stufe um Stufe zu ihnen hocharbeitete - oder besser gesagt hoch*mordete*. Er ging im wahrsten Sinne des Wortes über Leichen, um sein Ziel zu erreichen. Als Erstes kaufte er von einem von Sotelos kleinen Straßendealern Heroin. Nachdem der Mann den Stoff hatte, zog er eine Waffe und verlangte von dem Dealer, ihm den Namen seines Lieferanten preiszugeben. Als er die Information aus ihm herausgequetscht hatte, brachte er den Dealer um, damit er seinen Kontakt nicht mehr warnen konnte. Am nächsten Abend suchte der Mann den Lieferanten auf, den ihm der Dealer genannt hatte, und wiederholte das makabre Spiel. Wieder tat er so, als wolle er Heroin kaufen, und wieder hielt er dem Dealer seine Waffe an die Schläfe, um den nächsthöheren Verkäufer ausfindig zu machen. Und als er hatte, was er brauchte, knallte er den Dealer einfach ab.

Als Simon und Ricco zu Ohren kam, dass ein Unbekannter innerhalb von zwei Tagen zwei ihrer Dealer erschossen hatte, zögerten sie keinen Augenblick. Sie beauftragten jemanden für 50 000 Dollar, den Mann aus dem Verkehr zu ziehen. Bevor der Auftragskiller allerdings seinen Job erledigen konnte, wurde der Fremde wegen der beiden Morde von der Polizei verhaftet. Und somit war das Problem elegant vom Tisch.

Als die Sotelos zum dritten Mal einen Mord in Auftrag gaben, ging es um eine etwas delikate Angelegenheit. Mr Parkes, einer von Simons Kunden, erzählte ihm, sein Schwager, der als Drogenkurier für ihn arbeitete, habe ihn bestohlen und er wolle ihn dafür kaltmachen.

»Ich weiß, Sie haben viele Kontakte«, versuchte Mr Parkes Simon zu schmeicheln. »Und ich dachte mir, Sie könnten mir vielleicht dabei helfen.«

»Können wir machen«, willigte Simon ein. »Geben Sie mir alles, was wir über Ihren Schwager wissen müssen, und wir kümmern uns darum.«

»Aber es darf auf keinen Fall durchsickern, dass ich etwas damit zu tun habe. Er ist immerhin mein Schwager. Wenn er mit einem Kopfschuss in der Gosse gefunden wird, weiß jeder, dass es sich um einen Auftragsmord handelte, und der Verdacht fällt automatisch auf mich. Meine Familie weiß, dass ich deale, aber der Tod meines Schwagers soll nicht in einer Familienfehde enden. Es soll wie ein Unfall aussehen. Dann bin ich fein raus und die Familie bleibt intakt. Lässt sich das einrichten?«

Simon nickte. »Ich werde sehen, was ich tun kann.«

»Und ... wie viel kostet mich das Ganze?«

»Betrachten Sie es als Geschenk des Hauses.«

Mr Parkes bedankte sich tausendmal, und Simon ließ noch am selben Abend seine Beziehungen spielen. Er wusste genau, an wen er sich in diesem heiklen Fall wenden musste: an das FBI.

Nebst korrupten Polizisten gab es auch eine Handvoll FBI-Agenten, die für Simon Augen und Ohren offen hielten. Er kannte sie nicht persönlich und kontaktierte sie jeweils über einen Freund. Dem gegenüber erwähnten die Bundesagenten kürzlich, dass sie durchaus bereit wären, mehr als nur Informationen zu liefern. »Sollte Sotelo jemanden für einen Auftragsmord suchen, er braucht nur zu fragen.«

Simon trat also über den Freund mit den Agenten in Verbindung und ließ ihnen ausrichten, er nähme gerne für 50 000 Dollar ihre Dienste in Anspruch. Simons Freund schilderte ihnen die Situation, und die FBI-Agenten heckten einen Plan aus.

Daraufhin setzte sich Simon wieder mit Mr Parkes zusammen und erklärte ihm, wie das Ganze ablaufen würde. »Also: Sie geben Ihrem Schwager eine Tasche mit Koks und eine Adresse, wo er es abliefern soll. Außerdem packen Sie heimlich eine Waffe in die Tasche. Sie sagen Ihrem Schwager, er solle auf dem Parkplatz in seinem Wagen warten. Es komme dann jemand, um das Dope abzuholen. Natürlich ist das gelogen. Sobald Ihr Schwager den vereinbarten Treffpunkt erreicht, werden die FBI-Agenten das Feuer eröffnen und ihn töten. Es wird aussehen wie eine gewöhnliche Schießerei mit Todesfolge. Anschließend werden die Beamten Ihrem toten Schwager die Waffe in die Hand legen, die Sie vorher in der Tasche versteckt haben. Dann feuern sie damit noch ein paar Schüsse ab, damit sie später zu Protokoll geben können, Ihr Schwager habe plötzlich auf sie geschossen, und sie hätten daraufhin das Feuer erwidert. Das ist alles. Niemand wird je auf die Idee kommen, dass es sich um einen Auftragsmord handelt und das FBI mit drinsteckt. Und Ihr Schwager wird Sie nie wieder beklauen. Na, was denken Sie? Ist das ein guter Plan?«

»Ein sehr guter Plan«, stimmte Mr Parkes zufrieden zu und nickte.

Der Plan funktionierte einwandfrei. Die Bundesbeamten legten sich auf die Lauer und warteten, bis die Zielperson nichtsahnend ihre eigene Hinrichtungsstätte erreichte. Dann zückten sie ihre Dienstwaffen und eröffneten das Feuer. Die Kugeln durchlöcherten den Wagen wie ein Sieb. Zwei Polizisten, die zufällig in der Nähe Streife fuhren, hörten die Schießerei und rissen den Wagen herum, um zu sehen, was da los war. Als die FBI-Agenten die Polizisten kommen sahen, stellten sie das Feuer ein, und einer der Agenten eilte über die Straße, um dem Toten rasch die Waffe in die Hand zu drücken, bevor der Schwindel aufflog. Als er die Beifahrertür öffnete, traute er seinen Augen nicht. Der Mann lebte! Er saß zusammengekauert unter dem Steuerrad und zitterte am ganzen Leib. Keine einzige Kugel hatte ihn getroffen, nicht eine einzige! Gerade so, als hätte jemand die Kugeln von ihm abgelenkt! Das Opfer hatte den Anschlag auf wundersame Weise überlebt, und der FBI-Agent kam ins Schwitzen. Er brauchte dringend einen Plan B. Erschießen konnte er den Mann ja nicht mehr, denn die Polizei war bereits auf dem Parkplatz angekommen und hätte es mitgekriegt. Also begnügte er sich damit, den Kerl wegen Drogenbesitzes festzunehmen. So kam er wenigstens ins Gefängnis und würde Mr Parkes nicht mehr weiter belästigen.

Am nächsten Tag erzählte Simon Ricco, was passiert war, und konnte es selbst kaum glauben. »Es ist nicht nachvollziehbar. Sie sagten mir, die Kugeln hätten überall gesteckt, in den Sitzen, in der Verkleidung, im Armaturenbrett - nur nicht in ihm. Also wenn ich an Gott glauben würde, würde ich sagen: Da war definitiv ein

Schutzengel bei ihm im Wagen. Ich meine, hast du so was schon mal gehört?«

»Nicht nur gehört«, murmelte Ricco wie zu sich selbst.

Seine Gedanken schweiften zurück zu jenem furchtbaren Tag, als er im Gefängnishof in eine Schlacht geraten war. Kugeln waren um seinen Kopf gesaust, Häftlinge waren um ihn herum niedergestochen worden. Und er hatte wie versteinert mittendrin gestanden und wie durch ein Wunder keine einzige Kugel und keinen einzigen Messerstich abbekommen. Und jetzt war diesem Mann, den sie eigentlich hatten liquidieren wollen, genau dasselbe widerfahren. War das ein Zufall? Oder gab es vielleicht tatsächlich so was wie Schutzengel? Und einen Gott, der Menschen beschützte, wenn sie ihn brauchten?

»Ricco? Alles in Ordnung mit dir?«

»Ja«, sagte Ricco und kehrte aus seiner Gedankenwelt zurück. »Alles in Ordnung.« Er fuhr sich über seinen Schnurrbart und nickte seinem Cousin zu. »Und was hast du jetzt vor? Ich meine mit dem Schwager deines Kunden. Willst du es noch mal probieren?«

Simon schüttelte den Kopf. »Nein. Mein Kunde meint, die Knastvariante sei zwar nicht das, was er sich vorgestellt habe, aber er wolle es vorläufig dabei bewenden lassen. Ach, übrigens, am Wochenende findet in Las Vegas ein Boxkampf statt. Ich dachte mir, wir könnten hinfliegen und uns den Kampf live ansehen. Hättest du Lust?«

»Klar!«, rief Ricco begeistert. Er liebte Boxkämpfe. Den Weltmeister Muhammad Ali hatte er sogar mal privat gesehen, als er in Las Vegas ganz zufällig an ihnen vorbeilief. Ein Wahnsinns-Muskelpaket, der einem schlicht den Atem raubte. »Kommen die anderen auch mit?«

»Aber sicher«, bestätigte Simon und zwinkerte Ricco verschmitzt zu. »Und danach arrangiere ich ein Rendezvous mit den Damen von Mr Green. Einverstanden?«

Ricco schmunzelte. »Dann haben wir ja ein aufregendes Wochenende vor uns. Kann's kaum erwarten.«

Der Las-Vegas-Trip war wie immer großartig. Ein spannender Boxkampf, ein paar 100 000 Dollar beim Glücksspiel verzocken, teure

Restaurants, hübsche Mädchen aus Mr Greens Angebot - alles war perfekt. Vor einem Jahr, als Ricco zum ersten Mal mit den Cousins nach Las Vegas geflogen war, hatte er bei Mr Greens Spezial-Zimmerservice gepasst. Auch wenn es Momente gab, in denen er Corinna hätte zum Mond schießen können, er hätte es nicht mit seinem Gewissen vereinbaren können, sie zu hintergehen. Doch mit dem Gewissen ist das so eine Sache: Es lässt sich dehnen, manipulieren, manchmal sogar ausschalten. Und je länger sich Ricco auf der anderen Seite des Gesetzes befand, desto verschwommener wurden die Grenzen zwischen Richtig und Falsch. Dinge, die er jahrelang als verwerflich eingestuft hatte, erschienen ihm auf einmal als völlig in Ordnung. Und Warnschilder, die er früher niemals übersehen hätte, nahm er überhaupt nicht mehr als solche wahr.

Was ist denn so schlimm daran, mich in Las Vegas zu amüsieren?, rechtfertigte er sich vor sich selbst, wenn er eine von Mr Greens Karten zog. *Genau genommen betrüge ich Corinna ja gar nicht. Ich will nur ab und zu meinen Spaß haben, so wie alle anderen auch.*

Corinna erfuhr nie etwas von Riccos nächtlichen Abenteuern in Las Vegas. Selbst wenn sie etwas geahnt hätte, sie sprach ihn nie darauf an. Das Leben lief gut für sie. Ricco war nicht unbedingt ein Schmusekater. Aber das lag an der mexikanischen Machokultur, die es als Schwäche interpretierte, wenn ein Mann Gefühle zeigte oder Worte wie »Ich liebe dich« in den Mund nahm. Dafür kaufte Ricco seiner Frau alles, was ihr Herz begehrte, und fuhr mit der Familie mindestens einmal pro Jahr in den Urlaub.

Einmal kombinierte Ricco Geschäft und Vergnügen und nahm Corinna und die Kinder zu einer Geldübergabe mit nach Mexiko. Auf der Rückfahrt waren drei Tage in Disneyland in Los Angeles eingeplant. Riccos Familie hatte in den vergangenen Jahren reichlich Zuwachs bekommen und war nun achtköpfig. Die älteste Tochter war Michelle mit acht Jahren. Dann kam Veronica mit sechs. Ebenfalls sechs Jahre alt war Rita. Sie war keine leibliche Tochter von Ricco und Corinna, sondern die Tochter von Corinnas Schwester Jolanda. Jolanda war an Krebs gestorben, und so hatten Ricco und Corinna Rita bei sich aufgenommen. Die jüngsten Sprösslinge waren der vierjährige Tom, die dreijährige April und Bobby, der ein Jahr alt war. Natürlich hatten die Kinder keine Ahnung von den Geschäften ihres Vaters. Sie wussten natürlich auch nicht, dass das hübsche Hochzeitsgeschenk im Kofferraum des gemieteten Kleinbusses gar kein Hochzeitsgeschenk war, sondern eine 250 000 Dollar schwere Geldlieferung für Miguel bzw. das Drogenkartell in Culiacán. Normalerweise war es ja Raul, der das Geld nach Mexiko und die Drogen zurück in die USA brachte. Aber diesmal ging es nur um eine Geldübergabe, und Ricco hatte sich bereit erklärt, diese zu übernehmen.

Der Kontaktmann, der das Geld für Miguel in Empfang nehmen sollte, hieß Candy. Ricco hatte seine private Adresse, um ihm das Geld persönlich vorbeizubringen. Als er bei Candys Villa in Tijuana ankam, war dieser allerdings nicht da. Stattdessen öffnete seine Hausangestellte, eine vielleicht vierzigjährige Mexikanerin mit Strandschlappen, müdem Gesicht und zurückgebundenem Haar, die Tür und hatte natürlich keine Ahnung, dass der Hausherr jemanden erwartete.

»Wann kommt er denn wieder?«, fragte Ricco auf Spanisch.

»Das weiß ich nicht, Señor.«

»Haben Sie eine Telefonnummer, mit der ich ihn erreichen könnte?«

»Sí, kommen Sie rein.«

Die Frau trat beiseite und führte Ricco durch die Empfangshalle zu einem Telefon. Während Corinna und die Kinder draußen im Wagen warteten, wählte die Mexikanerin eine Nummer und streckte Ricco den Telefonhörer entgegen. Nachdem das Telefon übertrieben lange geklingelt hatte, meldete sich endlich ein Mann am anderen Ende der Leitung. Er klang betrunken.

»Candy? Sind Sie das?«

»Wer w...will das wissen?«, fragte Candy mit schwerer Zunge.

»Wir sind verabredet. Ich bin hier wegen des Hochzeitsgeschenkes für Ihre Nichte.«

»Oh! D...das! Das hab ich ja to...total vergessen. Wo sss...sind Sie denn jetzt?«

»Bei Ihnen zu Hause. Ihre Hausangestellte war so freundlich, mich reinzulassen.«

»Oh, Maria. Ja, ja, eine z...zuverlässige Seele.«

»Was soll ich denn jetzt mit dem Geschenk machen? Soll ich es Ihnen woanders hinbringen?«, wollte Ricco wissen.

»Nn...nein. Geben Sie es Maria.«

»Sie meinen ...«

»Dem Dienstmädchen, ja.«

»Sind Sie sicher?«

»Ja, ja. Ist kein Problem. Geben Sie es ihr. Sie sss...soll es in mein Büro stellen.«

»Okay, wie Sie meinen.« Ricco legte etwas skeptisch den Hörer auf die Gabel und wandte sich an Maria. »Ich hab ein Hochzeitsgeschenk für Ihren Hausherrn. Er sagt, Sie sollen es einfach in sein Büro stellen.«

»Sí, Señor.«

Ricco holte das vermeintliche Hochzeitsgeschenk aus dem Kofferraum seines Wagens, und die Mexikanerin nahm es entgegen. Es wäre ihm lieber gewesen, Candy hätte es persönlich entgegengenommen. Immerhin befanden sich 250 000 Dollar in dem Paket, mehr Geld, als eine Frau wie Maria in ihrem ganzen Leben verdienen würde. Aber wenn Candy der Ansicht war, das Paket sei bei Maria in guten Händen, dann sollte ihm das recht sein. Er verabschiedete sich von der Frau und ging zum Auto zurück.

»So, Kinder«, sagte Ricco, als er wieder am Steuer saß und den Zündschlüssel im Schloss drehte. »Und jetzt fahren wir wieder nach Hause.«

»Nach Hause?!«, rief Michelle empört. »Ich dachte, wir fahren nach Disneyland!«

»Ja, nach Disneyland!«, rief Veronica. »Du hast es uns versprochen, Daddy!«

»Ach, wisst ihr, ich hab's mir anders überlegt«, meinte Ricco mit ernster Miene. »Ich glaube, wir fahren doch besser wieder nach Hause.«

»Aber Daddy!«, protestierte Tom. Sein Gesicht verzog sich, und der Knirps war kurz davor, in Tränen auszubrechen. Corinna warf Ricco einen verwirrten Blick zu.

Ricco schmunzelte. »War nur ein Scherz. Natürlich fahren wir nach Disneyland! Versprochen ist versprochen.«

Die Kinder warfen begeistert die Arme in die Höhe. »Jaaa! Wir fahren nach Disneyland!!!«

»Und wir fahren mit der Achterbahn.«

»Jaaa!!!«

»Und ihr dürft so viel Eis essen, wie ihr wollt.«

»Jaaaa!!! Ich will Vanille mit Erdbeer!!!«

»Ich will Schokolade!!! Und Zuckerwatte!!!«

Die Fahrt von Tijuana nach Los Angeles dauerte zweieinhalb Stunden. Ricco hatte gleich neben dem Freizeitpark ein Hotel gebucht. Drei Tage verbrachten sie in Disneyland, und Ricco genoss die Zeit mit seiner Familie in vollen Zügen. Sie hatten eine Menge Spaß, gingen zu jeder Show, fuhren auf allen möglichen Bahnen, schlugen sich die Bäuche voll mit karamellisierten Nüssen, Burgern und Eiscreme. Zur Krönung kaufte Ricco den vier Mädchen je ein Prinzessinnenkostüm und Tom und Bobby ein Superheldkostüm.

Die drei Tage vergingen wie im Flug. Auf dem Nachhauseweg rief Simon auf Riccos Autotelefon an. Ricco hatte sich das Telefon extra in sein goldenes *Oldsmobile* einbauen lassen, damit er jederzeit erreichbar war. Kommunikation war in seiner Branche das A und O.

»Was gibt's, Cousin?«, fragte Ricco gut gelaunt. Draußen war es dunkel. Die sechs Kinder schliefen in ihren Prinzessinnen- und Superheldkostümen selig auf der Rückbank. Corinna hatte sich auf dem Beifahrersitz zurückgelehnt und für einen Moment die Augen geschlossen.

»Ricco, es gibt ein Problem«, kam Simons ernste Stimme über den Telefonlautsprecher. »Miguel hat mich angerufen. Hast du das Geld wie vereinbart abgeliefert?«

»Ja, hab ich.« Er schilderte seinem Cousin in kurzen Worten, wie er das Paket auf Candys ausdrücklichen Wunsch dem Dienstmädchen überlassen hatte. »Wieso? Was ist passiert?«

»Nun, das Geld ist nie beim Drogenkartell eingetroffen.«

»Was?!«, rief Ricco erschrocken. »Das darf doch nicht wahr sein!«

»Ist aber so. Und Candy hat offenbar überhaupt keine Ahnung, wo das Geld geblieben ist.«

Das Dienstmädchen!, schoss es Ricco durch den Kopf. »Ich kann dir genau sagen, wo das Geld geblieben ist: Die Hausangestellte ist damit durchgebrannt. Da geh ich jede Wette mit dir ein! Ich hab noch gedacht, dass es eine blöde Idee sei, ihr ein Paket mit 250 000 Dollar anzuvertrauen. Aber Candy hat darauf bestanden. Sie muss geahnt haben, dass das Paket kein gewöhnliches Hochzeitsgeschenk war. Wahrscheinlich hat sie es aus lauter Neugier geöffnet und schier einen Herzinfarkt gekriegt, als sie das viele Geld sah. Ich sag dir, die hat ihre Chance gewittert, hat das Geld genommen und ist auf Nimmerwiedersehen verschwunden. So muss es gewesen sein.« Er atmete hörbar aus. »O Mann! Ich hoffe nur, die denken jetzt nicht, ich hätte das Paket gar nicht geliefert.«

»Keine Sorge. Die wissen, dass der Fehler nicht bei uns liegt«, versicherte ihm Simon. »Miguel sagte mir, sie hätten Candy von der Polizei festnehmen lassen und ihn verhört, um herauszufinden, wo das Geld geblieben sei.«

Die Drogenkartelle in Culiacán beherrschten nicht nur die ganze Stadt, ihnen gehörte auch die mexikanische Polizei.

»Und was ist Candys Erklärung für das verschwundene Geld?«

»Er hat keine. Die Polizisten haben ihn zwei Nächte lang gefoltert. Er hat mehrere Morde gestanden. Aber über den Verbleib des Geldes konnte er nichts sagen.«

»Tja«, meinte Ricco. »Nächstes Mal soll er bitteschön anwesend sein, wenn ihm jemand 250 000 Dollar vorbeibringt.«

»Ich glaube nicht, dass es ein nächstes Mal geben wird. Du weißt ja, wie das läuft.«

Ja, das wusste Ricco allerdings. Drogenkartelle kannten keine Gnade, wenn jemand einen Fehler machte. Es waren dieselben Gesetze wie im Knast: Ein Fehltritt, und man konnte sich seinen Sarg bestellen.

Nach diesem Vorfall hatten die Sotelos nie wieder mit Candy zu tun. Ricco war es eigentlich egal, ob das Kartell Candy wegen des Vorfalls getötet hatte oder nicht. Er hatte ihn ja nicht wirklich gekannt und nur einmal am Telefon seine Stimme gehört. Was allerdings das Dienstmädchen anging, so hätte Ricco zu gerne gewusst, was aus ihr geworden war. Sie war ihm sympathisch gewesen und der Gedanke, dass sie ihren Boss um 250 000 Dollar geprellt und sich vielleicht abgesetzt und in der Karibik eine Strandbar gekauft hatte, gefiel ihm irgendwie.

***

Eineinhalb Jahre war Ricco nun schon im Drogengeschäft tätig. Bisher lief alles wie geschmiert. Raul wurde kein einziges Mal beim Grenzübergang kontrolliert, Janine nahm brav die Drogenbestellungen von Riccos acht Kunden auf, Anwältin Jenny Page sorgte dafür, dass die kleinen Straßendealer immer wieder zügig aus der Haft kamen, und Fredo führte nach wie vor die DEA an der Nase herum. Für die Sotelos war es natürlich äußerst praktisch, dass die DEA immer noch im Dunkeln tappte, was das Familiengeschäft anbelangte. Immer, wenn Ricco die *Modesto-Bee*-Zeitung las und etwas über Smith drinstand, weil er irgendwo einen Dealer verhaftet und zwei, drei Kilogramm Drogen beschlagnahmt hatte, lachte sich Ricco ins Fäustchen.

Ja, mein lieber Gary. Verhafte du mal schön die Kleinen, damit wir deren Gebiet übernehmen können. Je mehr du von ihnen einbuchtest, desto größer werden wir und desto schlechter stehen deine Karten, uns je zu schnappen.

Ricco war in allem, was er tat, stets sehr vorsichtig. Er benutzte nie sein Haustelefon, um Drogengeschäfte abzuwickeln, sondern immer öffentliche Telefonzellen. Die Schließfächer mietete er unter falschem Namen und falscher Adresse. Hotel oder Benzin bezahlte er immer in bar und nie mit Kreditkarte. Auch vermied er es, mit großen Geldsummen um sich zu werfen. Dadurch hätte er die Polizei wie Honig die Bienen angelockt. Selbst die Villa, in der er wohnte, bezahlte er nicht in bar, sondern nahm ein Darlehen von der Bank auf, obwohl er das Geld dafür locker gehabt hätte. Doch er wollte nicht unnötig Aufmerksamkeit erregen. Die DEA hatte nicht mal ansatzweise den Verdacht, dass er mit Drogen dealte, und so sollte es auch bleiben. Aber bei aller Vorsicht, die Ricco bei jedem seiner Schritte walten ließ, machte er trotzdem einmal einen Fehler.

Raul war gerade mit einer neuen Lieferung von Mexiko zurückgekommen. 20 Kilo Heroin und 40 Kilo Kokain waren es diesmal. Ricco traf Raul wie immer bei der gemieteten Garage in San Francisco, um das Dope zu übernehmen. Sorgfältig holten sie die Drogen aus dem Rücksitz und dem Ersatzreifen des Mietwagens, ohne dabei das Auto zu beschädigen. Sie verstauten die Drogen in großen Stofftaschen und legten diese auf die offene Ladefläche von Riccos Pick-up. Dann fuhren sie mit Rauls Auto und dem Mietwagen zum Flughafen, Ricco gab das Mietauto zurück, sie fuhren wieder zur Garage, Raul fuhr weiter nach Atwater, wo er wohnte, und Ricco stieg in seinen vollbeladenen Pick-up, um in Richtung San José aufzubrechen.

Es war schon spät in der Nacht. Ricco war müde und wollte nur noch ins Bett. Also beschloss er, nicht nach San José und stattdessen nach Hause zu fahren und die Drogen ausnahmsweise erst am nächsten Tag zum Schließfach zu bringen. Eine schlechte Idee. Als er nur noch ein paar Kilometer von Modesto entfernt war und in leicht überhöhtem Tempo über die fast ausgestorbene Autobahn bretterte, hörte er plötzlich eine Sirene hinter sich. Er sah im Rückspiegel die Lichter eines Polizeiwagens. Das Auto überholte ihn und signalisierte ihm, rechts an den Straßenrand zu fahren. Ricco blieb schier das Herz stehen.

Mist! Die Drogen!

Für einen Moment überlegte er sich, ob er einfach Gas geben sollte. Aber er tat es nicht und fuhr schön brav rechts ran. Der Polizist parkte ein paar Meter vor ihm, stieg aus und kam mit wichtiger Miene auf ihn zu geschlendert. Ricco kurbelte die Scheibe herunter.

»Guten Abend, Sir«, sagte der Polizist und sah den auf frischer Tat ertappten Schnellfahrer an, als hätte er ein Kapitalverbrechen begangen. »Sie wissen schon, dass auf dem Highway nur 130 km/h erlaubt sind.«

»Natürlich, Officer. Tut mir leid, wenn ich zu schnell gefahren bin.«

»16 km/h, um genau zu sein.«

Ricco setzte die unschuldigste Miene der Welt auf. »Ja, tut mir wirklich leid. Ich wollte einfach nur schnell nach Hause zu meiner Familie.«

»Führerschein und Fahrzeugpapiere, bitte.«

Ricco reichte ihm die Dokumente. Der Polizist sah sie sich in aller Ruhe an. Ricco kam es vor, als nähme er sich extra viel Zeit.

Schau bloß nicht auf die Ladefläche!, war alles, was Ricco dachte. *Frag bloß nicht, was in den Taschen drin ist!*

»Mr Ricardo Sotelo«, las der Beamte seinen Namen auf dem Ausweis. »Sind Sie von hier?«

»Ja, ich wohne in Modesto«, gab Ricco Auskunft. Er hatte das Gefühl, sein Herz würde im nächsten Moment aus der Brust hüpfen, so schnell schlug es.

Der Polizist gab ihm die Dokumente zurück und zückte seinen Block, um Ricco einen Strafzettel zu schreiben. »Tja, Mr Sotelo, ich muss Ihnen *leider* ein Knöllchen schreiben«, sagte er mit gerecktem Kinn, und es war nicht zu übersehen, dass er seine Funktion als Bestrafer von Verkehrssündern sehr ernst nahm.

Ricco wollte einfach nur weg, bevor der mustergültige Straßenhüter ihn nach den Taschen fragte.

Immerhin hatte Ricco 60 Kilo Drogen geladen mit einem Weiterverkaufswert von 2,7 Millionen Dollar! Und sie lagen dem Polizisten direkt vor der Nase! Mit einem solchen Fund wäre der artige Verkehrspolizist zweifelsohne zum König des Straßenpflasters ernannt worden. Und Ricco wäre postwendend im Knast gelandet. Er saß wie auf heißen Kohlen.

Bitte, schreib einfach nur dein blödes Knöllchen und lass mich gehen! Schau einfach nicht auf die Ladefläche! Einfach nicht hinschauen!

Der Kugelschreiber des Polizisten streikte, und er musste jeden Buchstaben zweimal nachziehen, damit man den Strafzettel lesen konnte. Seine Sorgfalt war kaum auszuhalten. Ricco war nahe dran, einfach aufs Gaspedal zu treten und sich aus dem Staub zu machen. Aber er riss sich zusammen und wartete. Endlich, *endlich* war der

Mann mit Schreiben fertig, riss den Zettel vom Block und gab ihn Ricco mit einem schulmeisterlichen Blick.

»Bitteschön. Und immer dran denken«, er hob belehrend den Zeigefinger in die Luft, »das Überschreiten des Geschwindigkeitslimits ist eine *Straftat.*«

Ricco nickte getreulich. »Ja, Officer. Sie können sicher sein, ich werde nie wieder zu schnell fahren.«

»Das will ich hoffen. Beim nächsten Mal könnte es vielleicht *richtig* teuer werden. Sie dürfen dann weiterfahren, Mr Sotelo.«

Das ließ sich Ricco nicht zweimal sagen und trat aufs Gaspedal, bevor der Polizist es sich anders überlegte und sich am Ende doch noch für die schwarzen Taschen interessierte. Die restlichen Kilometer bis nach Hause hielt sich Ricco streng an die Geschwindigkeitsbegrenzung. Er hatte den Officer nicht angelogen: Er hatte seine Lektion gelernt. Nie wieder würde er zu schnell fahren, jedenfalls nicht mit einer Ladung Drogen im Gepäck.

Ein paar Wochen später hatte Ricco erneut eine ungewollte Begegnung mit der Polizei. Er hatte fünf Kilo Heroin hinten auf seinem Pick-up und war unterwegs nach Fremont, um die Drogen für einen seiner Kunden im Schließfach mit dem Decknamen Sarah zu hinterlegen. Es war um die Mittagszeit. Ricco hatte Hunger und wollte sich kurz einen Burger kaufen. Er fuhr seelenruhig auf den Parkplatz vor dem Schnellimbissrestaurant und wollte eben aussteigen, als ein schwarz-weißer Sheriffwagen mit quietschenden Reifen um die Ecke geprescht kam und auf dem Parkplatz unmittelbar rechts neben ihm anhielt. Fast gleichzeitig tauchte ein zweites Polizeiauto auf, raste in überhöhtem Tempo quer über den Parkplatz und schlitterte, dass die Reifen durchdrehten und zu rauchen begannen. Dann brachte der Fahrer den Wagen auf dem Parkfeld links von Ricco zum Stehen. Plötzlich kamen zwei weitere Polizeiautos angebraust und keilten Riccos Wagen von vorne und von hinten ein. Er saß in der Falle.

Panik erfasste den Mexikaner.

Sie haben mich!, schoss es ihm durch den Kopf. Er wusste nicht, wie sie ihm auf die Schliche gekommen waren, doch sie waren es. Und sie waren hier, um ihn zu verhaften. Es war aus. Ende. Vorbei. In Gedanken sah Ricco bereits die Schlagzeilen in der Zeitung: »Großer Schlag gegen Drogenbaron gelungen!«.

Er wartete nur noch darauf, dass die Polizisten ihre Waffen auf ihn richteten und ihm befahlen, mit erhobenen Händen aus dem Wagen zu steigen und sich auf den Boden zu legen. Aber – nichts dergleichen geschah. Der Sheriff im Auto rechts neben Ricco verließ seinen Dienstwagen, gähnte und streckte sich. Der zweite Polizist stieg aus dem Wagen. Auch er würdigte Ricco keines Blickes und meinte nur grinsend: »Ich hätt dich fast gehabt, Bob.«

»Ja, aber nur fast. Hey, Sportsfreunde!«, rief Bob in Richtung der beiden anderen Polizisten, die soeben aus ihren Autos stiegen. »Seid ihr unterwegs eingeschlafen oder was?«

»Du hast uns den Weg abgeschnitten, Kollege!«

Bob lachte. »Dafür hab ich gewonnen. Und wer war der Letzte?«

Drei Zeigefinger deuteten auf den Polizisten, der Ricco beinahe frontal gerammt hätte bei seinem haarsträubenden Bremsmanöver. Der Beamte streckte abwehrend die Hände in die Höhe. »Ist ja gut. Der Kaffee geht auf mich!«

Die Polizisten lachten und spazierten hinüber zum Schnellrestaurant. Und Ricco ließ sich erleichtert in den Sitz fallen und brauchte erst mal eine Minute, um sich von dem Schock zu erholen. Die Polizisten hatten es gar nicht auf *ihn* abgesehen, sondern lediglich auf eine Tasse Kaffee!

Meine Nerven, dachte Ricco. *Die machen ein Wettrennen, um auszulosen, wer den Kaffee bezahlt, und ich krieg hier fast eine Herzattacke! O Mann, wenn die wüssten, wen sie soeben eingekesselt haben. O Mann, o Mann. Das war vielleicht knapp.*

Ja, dieses Mal und bei der Geschichte mit dem zu schnellen Fahren hatte Ricco Glück gehabt. Manchmal fragte er sich allerdings schon, wie lange er das Spiel mit dem Feuer noch so weiterspielen konnte und ob er eines Tages nicht doch die Konsequenzen dafür tragen musste. Andererseits hatte die Polizei nichts gegen ihn in der Hand, und wenn er weiterhin vorsichtig war, gab es eigentlich keinen

Grund zur Sorge. Er war der Herr der Drogen. Ihm konnte nichts und niemand etwas anhaben.

***

Johnny legte sich mit der Rasierklinge mehrere Linien Koks auf einen Spiegel. Der neunzehnjährige Mexikaner rollte eine Dollarnote zu einem Röhrchen und beugte sich damit über den Spiegel, das Röhrchen dicht über der ersten Linie, bereit, sich wieder mal durchs Universum zu schießen und die kleine, stressige Welt hinter sich zu lassen. Doch dann zögerte er.

Warum tust du das? Du hast Samantha hoch und heilig geschworen, das Zeug nicht mehr anzurühren. Du bist clean gewesen! Nach der Hochzeit fast drei Monate lang! Hast dich aufgerappelt, sogar einen Job als Pizzakurier angefangen. Du wolltest dich doch ändern, Mensch noch mal! Du wolltest mit Samantha ein neues Leben beginnen. Warum kriegen wir das bloß nicht auf die Reihe? Warum haben wir uns schon wieder gefetzt? Mann, ich weiß nicht mal mehr, worum es gegangen ist. Andere packen das doch auch! Das kann doch nicht so schwierig sein!

Nach ihrem ersten Streit hatte Johnny wütend die Wohnung verlassen und war zu seinem Kumpel Sergio gegangen. Der hatte ihm erst mal einen Joint gegeben, damit er wieder runterkam. Sie tranken ein paar Bierchen, Johnny ließ seinem Frust freien Lauf, und irgendwann, wie in alten Zeiten, holte Sergio eine Bubble Heroin aus dem Schlafzimmer. Johnny hatte der Versuchung nicht widerstehen können. Und seither war er wieder drauf. Immer, wenn es mit Samantha Zoff gab, ging Johnny zu Sergio oder seinem Dealer und besorgte sich Stoff. Er brauchte das Zeug. Er brauchte den Kick.

Was soll's. Nehm ich eben Drogen, dachte Johnny, hielt die gerollte Dollarnote über die weiße Kokslinie und sog die Linie kurzerhand in die Nase hoch. Wenige Minuten später trat auch schon die Wirkung ein. Vergessen war der Streit mit Samantha, vergessen der Vorsatz, sich zu ändern, und vergessen das Gefühl, ein totaler

Versager zu sein. Es war eine Illusion gewesen zu glauben, er würde es ohne Drogen schaffen. Er konnte es nicht schaffen. Die Drogen waren sein Herr, und er war ihr Sklave. Und auch wenn er wusste, dass es ein Spiel mit dem Tod war - es war das einzige Spiel, das er kannte.

16 Der Buchhalter

5. November 1976

Mr Matsumoto verschloss die Eingangstür der Herrentoilette hinter sich, damit er das Drogengeschäft mit Mr Norwood ungestört abwickeln konnte. Matsumoto war japanischer Herkunft, klein, eher pummelig, trug eine Brille und einen dunkelblauen Anzug. Er sah nicht gerade wie ein Drogendealer aus, eher wie ein Versicherungsvertreter. Sein Kunde, Mr Norwood, war ein junger Immobilienhändler, der erst kürzlich in die Stadt gezogen war. Den Kontakt zu Matsumoto hatten Bekannte von Bekannten für ihn hergestellt. Es hieß, Matsumoto habe erstklassige Ware, und Norwood hatte durch seinen reichen Vater das nötige Kleingeld. Der Sohn liebte es, ausgelassene Partys zu feiern, und brauchte den Stoff fürs Wochenende. Als Matsumoto in seiner Mittagspause vorbeikam, nahm ihn Norwood mit in die Herrentoilette, um das Geld gegen die Drogen zu tauschen. Er legte seinen Aktenkoffer lässig auf eines der Waschbecken und ließ die Scharniere aufschnappen.

»40 000, wie vereinbart. Haben Sie das Kokain?«

Matsumoto legte seinen Aktenkoffer auf ein zweites Waschbecken und öffnete ihn ebenfalls.

»Ein Kilo«, sagte er, ohne eine Miene zu verziehen, und schob sich mit dem Zeigefinger die Brille auf der Nase hoch. »Sie werden bestimmt viel Spaß damit haben.«

»Das werde ich allerdings«, stimmte der junge Käufer zu, griff in seinen Hosenbund und hielt unvermittelt eine Schusswaffe in der Hand, die er auf Matsumoto richtete. »DEA! Sie sind verhaftet! Nehmen Sie die Hände hoch!«

Der Japaner stand da wie vom Donner gerührt. Damit hatte er wohl nicht gerechnet. Langsam hob er die Hände. In seinem versteinerten Gesicht spiegelte sich ein Anflug von Panik. Der verdeckte Ermittler hielt ihn mit der Waffe in Schach, während er langsam einen Bogen um ihn herum machte und zur Tür ging. Mit der linken Hand tastete er nach der Verriegelung, öffnete sie, und schon stürmten mehrere Männer mit schwarzen Masken und kugelsicheren Westen in die Toilette, überwältigten den Dealer und legten ihm Handschellen an. Der Japaner leistete keinerlei Widerstand. Das Ganze dauerte nur wenige Sekunden.

»Gute Arbeit, Kirk!«, erklang es von der Tür her. Smith, wie üblich in Jeans und schwarzer Lederjacke, betrat die Toilette und nickte Kirk alias Mr Norwood anerkennend zu.

»Danke, Chef«, sagte Kirk mit stolz erhobener Brust und steckte seine Dienstwaffe ein.

Smith ging zu Matsumotos Aktenkoffer und nahm das durchsichtige Paket Koks heraus. Sein geschultes Auge sah auf den ersten Blick, dass das Kokain ausgesprochen hochwertig war. Der Anteil an unverschnittenem Stoff war enorm.

»Sieh mal einer an«, murmelte Smith und ging mit dem Kilo auf den Verhafteten zu, der zwischen zwei Beamten eingeklemmt war und irgendwie erbärmlich aussah. »Das sind mindestens 70 oder 80 Prozent in Brocken. So was sieht man selten. Wer ist Ihr Lieferant, Mr Matsumoto?«

Der Japaner schwieg. Einer der Polizisten reichte Smith die Brieftasche, die sie in Matsumotos Hosentasche gefunden hatten. Smith klappte sie auf und fand darin ein Familienfoto, das den Japaner mit seiner Frau und seinen drei Kindern zeigte. »Hübsches Familienfoto, Mr Matsumoto. Wird nicht leicht werden für Ihre Frau und Ihre Kinder, Sie im Gefängnis zu besuchen.«

Matsumoto schluckte. Smith merkte, wie seine Worte den Japaner nervös machten. Er schien jedenfalls keiner von der toughen Sorte zu sein. Das war gut.

»Waren Sie schon mal im Gefängnis?«, fuhr Smith fort. »Waren Sie nicht, das sieht man Ihnen an. Ich will Ihnen was verraten, Mr Matsumoto. Es gibt zwei Typen von Gefangenen: Es gibt Opfer, und es gibt Täter. Sie gehören definitiv zur ersten Gruppe.«

Der Japaner schwitzte.

Der Chefinspektor fuhr ungerührt fort: »Wissen Sie, was die

hartgesottenen Knackis mit Frischfleisch wie Ihnen anstellen? Sie reichen Sie herum, wenn Sie verstehen, was ich meine. Sie werden Sie demütigen. Sie werden Ihnen Schmerzen zufügen, dass Sie sich wünschten, nie geboren zu sein. Leute wie Sie halten es nicht lange im Knast aus. Und was wird dann aus Ihrer netten kleinen Familie?«

Das genügte.

»Wenn ich Ihnen sage, was ich weiß«, platzte es aus dem schlitzäugigen Kerl heraus, »gewähren Sie mir dann Straffreiheit? Und Zeugenschutz für mich und meine Familie?«

»Sie tragen aber ganz schön dick auf, Matsumoto. Was können Sie mir schon anbieten, das einen solchen Deal auch nur annähernd rechtfertigen würde, hm?«

Matsumoto sah Smith direkt an. »Wie wär's mit dem größten Drogenring Nordkaliforniens?«

Für ein paar Sekunden herrschte Stille. Smith wechselte einen Blick mit Kirk und wandte sich dann wieder an Matsumoto.

»Sie wollen mir den größten Drogenring Nordkaliforniens auf dem Silbertablett servieren? Das soll ich Ihnen glauben? Nicht mal wir wissen, wer der größte ist. Woher wollen *Sie* es dann wissen?«

»Ich weiß es, weil ich ihr Buchhalter bin!«, lautete Matsumotos verblüffende Antwort.

Jetzt wurde Smith hellhörig. »Ihr Buchhalter?«

»Ich führe Buch über jede Transaktion, jedes Kilo Heroin und Kokain, das gekauft und verkauft wird. Wir reden hier von Millionenbeträgen. Es würde mich sehr wundern, wenn es einen größeren Drogenring gäbe.«

Smith musterte den Japaner eingehend. Der Mann redete mit einer solchen Selbstverständlichkeit, dass Smith geneigt war, ihm zu glauben. Und wie ein Buchhalter sah er tatsächlich aus. Außerdem war das Kokain, das er Kirk hatte verkaufen wollen, von bester Qualität und musste von ganz oben stammen. Aber konnte das wirklich stimmen? Hatten sie endlich einmal so viel Glück? Es war beinahe zu schön, um wahr zu sein.

»Sie halten also jede Lieferung schriftlich fest, in einer Art Kassenbuch, nehme ich an«, überlegte Smith.

»Richtig.«

»Da stehen bestimmt auch die Namen der Käufer drin, korrekt?«

»Korrekt.«

»Und wo befindet sich dieses Buch?«

»Erst will ich einen Deal.«

»So läuft das aber nicht, Mr Matsumoto. Bevor ich Ihnen irgendwelche Zusicherungen machen kann, müssen Sie mir schon was geben.«

Der Buchhalter grübelte.

»Hey, ich kann Sie auch gleich einbuchten, wenn Ihnen das lieber ist. Ihre Entscheidung.«

Der Buchhalter dachte angestrengt nach. Er war nervös. »Wenn die erfahren, dass ich mit Ihnen kooperiere, bin ich ein toter Mann«, murmelte er.

»Dann werden wir eben dafür sorgen, dass sie es *nicht* erfahren. Sehen Sie sich um. Wir sind hier auf einer öffentlichen Toilette, nicht auf dem Polizeirevier. Es gibt keinerlei Zeugen, die Ihrem Boss melden könnten, Sie wären verhaftet worden. Wenn ich will, spazieren Sie hier raus, und Ihr Boss wird nie erfahren, dass dieses Gespräch überhaupt stattgefunden hat. Aber wie gesagt: Erst müssen Sie mir was liefern.«

Der Japaner nickte. »Also gut«, sagte er, und im selben Atemzug eröffnete er dem Polizisten: »Das Buch befindet sich zwei Häuserblocks weiter südlich von hier, in meinem Büro.«

Smith gab den Beamten, die Matsumoto in ihrer Mitte hatten, einen Wink mit dem Kopf. »Nehmt ihm die Handschellen ab. Fahren wir.«

Die Polizisten taten, wie der Inspektor sie angewiesen hatte. Dann klemmten sie sich die Aktenkoffer mit den Drogen und dem Geld unter den Arm, verließen die Herrentoilette und gingen hinunter zu den bereitstehenden Polizeiwagen. Matsumoto nannte Smith die Adresse seines Büros, und Minuten später waren sie auch schon dort. Smith positionierte zwei seiner Männer bei der Drehtür zur Straße und zwei auf dem Gang vor Matsumotos Büro. Er nahm Kirk mit und begleitete den Japaner in sein Büro. Es war ein sehr enges Büro mit alten

Schränken, Regalen und Hängeregistraturen. Alles war überladen mit Büchern, Ordnern und Unterlagen. Es roch etwas verstaubt.

»Ich mache die Buchhaltung für verschiedene Firmen«, erklärte Matsumoto. »Alles legal. Können Sie gerne überprüfen.« Er nahm einen dicken Wälzer vom Regal und klappte ihn auf. Die Seiten waren herausgeschnitten, und in dem so entstandenen Hohlraum lag ein kleines schwarzes Buch. Matsumoto nahm es heraus. »Hier ist es. Das Kassenbuch der Sotelo-Familie.«

Der Chefinspektor stutzte. »Sekunde, sagten Sie gerade *Sotelo*?!«

»Ja, Sotelo«, bestätigte der Buchhalter. »Simon Sotelo ist der Kopf der Bande. Er hat vor ungefähr sechs Jahren angefangen und seinen Drogenring unglaublich schnell in ganz Nordkalifornien ausgebreitet.«

»Dieser Simon Sotelo ist nicht zufällig verwandt mit einem gewissen *Alfredo* Sotelo?«

»Doch. Fredo ist sein Cousin.«

Smith schnippte triumphierend mit den Fingern. »Wusst ich's doch! Der Bursche ist nicht sauber! Hab ich's nicht von Anfang an gesagt, Kirk?«

»In der Tat, Chef, das haben Sie.«

Smith kniff die Augen leicht zusammen und blickte kopfschüttelnd vor sich hin. »Dieser Fuchs. Spielt also tatsächlich in der ganz großen Liga mit, genau wie ich's vermutet hab.«

»Na ja, eigentlich nicht mehr«, räumte Matsumoto ein. »Simon hat ihn abgezogen, nachdem die DEA ihn vor zwei Jahren hochgenommen hat. Stattdessen hat er Fredos Bruder angeheuert. Ricardo Sotelo. Kommt aus Modesto.«

»Ricardo Sotelo«, wiederholte Smith. »Nie von ihm gehört.«

»Natürlich nicht. Ihr hattet ja immer nur Fredo im Visier. Dabei sind die eigentlichen Drahtzieher Simon, Raul und Ricco. Raul holt die Drogen aus Mexiko, Simon ist für die Verteilung des gestreckten Stoffes zuständig, und Ricco kümmert sich um den Verkauf der reinen Ware. Dann sind da noch Carlos, Fredo und Chale, aber die spielen eher eine nebensächliche Rolle in der Organisation. Mein Part ist wie gesagt die Buchhaltung, manchmal übernehme ich auch im Auftrag von Simon oder Raul die Belieferung von Kunden. Alles ist fein säuberlich hier drin aufgelistet.«

Er reichte dem Chefinspektor das schwarze Büchlein. Der schlug es auf - und traute seinen Augen nicht. Tatsächlich! Matsumoto hatte die Wahrheit gesagt! Es war alles aufgelistet: Datum, codierte Namen der Käufer, wie viel Kilo Heroin oder Kokain sie bestellt und welche Summe sie dafür bezahlt hatten. Smiths Augen funkelten vor Faszination. Er blätterte in dem Buch und fühlte sich, als hätte er einen Sechser im Lotto gewonnen. Vor seinem inneren Auge sah er bereits die Schlagzeilen auf der Titelseite sämtlicher kalifornischer Zeitungen, wenn sie alle Informationen ausgewertet und die ganze Bande verhaftet hätten: »DEA zerschlägt internationalen Drogenring!«. Darunter wäre ein kleines Bild von ihm, wie er vor Paletten von beschlagnahmtem Kokain und Heroin stünde, und er würde in einem Interview erzählen, wie sie dank der Verhaftung eines vermeintlich kleinen Fisches den ganz großen Durchbruch geschafft hatten. Endlich machten sich all die vielen Überstunden und schlaflosen Nächte bezahlt. Endlich hatte sich der ganze Aufwand gelohnt. So viele Jahre hatte Smith sein Leben dafür eingesetzt, Dealer hinter Gitter zu bringen. Hatte verdeckte Ermittler in die Drogenszene eingeschleust, mutmaßliche Dealer überwacht, hatte sein Privatleben zurückgesteckt, sogar seine Ehe aufs Spiel gesetzt. Viele kleine und mittelgroße Dealer waren der DEA unter seiner Leitung ins Netz gegangen. Aber nie war es ihm gelungen, bis an die Spitze der Pyramide vorzudringen - bis heute! Jetzt fehlte eigentlich nur noch eines, um die Kerle zu schnappen.

»Sagen Sie, Mr Matsumoto«, sprach Smith den Japaner an, während ein triumphierendes Lächeln seine Mundwinkel umspielte, »wären Sie bereit, sich von uns verkabeln zu lassen?«

***

8. Dezember 1976

Ricco stand am Fenster in Simons Wohnzimmer und blickte durch den Feldstecher den Hügel hinauf. Auf einem Kiesweg etwas abseits der großen Straße, im Schatten eines Baumes, war ein Auto geparkt. Zwei Männer saßen darin. Sie befanden sich dort schon über eine Stunde und hatten freie Sicht auf Simons Villa.

»Du hast recht. Das sind die verdeckten Ermittler der DEA«, stellte Ricco fest, gab Simon das Fernglas zurück und trat vom Fenster weg. »Dein Kontaktmann muss die Wahrheit gesagt haben: Matsumoto hat gesungen.«

»Und wir haben nichts davon gemerkt. Dieses elende Schlitzauge!«, knurrte Simon. »Ich bring ihn eigenhändig um, wenn ich ihn zwischen die Finger kriege! Wer weiß, wie lange der schon verkabelt rumläuft und wie viele unserer Besprechungen die Polizei mitgehört hat! So ein Mist! Sie werden uns alle hochgehen lassen.«

Ricco atmete tief durch. Ihm war gar nicht mehr wohl in seiner Haut. Immerhin kam ihm zugute, dass er nie etwas mit Matsumoto zu tun gehabt und ihn nie persönlich kennengelernt hatte. Der Buchhalter war ausschließlich für Simon und Raul tätig gewesen. Trotzdem hatte er genug Insiderwissen, um damit auch Ricco zu gefährden. Bestimmt hatte er den Polizisten gegenüber seinen Namen erwähnt, und die DEA würde beginnen, in seinem Umfeld herumzuschnüffeln, wenn sie denn nicht bereits damit begonnen hatte.

»Simon, ich denke, ich werde für eine Weile auf Tauchstation gehen«, sagte Ricco. »Ich kann es mir nicht mehr erlauben, mit dir oder mit Raul gesehen zu werden, schon gar nicht mit euch beiden zusammen, oder die DEA wird sofort Verdacht schöpfen. Vielleicht haben sie das sogar schon. Ich muss auf Distanz gehen. Das ist meine einzige Chance.«

Simon nickte. »Versteh ich, Cousin. Tu das. Ich werde meinerseits ein paar Vorkehrungen treffen.«

»Was hast du vor?«

»Packen.«

»Du willst fliehen?«

»Ich hab nicht vor, wegen Matsumoto in den Knast zu wandern. O nein. Ich nicht!«

»Und wo willst du hin?«

Simon ging zu einer Kommode, öffnete eine Schublade und reichte Ricco ein Foto. Es zeigte ein wunderschönes Haus mit Gartenlaube und exotischen Blumen. Ricco hatte das Haus noch nie zuvor gesehen.

»Wem gehört das?«

»Mir.«

»Dir?«

»Ja, hab's mir vor ein paar Jahren gekauft. Es steht in Culiacán. Ein richtiges Traumhaus.«

»Du bist voller Überraschungen, Cousin«, meinte Ricco und gab ihm das Foto zurück. »Also setzt du dich nach Mexiko ab.«

»Die Umzugsfirma ist bereits beauftragt. Ich hab gestern mit Jenny gesprochen, nachdem ich von dem Verrat erfahren habe. Sie meint, mir werde vermutlich nicht mehr viel Zeit bleiben, höchstens ein paar Tage. Ich werde mich morgen noch mal mit ihr treffen, um zu sehen, wie meine Chancen stehen, vor Gericht zu gewinnen. Und dann verschwinde ich von hier.«

»Wissen die anderen schon Bescheid?«

»Ja.«

»Was werden sie tun?«

»Dasselbe wie du: auf Sparflamme gehen und hoffen, dass die Beweise nicht ausreichen. Aber darauf kann ich leider nicht hoffen. Wenn Matsumoto wirklich verkabelt war, bin ich erledigt!« Er biss sich auf seine geballte Faust und starrte vor sich in die Leere.

»Vielleicht hast du ja Glück, und die Aufnahmen sind unbrauchbar«, versuchte Ricco den letzten Funken Hoffnung aus der Situation herauszupressen.

Simon lachte bitter auf. »Träum weiter, Cousin. Glaubst du, es würde mir Spaß machen, das hier alles aufzugeben und mit meiner Familie nach Mexiko zu fliehen? Ich liebe Kalifornien! Ich bin hier aufgewachsen. Das Letzte, was ich tun will, ist, von hier wegzuziehen. So hab ich mir das nicht vorgestellt.«

Ricco zog den Mund schief und schwieg. Eine lange Pause trat ein. Die Anspannung hing wie ein Damoklesschwert über ihren Köpfen. Simon trat erneut ans Fenster und blickte zu dem verdächtigen Auto auf dem Hügel hoch. Genervt grummelte er einige Wörter vor sich hin. Er ging hinüber zur Theke, schenkte sich einen Whisky ein und kippte ihn in einem Zug hinunter. Er war nervös. Ricco stand einfach nur da und fühlte sich wie auf einer Beerdigung. Ihm fielen all die tollen Zeiten ein, die sie miteinander verbracht hatten, die berauschenden Feste, die Trips nach Las Vegas, die vielen fröhlichen Stunden in Simons Billardraum. Er hatte sich eingeredet, sie wären unantastbar. Doch er hatte sich ganz offensichtlich getäuscht. Sie waren aufgeflogen. Die Party war vorbei.

»Wenn du nach Mexiko gehst, wirst du erst wieder nach Hause kommen können, wenn du nicht mehr belangt werden kannst«, stellte Ricco nüchtern fest. »Das wird ein paar Jahre dauern, Cousin.«

»Elf Jahre«, sagte Simon trocken. »Für organisierte Kriminalität liegt die Verjährungsfrist bei elf Jahren. Hat mir Jenny gesagt.«

Wieder schwiegen sie. Simon legte das Foto seines mexikanischen Traumhauses in die Schublade zurück und fischte ein anderes heraus. Es war ein Foto, das sie bei ihrem letzten Trip nach Las Vegas in einem Kasino aufgenommen hatten. Sie standen alle lässig da, links außen Ricco, daneben Carlos, dann Alfredo, Raul, Simon und rechts außen Chale. Im Hintergrund waren Spielautomaten und teure Kronleuchter zu sehen.

»Hier«, sagte Simon und streckte Ricco das Foto entgegen. »Ein kleines Andenken an die guten alten Zeiten.«

Ricco nahm das Bild an sich. »Danke. Ich glaube, ich sollte jetzt gehen.«

»Ja, solltest du.«

Simon begleitete seinen Cousin zur Tür. Sie umarmten sich – nicht flüchtig wie sonst immer, sondern lange und fest. Sie sprachen es nicht laut aus, doch insgeheim spürte jeder, dass dies kein gewöhnlicher Abschied war. Es war ein Abschied für eine sehr, sehr lange Zeit – vielleicht sogar für immer ...

***

Einen Tag später stand Gary Smith mit vier Beamten der DEA vor einer Anwaltskanzlei und klingelte. Ein großes goldenes Schild hing an der Tür. »Anwältin Jenny Page« war mit schwungvollen Buchstaben darauf eingraviert.

Die Stimme einer Frau erklang über die Gegensprechanlage. »Ja, bitte?«

»Ist Mrs Page zu sprechen?«

»Worum geht es denn?«

»Smith, DEA«, stellte sich der Chefinspektor knapp vor. »Wir haben einen Haftbefehl gegen Simon Sotelo. Sein Auto steht unten. Wir wissen also, dass er hier ist. Dürften wir reinkommen?«

»Einen kleinen Moment, bitte.«

Es knackte, und die Stimme war weg. Smith und seine Begleiter warteten ... und warteten ... und warteten. Durch die verschlossene Tür waren dumpfe Stimmen zu hören. Dann ein undefinierbares Geräusch und schnelle Schritte.

Smith beschlich ein ungutes Gefühl. Er klingelte erneut. »Mrs Page! Aufmachen! Öffnen Sie sofort die Tür!«

Wertvolle Sekunden verstrichen. Smith dauerte das alles viel zu lange. Er polterte gegen die Tür. »Mrs Page! Zwingen Sie uns nicht, die Tür einzutreten!«

Klackende Schritte von Stöckelschuhen näherten sich, und eine attraktive Frau mit Brille, hochgesteckter Frisur und klassischem Kostüm öffnete die Tür. Sie lächelte höflich. »Tut mir leid, dass ich Sie so lange warten lassen musste. Wie, sagten Sie, ist Ihr Name?«

»Smith«, sagte der Drogenfahnder, hielt erst seine Dienstmarke, dann den Haftbefehl hoch. »Wir sind hier, um Simon Sotelo zu verhaften.«

»Oh«, meinte die Anwältin. »So ein Pech. Sie haben ihn gerade verpasst.«

Smith riss der Geduldsfaden. Er wusste, dass die Frau ihn belog. Kurzerhand zückte er seine Dienstwaffe und stürmte mit seinen Männern die Kanzlei. Aber von Sotelo fehlte natürlich jede Spur. Smith öffnete eines der Fenster und bemerkte eine Feuerleiter, die unmittelbar neben dem Fenster an der Hausfassade befestigt war und in den Hinterhof hinunterführte. Keine Frage: Sotelo musste daran heruntergeklettert sein, während seine Anwältin ihm genügend Zeit verschafft hatte, indem sie die Polizei vor der Tür warten ließ. Smith murmelte verärgert vor sich hin und steckte die Waffe wieder ein.

»Er ist weg«, stellte er fest und wandte sich verärgert an Mrs Page. »Ihnen ist schon klar, dass Sie soeben einem internationalen Drogendealer zur Flucht verholfen haben!«

Mrs Page ließ sich nicht aus der Ruhe bringen. »Sie unterstellen mir da etwas, wofür Sie keinerlei Beweise haben, Officer. Wie ich bereits sagte, Sie haben Mr Sotelo gerade verpasst. Wenn Sie mich jetzt entschuldigen würden. Ich habe zu tun.«

Smith pfiff seine Leute zurück und verließ das Anwaltsbüro grummelnd. Nun gut, Simon Sotelo war ihnen um Haaresbreite entwischt. Aber vielleicht hatten ja die anderen Teams mehr Erfolg gehabt. Simon Sotelo war schließlich nicht der Einzige, der zur Verhaftung ausgeschrieben worden war. Das Kassenbuch, Matsumotos detaillierte Informationen über die Vorgehensweise der Organisation und vor allem die heimlichen Tonbandaufnahmen von Gesprächen mit den Drogenbaronen waren ausreichend gewesen, um insgesamt sieben Personen auf die Fahndungsliste zu setzen: Simon Sotelo, sein Cousin Raul sowie fünf Dealer aus Matsumotos Kassenbuch. Die verschlüsselte Liste der Kunden war zwar erheblich länger, doch einige Identitäten wollte der Buchhalter unter keinen Umständen preisgeben, da er um sein Leben fürchtete. Dafür verriet er der Polizei die Adresse eines Schließfaches in Berkeley, 20 Kilometer östlich von San Francisco. Das Schließfach gehörte Simon, aber Matsumoto hatte ebenfalls Zugriff darauf und kannte den Zahlencode.

Als Smith zurück in seinem Dienstwagen war, erfuhr er über Funk, dass die Kollegen, die er zu dem Schließfach geschickt hatte, soeben 20 Kilo reinstes Heroin und 95 000 Dollar in bar darin gefunden hatten. Und wenig später erstatteten ihm die übrigen Einsatzleiter Bericht, dass sämtliche Verhaftungen problemlos über die Bühne gegangen waren. Damit hatten sie innerhalb einer einzigen Stunde sechs hochkarätige Dealer aus dem Verkehr gezogen. Smith war äußerst zufrieden mit dem Ergebnis ihres Großeinsatzes, und am nächsten Tag schaffte er es auf fast alle Titelseiten kalifornischer Zeitungen. Es war ein Schlag gegen die Drogenszene, wie es ihn seit

Jahren nicht gegeben hatte. Später stellte sich heraus, dass der Drogenring weit mächtiger war als zunächst vermutet. Nachdem sich das Puzzle allmählich zusammensetzte, kam die DEA zu dem Schluss, dass die »Simon-Sotelo-Organisation«, wie sie den Drogenring von nun an nannten, mindestens 70 Prozent des gesamten Drogenhandels in Nordkalifornien kontrollierte.

Wo Simon Sotelo sich verkrochen hatte, wusste Smith nicht. Aber für den Fall, dass er zu seiner Villa zurückkehren würde, hatte Smith ein Überwachungsteam auf dem Hügel postiert, das die Residenz rund um die Uhr bewachen und Smith unverzüglich Bescheid geben sollte, falls Simon dort auftauchte.

Gleich am nächsten Morgen begaben sich Smith, Wayne und ein Team von acht weiteren Polizisten mit einem richterlichen Durchsuchungsbeschluss zu Sotelos Villa. Zuerst klingelten sie in der Erwartung, dass Simons Frau, seine Kinder oder die Hausangestellte die Tür öffnen würde. Als niemand aufmachte, drangen sie gewaltsam in die Villa ein – und staunten nicht schlecht, als sie das Haus komplett leergeräumt vorfanden.

»Das darf doch nicht wahr sein!«, rief Smith und blieb entgeistert in der leeren Empfangshalle stehen, während sein Team ausschwärmte.

»Der ist uns wohl immer eine Nasenlänge voraus«, meinte Wayne. »Wie hat er nur so schnell eine ganze Villa leerräumen können?«

»Weil er gewusst hat, dass wir kommen. Deshalb.«

»Sie denken, es gibt eine undichte Stelle bei der DEA?«

»Darauf können Sie Gift nehmen«, brummte Smith verärgert.

»Aber hätten unsere Leute auf dem Hügel nicht irgendetwas mitbekommen müssen?«, überlegte Wayne.

»Ich bin mir sicher, es gibt genug tote Winkel, Hintereingänge und Fenster, die das Team vom Hügel aus nicht sehen kann.«

»Denken Sie, er will sich ins Ausland absetzen?«

»Das hat er wahrscheinlich schon getan«, stellte Smith nüchtern fest und ließ seinen Blick über den leeren Raum gleiten. »Wo steckst du, Sotelo? Wo treibst du dich rum?«

»Boss, das sollten Sie sich ansehen«, unterbrach einer der Polizisten ihr Gespräch. Smith und Wayne folgten dem Mann ins Wohnzimmer. Auch hier waren keine Möbel mehr vorhanden - außer einem Schreibtisch, der exakt in der Mitte des leeren Wohnzimmers platziert worden war, gerade so, als hätte Sotelo ihn absichtlich dort stehen lassen. Auf dem Schreibtisch befand sich ein eingerahmtes Foto, ebenfalls schön in der Mitte, damit die Polizei es auch ja finden würde. Und als Smith es sich genauer ansah, wusste er auch warum: Es zeigte Simon Sotelo mit Jerry Brown, dem Gouverneur von Kalifornien! Die beiden lachten fröhlich in die Kamera und sahen aus wie alte Bekannte!

»Da soll mich doch ...«

»Moment mal«, stellte Wayne verdutzt fest. »Ist das nicht ...«

»... der Gouverneur von Kalifornien, ganz recht.«

»Sotelo ist mit *Jerry Brown* befreundet?!«

»Sieht ganz danach aus«, knurrte Smith und stellte das Foto wieder auf den Schreibtisch zurück. »Dieses Schlitzohr. Setzt uns das Foto direkt vor die Nase, damit wir auch ja wissen, mit was für einflussreichen Leuten er verkehrt.«

»Und was jetzt?«

»Finden Sie heraus, was der Gouverneur mit Sotelo zu schaffen hat. Und dann rufen Sie sämtliche Umzugsfirmen in der Umgebung an und erkundigen Sie sich nach den letzten Umzügen ins Ausland.« Er knackte seine Finger. »Und selbst wenn du mit dem Präsidenten der Vereinigten Staaten befreundet bist, Sotelo: Ich bring dich zur Strecke. Verlass dich drauf!«

17 Katz-und-Maus-Spiel

Januar 1977

»Wach auf, Sergio! Bitte wach auf!«

Johnny rüttelte seinen Kumpel, der mit aufgesperrtem Mund und offenen Augen auf dem Wohnzimmerboden lag, an den Schultern. Sergio atmete nicht mehr, und Johnny war völlig verzweifelt. »Du darfst nicht sterben! Sergio!!!«

Sergio antwortete nicht. Sein Gesicht war kreideweiß, seine Lippen grau. Die trüben Augen waren ein eindeutiges Zeichen, dass das Leben ihn verlassen hatte. Johnny wusste nicht, was er tun sollte. Er begann Sergio anzubrüllen, mit den Fäusten zu schlagen. Und dann, als er realisierte, dass all seine Bemühungen umsonst waren, begann er hemmungslos zu weinen. Sergio war tot. Sein bester Kumpel! Wie konnte das nur passieren? Eben hatten sie noch zusammen gelacht und Kokain geschnupft. Und dann plötzlich geriet Sergio in eine Art Delirium, faselte wirres Zeug, behauptete, schwarze Klauen würden nach ihm greifen, und geriet total in Panik. Johnny versuchte ihn zu beruhigen, aber es wurde immer schlimmer. Schließlich hatte Sergio keine Luft mehr bekommen, die Augen verdreht, gezuckt, nach Luft gerungen, und dann ... dann war er einfach zusammengesackt und hatte sich nicht mehr gerührt.

Johnny weinte und wimmerte, während er am Boden saß und Sergios schlaffen Oberkörper festhielt. Er war zwar high, aber klar genug im Kopf, um zu kapieren, dass sein Freund soeben an einer Überdosis gestorben war. Und er hatte nichts tun können, um es zu verhindern.

Ich muss Hilfe holen!, schoss es Johnny durch den Kopf. Er stand auf, torkelte zum Telefon und wählte den Notruf. Die Minuten, bis die Sanitäter eintrafen, kamen dem jungen Mexikaner wie Stunden vor. Er hatte immer noch die Hoffnung, dass Sergio wieder aufwachen würde, dass das alles nur ein böser Albtraum wäre und er sich das Ganze nur einbildete. Doch dem war leider nicht so. Und die Rettungssanitäter konnten nur noch Sergios Tod feststellen.

»Das ist nun schon der vierte Drogentote diese Woche«, stellte einer der Männer nüchtern fest, während er dem Burschen die Augen schloss. »Seitdem sie diesen Drogenring hochgenommen haben, ist hier die Hölle los.«

»Wie meinen Sie das?«, fragte Johnny und wischte sich über die verheulten Augen.

»Lesen Sie keine Zeitung, junger Mann? Die DEA hat die größten Drogenbosse Nordkaliforniens eingebuchtet, und als Folge davon sterben nun Hunderte von Drogensüchtigen im gesamten Bundesstaat, weil der Nachschub fehlt.« Der Sanitäter deutete mit dem Kopf auf den kleinen Couchtisch, auf dem die Rückstände des Kokses noch zu sehen waren, das Sergio in den Tod gerissen hatte.

»Was auch immer Ihr Freund da gesnifft hat, es war bestimmt mit Waschpulver oder Rattengift gestreckt. Der Markt ist komplett ausgetrocknet, und diejenigen, die in die Lücke eingesprungen sind, verticken derart unsauberen Stoff, dass die Abhängigen daran krepieren. Sie sollten die Finger davon lassen, oder Sie werden der Nächste sein.«

Johnny fröstelte bei diesen Worten. Er sah zu, wie die Sanitäter seinen toten Kumpel in einen grauen Leichensack legten und den Reißverschluss hochzogen. Es war irgendwie so unreal, doch gleichzeitig so grausam real. Und endgültig. Es machte ihm Angst.

Du wirst genauso enden wie er! Du wirst an einer Überdosis draufgehen. Sie werden dich in einen Leichensack stecken und den Reißverschluss hochziehen. Und das war's dann. Mehr wird von deinem Leben nicht übrig bleiben. Nur ein lebloser Körper in einem Leichensack. Sergio, warum musstest du unbedingt noch eine Linie schnupfen? Du warst doch schon total high!

»Komm zurück!«, flüsterte Johnny und legte seine Hand auf den Leichensack, während ihm die Tränen über die Wangen liefen. »Komm bitte zurück, Kumpel!«

Zwei Polizisten erschienen in der Tür und kamen auf Johnny zu, um ihm ein paar Fragen zu stellen. Die Sanitäter hoben Sergio unterdessen auf eine Bahre und trugen ihn aus der Wohnung. Johnny war auf einmal unendlich müde. Er wollte nur noch schlafen und nie wieder aufwachen.

Ob es ein Leben nach dem Tod gibt?, fragte er sich, während er seinem Freund wehmütig nachblickte. Er hatte sich diese Frage noch nie gestellt. Aber er hatte auch noch nie miterlebt, wie jemand, den er kannte, vor seinen Augen starb und wie das Leben sichtbar aus dem Körper eines Menschen entwich. Irgendwo musste dieses Leben doch hingegangen sein! Aber wohin? In den Himmel? In die Hölle? Johnny wusste es nicht. Und er war sich auch gar nicht sicher, ob er es wirklich wissen wollte.

***

»Mensch, Simon! Endlich bist du von den Toten auferstanden! Wurde aber auch Zeit, dass du dich mal meldest. Hast du dich gut in Mexiko eingelebt?«

Es war nachts um halb zwei, und Ricco war mit seinem Wagen unterwegs nach San José, um seinen Bruder, der offenbar wieder mal sturzbetrunken war, von einer Bar abzuholen.

Das Autotelefon war auf Lautsprecher gestellt.

»Hey, Cousin! Ja, hat alles wunderbar geklappt. Tut mir leid, dass ich mich klammheimlich davongemacht habe, ohne mich zu verabschieden. Aber Jenny hat dir bestimmt erzählt, wie's gelaufen ist. Eigentlich dachte ich, ich hätte noch ein paar Tage Zeit. Als ich gerade noch ein paar rechtliche Dinge mit Jenny klären wollte, sagte sie mir plötzlich, draußen stehe die Polizei mit einem Haftbefehl. Tja, da musste ich natürlich handeln. Ich hangelte mich die Feuerleiter runter, kletterte über eine Mauer und landete auf dem Gelände eines Gebrauchtwagenhändlers. Gott sei Dank hatte ich genug Bargeld dabei, um mir ein Auto zu kaufen, und damit fuhr ich dann runter nach Mexiko.«

»Du hast echt mehr Glück als Verstand, Simon. Wie geht's deiner Frau und den Jungs?«

»Gut. Sie sind ein paar Tage später nachgekommen. Alejandro

und Pedro lieben es, auf den Pferden zu reiten. Und Carla liebt vor allem den frisch gepressten Limonensaft von Limonen aus unserem Garten.«

»Und die DEA?«

»Die DEA?« Simon lachte. »Einer meiner Kontaktleute hat mir gesagt, sie hätten die Umzugsfirma ausfindig gemacht, die meine ganzen Möbel nach Mexiko transportierte, und wären den Lastern bis über die Grenze gefolgt. Du weißt ja, die amerikanischen und mexikanischen Behörden arbeiten eng zusammen, wenn es um den Drogenhandel geht. Dachten wohl, sie könnten einfach den Möbelwagen folgen und mich hier unten festnehmen. Aber als die Agenten der DEA sahen, dass die Lastwagen nach Culiacán reinfuhren, haben sie sich geweigert weiterzufahren aus Angst, sie würden sonst umgebracht und ihre Leichen irgendwo verscharrt und nie gefunden werden. Das wär vermutlich tatsächlich passiert, hätten sie es gewagt, in das Gebiet der Drogenkartelle vorzudringen. Gut für mich. Die DEA bin ich erst mal los. Und unserem alten Freund Gary Smith hab ich mit einem kleinen Foto klargemacht, dass er sich besser nicht mit mir anlegen soll.«

»Was für ein Foto?«

»Erinnerst du dich an die Werbekampagne, die der Gouverneur letztes Jahr durchführte? Ich hab mich dort wie viele andere mit ihm ablichten lassen. Und das Foto hab ich eingerahmt und auf einen Tisch im Wohnzimmer gestellt, damit es Smith auch ja sieht, wenn er mein Haus stürmt und daraus seine Schlüsse zieht.«

Ricco grinste. »Du bist unverbesserlich, Cousin.«

»Und du?«, fragte Simon. »Ist Smith dir auch auf die Pelle gerückt?«

»Allerdings. Er hat mein Haustelefon verwanzen lassen. Immer, wenn ich telefoniere, höre ich ein leises Klicken, und dann weiß ich, dass jemand mithört.«

»Ach wie nett. Und was ist mit Personenüberwachung?«

»Du meinst die Undercover-Agenten, denen man schon auf zehn Kilometern Distanz ansieht, dass sie mich beschatten? Ja, ich hab nun auch welche am Hals. Es sitzen immer ein oder zwei in einem

Wagen gegenüber von meinem Haus und folgen mir auf Schritt und Tritt. Echt lästig.«

»Aber nachweisen konnten sie dir bisher nichts.«

»Natürlich nicht. Smith hat sogar versucht, mich wie Al Capone wegen Steuerhinterziehung dranzukriegen. Da kam so ein penibler chinesischer Steuerfahnder, der hat die gesamte Buchhaltung all meiner Geschäfte tagelang unter die Lupe genommen. Aber gefunden hat er nichts. Er sagte sogar, er habe noch nie eine so exakte Buchhaltung gesehen. Wie ich dir von Anfang an sagte: Ich werde nicht ins Gefängnis gehen. Ich weiß, was ich tue, und wenn Smith denkt, er könne mich überlisten, hat er falsch gedacht.«

»Und dein Bruder?«

»Fredo geht's gut, solange er es nicht mit dem Alkohol und dem Koks übertreibt. Ich denke, wenn sich die Lage wieder beruhigt hat, werden Fredo, Chale und ich weitermachen. Aber erst mal warten wir ab.«

»Wenn du irgendetwas brauchst, lass es mich wissen, Cousin. Und grüß Corinna und deine Kinder von mir.«

»Das mach ich. Und grüß du Carla und die Jungs von mir. Halt die Ohren steif, Simon.«

»Du auch, Ricco.«

Simon legte auf. Ricco fuhr von der Autobahn ab, durchquerte San José und parkte vor einem der Nachtklubs, in denen Fredo regelmäßig Gast war. Der Besitzer hatte Ricco angerufen und ihn gebeten, seinen Bruder abzuholen, da er nicht mehr aufrecht stehen konnte und andere Gäste mit seinem Verhalten belästigte. Es war nicht das erste Mal, dass Ricco seinen Bruder in irgendeinem Nachtlokal abholen musste. Die Kellner und Barkeeper kannten Ricco bereits und deuteten in eine Ecke, wo Fredo wie ein Häufchen Elend saß und Selbstgespräche führte. Es schmerzte Ricco, seinen Bruder so zu sehen. Warum konnte er bloß nicht die Finger vom Alkohol lassen?

»Ich muss mich für das Verhalten meines Bruders entschuldigen«, sagte Ricco und zog seine Brieftasche aus der hinteren Hosentasche. »Was ist er Ihnen schuldig?«

»53 Dollar.«

Ricco schob dem Barkeeper einen Hunderter über den Tisch. »Stimmt so.«

Der Mann hinter der Theke nahm das Geld entgegen und bedankte sich. Ricco ging hinüber zu seinem Bruder und half ihm aufzustehen.

»Komm, Fredo, geh'n wir nach Hause.«

»N...nur noch einen«, sagte Fredo mit schwerer Zunge und sah Ricco mit glänzenden Augen an. »Einen k...klitze k...kleinen Drink.«

»Nein, für heute ist Schluss«, erklärte Ricco wie ein Vater einem quengelnden Kind. »Du kannst froh sein, dass du noch kein Hausverbot gekriegt hast. Geh'n wir.«

Er legte sich Fredos Arm um seine Schulter. Dann schleppte er seinen Bruder nach draußen zu seinem Auto, setzte ihn auf den Beifahrersitz, ging um den Wagen herum und setzte sich ans Steuer.

»Es t...tut mir leid, Bruder«, nuschelte Fredo schuldbewusst. »Ich w...weiß, ich sollte n...nicht so viel trinken. Morgen hör ich damit auf, v...versprochen.«

»Ja, morgen«, brummte Ricco ungläubig und fuhr los. »Das hast du letztes Mal auch gesagt. Und all die Male zuvor auch. Und dann ruft mich Marisol weinend an und sagt, du hättest wieder gekokst und zu Hause die ganze Bar leer getrunken. Du musst echt damit aufhören, Fredo. So kann das nicht weitergehen! Merkst du nicht, was das Zeug mit dir anstellt? All der Alkohol und die Drogen? Mann, das bist nicht mehr du, Fredo!«

Fredos Augen füllten sich mit Tränen.

»Ich w...will das doch nicht«, schniefte er. »Aber ich k...kann nicht anders. Ich b...bin nicht so stark wie du!«

»Doch, das bist du, Bruder! Erinnerst du dich nicht mehr daran, wie du mich früher immer verteidigt hast, wenn mich jemand verprügeln wollte? Du warst der Stärkere von uns beiden, nicht ich! Und jetzt? Sieh dich an, Fredo! Sieh an, was aus dir geworden ist! Dieses Dreckszeug wird dich eines Tages umbringen!«

Fredos Lippen bebten. Geknickt saß er auf dem Beifahrersitz, während die Tränen über seine Wangen liefen.

Ricco warf einen Blick zu ihm hinüber, und auf einmal wurden auch seine Augen feucht. »Ach Mann, Bruder! Ich will dich nicht verlieren, hörst du?! Das würde ich nicht ertragen. Du musst damit aufhören. Ich flehe dich an: Hör auf damit, bevor es zu spät ist!«

Ricco brachte Fredo nach Hause und half Marisol, ihn ins Bett zu bringen. Die Sucht ihres Mannes hatte auch in ihrem Gesicht Spuren hinterlassen.

»Danke, dass du ihn hergebracht hast«, flüsterte sie und lächelte ihren Schwager in ihrem Morgenrock müde an.

»Das ist doch selbstverständlich«, sagte Ricco. »Er ist mein großer Bruder. Ich würde alles für ihn tun.«

Und das war nicht gelogen. Sein Bruder bedeutete Ricco mehr als alles in der Welt. Es war nicht leicht, mitansehen zu müssen, wie die Drogen und der Alkohol langsam, aber unaufhaltsam sein Leben zerstörten.

Gleich am nächsten Tag rief Ricco einen Freund von der DVI an, der bei den Anonymen Alkoholikern war, und fragte ihn, ob er bereit sei, seinen Bruder mal zu einem Treffen mitzunehmen. Doch der gut gemeinte Versuch scheiterte. Fredo ging zwar ein paar Mal mit zu den Treffen und hörte tatsächlich für ein paar Wochen auf zu trinken. Aber irgendwann war die Versuchung doch stärker als sein Wille, und Fredo fiel zurück in seine alten Gewohnheiten.

***

Simon hatte in Mexiko doch nicht so viel Glück, wie es anfangs den Anschein gemacht hatte. Dass es zwischen den USA und Mexiko ein Auslieferungsabkommen gab, hatte ihm nicht wirklich Sorgen gemacht, da er sich ja in einer Hochburg des Drogenhandels niedergelassen hatte, in der etwas andere Gesetze galten als die der Strafverfolgungsbehörden. Simon fühlte sich ziemlich sicher in seinem neuen Zuhause – bis zu dem Tag, als es an seiner Tür klingelte und er von der mexikanischen Polizei verhaftet wurde. Simon war völlig überrumpelt. Damit hätte er nie und nimmer gerechnet.

Als die Polizisten ihn in eine Massenzelle sperrten, versuchte er es mit Bestechung. »Hey, hören Sie, ich geb Ihnen 10 000 Dollar bar auf die Hand, wenn Sie mich hier rauslassen.«

Doch die Polizisten gingen nicht darauf ein. »Tut uns sehr leid, Señor Sotelo. Hätten Sie uns dieses Angebot bei sich zu Hause unterbreitet, wären wir darauf eingegangen. Wir hätten einfach behaupten können, Sie seien nicht da gewesen. Doch hier sind uns die Hände gebunden. Die Agenten der DEA sind bereits unterwegs, um Sie abzuholen. Wir können nichts mehr für Sie tun.«

Einen Tag später wurde Simon den DEA-Agenten übergeben und zurück nach Kalifornien gebracht. Das amerikanische Gericht hatte ihn ohne seine Anwesenheit zu vier Jahren Haft verurteilt, und er kam auf direktem Weg ins Bundesgefängnis in Lompoc, etwa 400 Kilometer südlich von Modesto.

***

Mai 1979

Ricco und Fredo saßen neben dem Swimmingpool auf Riccos Terrasse und sahen ihren Kindern zu, wie sie fröhlich im Wasser plantschten. Riccos älteste Tochter Michelle war nun schon elf Jahre alt, Rita und Veronica waren neun, Tom sieben, April sechs und Bobby vier. Riccos Familie hatte sich noch mehr vergrößert. Kurz nach Simons Verhaftung war Richard zur Welt gekommen und vor einem Monat Judy. Damit hatten Ricco und Corinna nun also acht Mäuler zu stopfen. Fredos Familie war etwas kleiner. Er hatte drei Töchter: Die älteste war zwölf, die mittlere zehn und die kleinste war zwei Jahre alt, genau wie Riccos zweitjüngster Sprössling.

Während die Kinder sich im Swimmingpool amüsierten, saßen ihre Mütter Marisol und Corinna am Poolende und unterhielten sich angeregt. Ricco und Fredo taten es ihnen gleich. Doch im Gegensatz zu ihren Frauen und ihren Kindern waren sie alles andere als gut gelaunt. Die neueste Entwicklung der Dinge war einfach nur beängstigend. Dabei war alles so gut gestartet! Bereits ein halbes Jahr nach der großen Verhaftungswelle hatten Ricco, Fredo und Chale wieder mit Dealen begonnen. Natürlich waren in dem halben Jahr ihrer Abwesenheit kleine Drogenhändler, die auf schnelles Geld aus waren, wie Pilze aus dem Boden geschossen, um die Versorgungslücke zu stopfen. Aber sie hatten nicht den reinen, qualitativ hochwertigen Stoff der »Simon-Sotelo-Organisation«, sondern nur minderwertige Ware, gestreckt mit allem, was irgendwie weiß und pulverförmig war. Und sie verkauften das dreckige und lebensgefährliche Zeug für absurd hohe Preise.

Aber das eigentliche Problem waren nicht die kleinen Straßendealer. Die hatten keinen Stich, als die »Simon-Sotelo-Organisation« wieder im Geschäft war. Was Ricco, Fredo und Chale viel mehr Kopfzerbrechen bereitete, war ein Gerücht, das innerhalb weniger Tage von verschiedenen Quellen bestätigt wurde: Joe Morgan, der »weiße Pate« von La Eme, war auf dem Vormarsch. In Südkalifornien hatte er bereits Fuß gefasst. Und jetzt hatte er ein Heer von Kriegern der Mexican Mafia um sich geschart, um in den Norden einzudringen und auch hier den Drogenmarkt zu übernehmen. In all den Jahren war nie jemand aufgetaucht, der eine ernsthafte Bedrohung für die »Simon-Sotelo-Organisation« darstellte. Doch wie es aussah, waren diese Zeiten vorbei. Und der Name des Rivalen flößte Ricco Furcht und Schrecken ein.

»Joe Morgan ist ein eiskalter Killer«, klärte er seinen Bruder auf. »Ich hab ihn nie persönlich kennengelernt. Aber als ich noch bei der DVI war, hatte er innerhalb sämtlicher Gefängnismauern Kaliforniens die Kontrolle über den Drogenhandel inne. Er hatte schon damals Kontakte zu Drogenkartellen in Mexiko. Der Kerl ist äußerst gerissen und schreckt auch nicht vor Mord zurück, um seine Ziele zu erreichen. Wenn Joe Morgan mit seinen Soldaten zu uns hochkommt, haben wir ein echtes Problem, Bruder. Lieber spiele ich ein Leben lang Katz und Maus mit Gary Smith, als Joe Morgan in die Hände zu fallen.«

»Und was machen wir jetzt?«

Ricco ließ seinen Blick über die Kinder schweifen, die einander kreischend und quiekend nass spritzten und völlig unbeschwert den heißen Nachmittag genossen. Dann blickte er hinüber zu Corinna, die gerade Baby Judy stillte. Was, wenn Joe Morgan seiner Familie etwas antäte? Was, wenn er sie umbrächte? Es schauerte Ricco bei dem Gedanken. Doch er zwang sich, seine Emotionen wieder unter Kontrolle zu bringen und einen kühlen Kopf zu bewahren. Bei der DVI war er jahrelang auf »Zustand Orange« geeicht gewesen. Er war geübt darin, Extremsituationen zu meistern. Von Joe Morgan würde er sich nicht einschüchtern lassen. Wenn der »weiße Pate« ihnen den Krieg erklärte, dann würden sie ihn gebührend empfangen. So viel war sicher.

»Chale soll uns Waffen besorgen«, bestimmte Ricco. »Er kennt doch einen, der mit Waffen handelt. Wir brauchen zehn M16-Maschinengewehre für uns und unsere Verbündeten, außerdem kugelsichere Westen und Revolver.«

Fredo sah ein wenig besorgt aus. »Ist das wirklich nötig? Ich meine, ich hab keine Ahnung von Waffen, geschweige denn von Maschinengewehren.«

»Keine Sorge, ich werd's dir beibringen. Ich hab bei der Armee eine Menge mit Waffen hantiert. Die M16 kenn ich in- und auswendig. Wenn Joe Morgan es tatsächlich wagen sollte, in unser Territorium einzudringen, werden wir auf ihn vorbereitet sein.«

Fredo war anzusehen, dass ihm die Sache nicht ganz geheuer war. »Und ... was ist, wenn Joe Morgan stärker ist als wir?«

»So darfst du nicht denken, Fredo!«, sagte Ricco und sah seinen Bruder streng an. »Wir packen das, klar?! Ich bin dem Teufel schon ein paar Mal von der Schippe gesprungen. Und ich werde es wieder tun. Und wieder. Und wieder. Heute ist kein Tag zum Sterben, Bruder. Weder für dich noch für mich, okay?«

Er streckte Fredo die Hand entgegen. Fredo ergriff sie und nickte. Die Brüder sahen einander an und schwiegen. Angst und Entschlossenheit spiegelten sich gleichermaßen in ihren Augen. Und für einen Moment kam es Ricco so vor, als wären sie wieder jenes unschlagbare, eingeschweißte Team, das sie früher einmal waren. Ja, sie würden kämpfen. Was auch immer geschehen würde, sie würden sich der

Gefahr stellen und kämpfen, für ihre Familien, für den Drogenring, für ihr Leben.

Chale bestellte die Waffen, und als sie eintrafen, gab Ricco ihm und Fredo einen Crashkurs zur Bedienung der M16. Danach verbuddelten sie die Kiste mit den Maschinengewehren in Fredos Garten in der Hoffnung, sie nicht gleich am nächsten Tag wieder ausgraben zu müssen.

Die kommenden Wochen stand Ricco völlig unter Strom. Er ging nur noch mit einer kugelsicheren Weste aus dem Haus und trug auf beiden Seiten eine Waffe unter der Jacke. Wenn er in ein Restaurant ging, setzte er sich in die hinterste Ecke, um den gesamten Raum überblicken zu können. Denn würde einer von Morgans Leuten reinspazieren, würde er Ricco nicht erst seine Rechte vorlesen, sondern ihn töten, sobald er ein freies Schussfeld hatte. *Was um alles in der Welt ist hier los?!*, dachte Ricco. *Wie soll das noch enden?*

Bei der DVI hatte Ricco oft Situationen erlebt, in denen er Todesängste ausgestanden hatte. Jetzt waren diese Ängste wieder da, stärker denn je, und begleiteten Ricco Tag und Nacht. Ständig vergewisserte er sich, dass ihm niemand folgte. Die ganze Zeit fürchtete er, plötzlich in die Mündung einer Waffe zu blicken. Nachts konnte er nicht mehr schlafen. Sobald er die Augen schloss, träumte er wieder diesen einen fürchterlichen Albtraum, in dem er von einer Horde von Gefangenen durch die Knastkorridore gejagt und schließlich niedergestochen wurde, nur dass diesmal Joe Morgan die Truppe anführte. Als Ricco in seinem Traum bereits wehrlos auf dem Boden lag, beugte sich der »weiße Pate« mit einer hässlich grinsenden Fratze über ihn und raunte ihm zu: »Du entkommst mir nicht, Sotelo!«

Ricco wachte jedes Mal mit einem Schrei auf, und sowohl die Betttücher als auch er selbst waren völlig durchgeschwitzt.

Eines Nachts im Juli, als Ricco wieder einmal nicht schlafen konnte, drehte er ein paar Runden im Swimmingpool, legte sich anschließend auf eine Liege und beobachtete, wie schwarze Schleierwolken am Vollmond vorbeizogen.

Wenn doch nur endlich alles vorbei wäre, dachte er. *Ich steh das nicht mehr lange durch.*

Plötzlich klingelte das Telefon. Verwundert blickte Ricco auf seine Armbanduhr. Es war viertel vor zwei. Wer mochte ihn zu dieser Uhrzeit anrufen? Er ging ins Haus, eilte hinüber zur Kommode, auf der das Telefon stand, und nahm den Hörer ab.

»Sotelo?«

Am anderen Ende der Leitung war ein Schluchzen zu hören.

»Marisol? Bist du das?«

»Ricco«, brachte Marisol wimmernd hervor. Das Sprechen fiel ihr schwer. »Bitte komm schnell her. Es ist etwas Furchtbares passiert. Fredo ist tot!«

»Was?!« Ricco taumelte. Tot?! Sein Bruder war ... tot?! Das konnte unmöglich wahr sein! Nicht Fredo! Nicht sein Bruder!

Nein!, schrie er innerlich. *Nein! Nein! Nein!!!*

Ricco stützte sich mit der Hand auf die Kommode, um nicht das Gleichgewicht zu verlieren. Ihm wurde heiß und kalt zugleich.

»Was ist passiert?«, fragte er seine Schwägerin.

»Ich weiß es nicht«, sagte Marisol mit stockender Stimme. »Er war auf einer Party. Wahrscheinlich hat er wieder zu viel getrunken und gekokst. Und als er nach Hause kam, ist er ... ist er einfach zusammengebrochen. Mitten im Wohnzimmer.«

»Wann war das?«

»Vor einer halben Stunde vielleicht. Ich hab die Ambulanz gerufen, aber als sie eintrafen, da ...« Sie brach ab und weinte erneut. »Da war er bereits tot ... Sie konnten ihm nicht mehr helfen. Sie konnten nichts mehr für ihn tun!« Sie schluchzte erbärmlich. Riccos Kehle schnürte sich zusammen.

»Bitte komm, so schnell du kannst, Ricco. Ich ... ich schaff das nicht allein.«

»Ich bin sofort da.«

Er eilte ins Schlafzimmer, weckte Corinna auf und erzählte ihr, was passiert war und dass er rüber nach San José fahren würde, um nach Marisol zu sehen. Corinna blieb wegen der Kinder zu Hause. Ricco zog sich an und fuhr los. Auf der ganzen Fahrt war er wie in

Trance. Er wollte das alles nicht wahrhaben. Sein Bruder war tot. Das konnte nicht sein! Es *durfte* nicht sein! Nicht sein Bruder! Fredo war gerade mal 35 Jahre alt, viel zu jung zum Sterben.

Ricco schlug seine Fäuste gegen das Lenkrad und schrie laut auf. Tränen rollten ihm über die Wangen. Die Trauer um seinen Bruder zerbrach ihm schier das Herz. Sie waren beste Freunde gewesen. Sie hatten ihr Leben miteinander geteilt, die guten und die schlechten Zeiten, die Höhen und die Tiefen. Sie hatten sich auch ohne Worte verstanden, weil jeder genau wusste, wie der andere tickte. Das Band der Freundschaft zwischen den Brüdern war etwas ganz Besonderes gewesen. Fredo hatte Ricco alles bedeutet. Und jetzt war er tot. Es war irgendwie so unreal. Und gleichzeitig so grausam real. Und endgültig.

»Warum hast du bloß nicht auf mich gehört?«, schrie Ricco, als säße sein Bruder mit ihm im Wagen. »Ich hab dich doch gewarnt. Ich hab dich immer und immer wieder gewarnt! Ich hab dir gesagt, das Zeug bringt dich eines Tages um! Warum hast du nicht auf mich gehört? Warum?!«

Er weinte die ganze Fahrt bis nach San José. Kurz vor Fredos Haus wischte er sich die Tränen aus den Augen und zwang sich, stark zu sein. Marisol sollte ihn nicht weinen sehen. Ein Mexikaner weinte nicht, auch nicht, wenn der eigene Bruder gerade gestorben war. Ricco klingelte an der Tür. Marisol öffnete und warf sich ihm schluchzend um den Hals. Ricco kämpfte mit aller Kraft gegen die eigenen aufsteigenden Tränen an. Nur mit Mühe konnte er sie zurückhalten. Nachdem sich seine Schwägerin an seiner Schulter ausgeweint hatte, gingen sie ins Wohnzimmer und Marisol erzählte ihm nochmals ausführlich die ganze Geschichte. Sie sagte, Fredo habe schon seit zwei Wochen eine Lungenentzündung mit sich herumgeschleppt. Und dann all das Koks, gemixt mit alkoholischen Getränken, war einfach zu viel gewesen für seinen Körper. Die Sanitäter meinten sogar, er habe einen Schlaganfall erlitten, kurz bevor er nach Hause gekommen sei.

Ricco blieb bis zum Morgen bei seiner Schwägerin und half ihr mit den Vorbereitungen für die Beerdigung. Sie fand zwei Tage später im engsten Kreis der Familie statt. In Ricco blieb nichts als eine große Leere zurück. Er vermisste seinen Bruder so sehr, dass es wehtat in der Brust. Und er fragte sich ernsthaft, wie er ohne ihn weiterleben sollte.

18 Entscheidungen

6. Dezember 1979

Den Tod seines Bruders überwand Ricco nur schwer. Und auch die lauernde Gefahr durch die mexikanische Mafia aus dem Süden stellte Riccos Nerven auf eine harte Probe. Obwohl bereits Monate verstrichen waren, ohne dass es irgendein Anzeichen einer blutigen Machtübernahme durch Joe Morgan gab, war Ricco so angespannt wie am ersten Tag. Corinna weihte er nur teilweise in die Situation ein. Er wollte sie nicht beunruhigen. Und die Kinder wussten überhaupt nichts von den illegalen Drogengeschäften ihres Vaters.

Eines Abends, als Ricco sich im Fernsehen ein Baseballspiel ansah, klingelte es an der Tür. Ricco schwang sich aus seinem bequemen Fernsehsessel, um zu öffnen.

Der Nachbar stand draußen und lächelte fröhlich. »Hi, Ricco!«

»Hi, Will!«, sagte Ricco. Eigentlich kannten sie sich kaum. Nur beim Rasenmähen oder Autowaschen begegneten sie sich manchmal und tauschten ein paar kurze Worte. Irgendwann hatte ihm Will das Du angeboten. Will Baye war um die vierzig, ein leidenschaftlicher Grillmeister und eigentlich stets gut gelaunt.

»Was steht an?«, fragte Ricco.

»Nun, ich wollte dich fragen, ob du Lust hättest, heute Abend zu unserem Hausbibelkreis zu kommen.«

»*Hausbibelkreis?*«

Will winkte lachend ab. »Ist halb so schlimm, wie es sich anhört. Wir sind ein kleines Grüppchen aus unserer Gemeinde und treffen uns immer donnerstags um 20 Uhr bei uns zu Hause. Jemand liest was aus der Bibel vor, wir unterhalten uns, reden über Gott und die Welt. Und es gibt Kaffee und Kuchen. Meine Frau backt die tollsten Kuchen. Allein schon deswegen lohnt es sich zu kommen.« Er fuhr sich über den dicken Bauch und lachte. »Was ist, hättest du Lust?«

Eigentlich hatte Ricco überhaupt keine Lust auf diesen komischen »Hausbibelkreis«. Er wollte dem guten Mann viel lieber die Tür vor der Nase zuschlagen, sich wieder in seinen Sessel schmeißen, eine neue Chipstüte öffnen und sich das Spiel zu Ende angucken.

Aber wenn ich das tue, dann wird er einen anderen Nachbarn einladen, und nächsten Donnerstag stehen dann zwei dieser Christen vor meiner Tür. Und darauf hab ich erst recht keinen Bock.

Also entschied sich Ricco für Übel Nummer eins und sagte zu. »Okay, ich komme.«

Der Nachbar strahlte wie ein Honigkuchenpferd. »Wunderbar! Dann also bis um 20 Uhr!«

»Ja, bis dann.« Noch bevor Will die Straße überquert hatte, bereute Ricco bereits, dass er zugesagt hatte.

Ich bin ein Drogenbaron und lasse mich von einem Nachbarn dazu überreden, zu einem Hausbibelkreis zu gehen? Ich bin echt dämlich. Zu dumm, dass Will nicht weiß, wer ich bin. Sonst hätte er mich bestimmt nicht eingeladen. Hausbibelkreis ... da hab ich mir ja was Schönes eingebrockt.

Aber für einen Rückzieher war es zu spät. Da musste er jetzt wohl oder übel durch.

Ricco wusste nicht gerade viel über die Bibel und das Christentum und all den Kram. Er war zwar katholisch erzogen worden, aber die Gottesdienstbesuche beschränkten sich im Großen und Ganzen auf zweimal im Jahr: Ostern und Weihnachten. Alles, was Ricco damals über Gott gehört hatte, war, dass er an diesen beiden Tagen die Wolken voneinander schob und auf die Erde herabschaute. Und wehe dem, der dann nicht brav in der Kirche saß und ihm Respekt zollte. In der Polizeihochschule hatte Ricco seinen Glauben an Gott endgültig über Bord geworfen und bezeichnete sich fortan als Atheisten. Er interessierte sich für Ufos und Außerirdische und verschlang alle Bücher von Erich von Däniken. Was der Schweizer Schriftsteller über Außerirdische und fliegende Untertassen schrieb, war in Riccos Augen so plausibel, dass er daran zu glauben begann. Im Prinzip konnte alles, wofür es keine logische Erklärung gab, mit dem Besuch von Außerirdischen auf der Erde erklärt werden, sogar all die Wunder in der Bibel.

Als die große »Paten-Epidemie« ausgebrochen war, hatte Ricco zwangsläufig wieder häufiger zur Kirche gehen müssen. Und wenn der Opferteller herumging und die meisten Leute ein paar Münzen oder einen Dollar hineinlegten, packte Ricco großzügig einen Hunderter obendrauf. Er glaubte nicht an das, was der katholische Priester vorne predigte, aber er fand die moralischen Werte gut, die die Kirche vermittelte. Er schickte sogar seine Kinder zur Katechese, damit sie lernten, ehrlich zu sein und andere Menschen zu respektieren.

Ricco hatte sich also über die Jahre hinweg seinen eigenen Glauben zusammengebastelt, ein Mix aus Humanismus, Atheismus, Katholizismus und Ufologie. Und da er ein wandelnder Experte war, was Außerirdische anbelangte, beschloss er, den Hausbibelkreis seines Nachbarn ein wenig aufzurütteln und die guten Christen so lange mit Erich von Däniken zu bequatschen, bis er sie mit seinen Argumenten außer Gefecht gesetzt hätte. Das war sein Plan.

Pünktlich um 20 Uhr klingelte Ricco an der Tür seines Nachbarn. Will öffnete und bat ihn herein. Zehn Personen hatten sich im geräumigen Wohnzimmer eingefunden.

Die schaff ich mit links, dachte Ricco zuversichtlich, während er es sich in einem Sessel bequem machte.

Will eröffnete den Abend mit einem Gebet, und kaum war er fertig, meldete sich ein vielleicht fünfundzwanzigjähriger Mann zu Wort, der sich Ricco zu Beginn als Robert vorgestellt hatte. »Ich hätte da mal eine Frage, Will. Ihr Christen sagt doch immer, dass Jesus der Retter der Welt ist und dass man an ihn glauben muss, um gerettet zu werden. Aber was ich nicht verstehe: Wozu brauche ich überhaupt einen Retter? Ich fühle mich nicht so, als müsste ich von irgendjemandem gerettet werden. Kann ich nicht aus eigener Anstrengung in den Himmel kommen?«

Aha, dachte Ricco. *Ich bin also nicht der Einzige, der die Dinge hinterfragt. Mal schauen, was Will darauf antwortet.*

»Das Problem ist«, sagte Will, »dass wir es aus eigener Kraft nicht schaffen können. Ich meine, Gott ist heilig. Um vor ihm zu bestehen, müssten wir heilig sein, perfekt sozusagen, makellos. Aber das sind wir nicht, keiner von uns. In Römer 3, Vers 23 steht«, er blätterte in seiner Bibel wie in einem vertrauten Buch, »›Alle Menschen haben gesündigt und das Leben in der Herrlichkeit Gottes verloren.‹ Hier steht also, dass wir alle schuldig sind vor Gott. Keiner von uns ist so gerecht, dass er dem heiligen Gott in all seiner Herrlichkeit gegenübertreten könnte. Es ist wie bei einem Omelett: Auch wenn nur ein einziges verdorbenes Ei dabei ist, kannst du das ganze Omelett wegwerfen. Selbst wenn wir so heilig wären, dass wir nur ein einziges Mal in unserem gesamten Leben einen Fehler machen würden, selbst dann würde dieser eine Fehler das gesamte Omelett ungenießbar machen, und unsere Reinheit und Heiligkeit vor Gott wäre dahin. Aber jetzt kommt's.«

Will lächelte Robert an, senkte den Blick und las weiter aus der Bibel vor. »Doch Gott erklärt uns aus Gnade für gerecht. Es ist sein Geschenk an uns durch Jesus Christus, der uns von unserer Schuld befreit hat. Denn Gott sandte Jesus, damit er die Strafe für unsere Sünden auf sich nimmt und unsere Schuld gesühnt wird. Wir sind gerecht vor Gott, wenn wir glauben, dass Jesus sein Blut für uns vergossen und sein Leben für uns geopfert hat.«

»Okay«, meinte Robert. »Okay. Zugegeben, niemand ist perfekt. Aber ich könnte doch einfach der Kirche Geld spenden. Würde das nicht ausreichen?«

»Natürlich kannst du Geld spenden. Aber dadurch kannst du dir nicht deine Rettung kaufen. Sie ist ein Geschenk. Stell dir vor, du überbringst jemandem ein Geschenk und er sagt zu dir: ›Einen Moment, ich hol schnell meine Brieftasche. Wie viel bin ich dir dafür schuldig?‹ Wenn du ein Geschenk bezahlst, ist es doch kein Geschenk mehr. Das Einzige, was bezahlt werden muss, ist der Preis für deine Sünde. Und den hat Jesus mit seinem Tod am Kreuz ein für alle Mal bezahlt. Das steht in Kolosser 2, Vers 14.« Er blätterte in seiner Bibel und las vor: »Gott hat die Liste der Anklagen gegen uns gelöscht; er hat die Anklageschrift genommen und vernichtet, indem er sie ans Kreuz genagelt hat.«

Will sah von der Bibel auf. »Gott verlangt für die Rettung, die er dir anbietet, kein Geld oder irgendwelche Opfergaben oder gute Taten. Alles, was er als Gegenleistung von dir fordert, ist dein Herz.

Und wenn du ihm dein Herz gibst, so schmutzig und fehlerhaft es auch sein mag, wird er dir deine Schuld vergeben. Und du wirst ein völlig neuer Mensch sein, rein und makellos wie ein neugeborenes Kind. Nicht durch den Preis, den du für dein Leben bezahlen könntest - sondern durch den Preis, den *er* bereits für dein Leben bezahlt hat. Nicht durch das, was du tust - sondern durch das, was *er* getan hat. Nicht durch deine Opfergaben - sondern durch *seine*.«

Ricco runzelte nachdenklich die Stirn. In seinem ganzen Leben hatte er noch nie etwas Ähnliches gehört. Es war so klar, so leicht verständlich und so einleuchtend. Und Will sprach mit einer solchen Gewissheit und Autorität, dass Ricco beinahe vergaß, dass er sich vorgenommen hatte, den Störenfried zu spielen.

Jetzt erzähl ihnen endlich von den Ufos!, erinnerte ihn dann aber eine aggressive innere Stimme an seinen Plan, und völlig aus dem Zusammenhang gegriffen warf Ricco in die Runde: »Aber Will, was ist mit fliegenden Untertassen?«

Alle Blicke wanderten zu Ricco und dann zu Will.

»Nun«, meinte Will, lehnte sich zurück und faltete die Hände über der offenen Bibel zusammen. »Ich kenn mich damit nicht aus. Aber es gibt eine Menge Leute, die behaupten, welche gesehen zu haben. Ich weiß nur eines: Wären fliegende Untertassen so wichtig, dass wir darüber Bescheid wissen sollten, dann hätte Gott veranlasst, dass etwas darüber in der Bibel steht.«

»In der Bibel sind also nur die wichtigen Dinge festgehalten, ja?«

Will nickte. »So ist es.«

Jetzt hab ich dich!, dachte Ricco und ging zu seiner nächsten Frage über. »Gut, wenn das so ist, dann steht bestimmt auch in der Bibel, wann die Kontinente geformt wurden!«

Jetzt kommst du ins Schleudern! Die Frage wirst du nie und nimmer beantworten können!

Ricco hatte die Frage deshalb gewählt, weil seine neunjährige Tochter Veronica ihn gerade vor ein paar Stunden dasselbe gefragt hatte. Ricco hatte daraufhin seine Schulbücher von der Highschool ausgegraben und seiner Tochter erklärt, wie vor Millionen von Jahren die Erdschollen, die auf dem flüssigen Gestein des Erdmantels liegen, durch Vulkanausbrüche und Erdbeben langsam auseinandergedriftet waren. Er brauchte ziemlich lange, um Veronica den komplexen Vorgang zu schildern, und seine Tochter war mächtig beeindruckt von seinem Wissen.

»Wow, Daddy, du bist echt gescheit«, hatte sie gesagt, und Ricco hatte bescheiden die Achseln gezuckt und selbstgefällig gemeint: »Na ja, ein bisschen vielleicht.«

Ja, die Frage nach der Entstehung der Kontinente würde Will ganz schön in Verlegenheit bringen, so rechnete sich Ricco aus. Und das war natürlich genau das, was er damit bezweckte.

Doch Will schlug kurzerhand die Bibel auf und sagte zu Riccos großer Überraschung: »Oh, die Kontinentalverschiebung! Das hab ich gerade heute Morgen gelesen! Hier haben wir's: ›Der erste hieß Peleg – Teilung –, denn zu seinen Lebzeiten wurde das Land geteilt.‹ Kannst du nachlesen in 1. Mose 10, Vers 25.«

Ricco zuckte kaum merklich zusammen. Die Zahlen 10 und 25 hatten eine große Bedeutung für ihn, denn am 25. Oktober, also am 25. 10., war sein Geburtstag. Dass die Bibel tatsächlich die Entstehung der Kontinente erwähnte und dass sie dafür nicht mehr als einen simplen Nebensatz benötigte, war schon erstaunlich. Dass Will die Stelle auch noch aus dem Stegreif kannte, sie ausgerechnet am selben Morgen gelesen hatte und dass der Vers überdies mit den Zahlen von Riccos Geburtstag gekennzeichnet war, konnte Ricco kaum glauben. Aber das alles war nichts, aber auch gar nichts im Vergleich zu dem, was nun folgte: In dem Moment, in dem Will 1. Mose 10, Vers 25 sagte, blendete sich wie auf Knopfdruck das Wohnzimmer vor Ricco aus. Der gesamte Raum verschwand vor seinen Augen und es war ihm, als erschiene eine weiße Wolke vor ihm, aus der eine Stimme zu ihm sprach. Ricco wusste ohne einen Hauch von Zweifel, dass es Gott war, der zu ihm sprach. Nie zuvor und nie danach hatte Ricco eine derartige Begegnung mit dem Allerhöchsten. Und diese Erfahrung war heftiger als alles, was er je erlebt hatte.

»Ricco«, hörte er eine Stimme. »Gib mir heute Nacht dein Leben. Oder du wirst sterben.«

Das Ganze dauerte nur Sekunden. Und so schnell, wie die Wolke gekommen war, so schnell verschwand sie auch wieder, und das Wohnzimmer und all die Leute wurden wieder eingeblendet.

Ricco saß da wie vom Donner gerührt. Er hörte, wie Will über 1. Mose 10, Vers 25 referierte, und sah, wie alle interessiert mit den Köpfen nickten. Keinem schien irgendetwas Merkwürdiges aufgefallen zu sein. Keiner schien irgendeine Stimme gehört oder eine weiße Wolke gesehen zu haben. Nur Ricco war auf einmal ganz blass im Gesicht, und sein Herz klopfte zum Zerspringen. Er hatte sich das Ganze gewiss nicht eingebildet, so verrückt es auch sein mochte. Die Wolke hatte er eindeutig gesehen und die Stimme eindeutig gehört.

Die Vision war realer gewesen, als er es je hätte in Worte fassen können. Und schneller, als man mit den Fingern schnippen kann, wusste Ricco genau vier Dinge. Erstens: Es gab einen Gott. Zweitens: Es war nicht irgendein Gott sondern der Gott der Bibel. Drittens: Dieser Gott kannte ihn durch und durch. Und viertens: Gott hatte ihm ein klares Ultimatum gestellt. Entweder, er würde ihm heute Nacht sein Leben geben, oder er würde sterben. Es war eine harte Ansage, aber Ricco wusste nur allzu gut, dass die Wahrscheinlichkeit, von Joe Morgans Leuten ermordet zu werden, sehr hoch war. Und dass Gott höchstpersönlich vom Himmel herabgestiegen war, um ausgerechnet mit ihm, dem Anführer eines Drogenrings, zu reden und ihm den Tod vor Augen zu malen, ließ ihm das Blut in den Adern gefrieren. Wie benommen starrte Ricco vor sich hin. Die Worte hallten in seinem Kopf wider und ließen ihn nicht mehr los. Leben oder Tod. Das war die Wahl. Und sie war so messerscharf, dass Ricco nicht lange überlegen musste. Nie zuvor hatte er sich auch nur annähernd mit dem Gedanken befasst, sein Leben zu ändern, doch Gottes Stimme hatte sich wie ein Schwert in seine Seele gebohrt. Ricco wurde so heiß, als hätte jemand flüssige Lava in sein Herz gegossen, und in Sekundenschnelle traf er eine unwiderrufliche Entscheidung.

»Tschuldigung, Will«, unterbrach er den Nachbarn und sprang jäh aus dem Sessel. »Ich ... ich muss nach Hause.«

»Aber Ricco ...«

»Hat mich sehr gefreut«, murmelte Ricco und winkte zur Verabschiedung flüchtig in die Runde. »Aber ich muss jetzt los.«

»Warum hast du es auf einmal so eilig? Warte wenigstens auf den Kuchen! Ricco!«

Doch Ricco fegte wie der Wind davon, verließ das Haus des Nachbarn, überquerte die Straße, betrat sein eigenes Haus, eilte die Treppe hoch ins Schlafzimmer und kniete sich vor seinem Bett nieder.

»Gott«, sagte er, während sich ein Kloß von der Größe eines Tennisballs in seinem Hals bildete, »ich hab's kapiert. Ich ergebe mich dir hier und jetzt, Jesus. Du kannst mich haben, wenn du willst. Ich hab lange genug mein eigenes Ding durchgezogen und bin kläglich gescheitert. Ich brauch dich, Jesus. Ich brauch dich! Nimm mein Herz, wenn es denn zu irgendetwas zu gebrauchen ist. Ich weiß, ich hab deine Vergebung nicht verdient. Ich bin deiner nicht würdig. Ich bin ein Dealer, hab Mordaufträge abgesegnet, hab Menschenleben zerstört, hab in Saus und Braus gelebt, während andere an meinen Drogen krepierten. Ich hab meine Frau betrogen ... ich hab ...«

Er konnte nicht mehr weiterreden. Auf einmal brach der Damm. All die Tränen, die Ricco über all die Jahre hinweg in sich angestaut hatte, strömten wie ein Wasserfall aus ihm heraus. Ricco weinte bitterlich. Er weinte und weinte. Er bat Gott um Vergebung für alles, was er verbockt hatte, und versprach ihm, dass er sein Leben ändern und aufhören würde zu dealen. Dort, wo er kniete, war der Bettüberwurf längst getränkt von seinen Tränen. Nie in seinem ganzen Leben hatte Ricco so sehr geweint, nicht einmal beim Tod seines Bruders. Und je länger er weinte, desto mehr spürte er, wie Jesus ihn reinigte. Ja, es war ihm, als würden all seine Sünden von dem gewaltigen Tränenstrom einfach hinweggespült.

Er dachte zurück an den Tag im Gefängnis, als er mitten in eine Schlacht hineingeraten war und zu Gott geschrien hatte, er möge ihn lebend da rausholen. Gott hatte es getan, und Ricco hatte ihm nicht einmal dafür gedankt. Er erinnerte sich auch an all die anderen Situationen, in denen er nur knapp dem Tode entronnen war. Gott hatte seine Hand über ihn gehalten – die ganze Zeit, als Pajaro ihn beinahe angegriffen hätte, oder damals, als die Nuestra Familia zwei Todesschützen auf ihn angesetzt hatte und Ricco rechtzeitig per Telefon gewarnt worden war. Bis heute hatte er nicht herausgefunden, wer der geheimnisvolle Anrufer gewesen war, dem er sein Leben verdankte. Es musste wohl ein Engel gewesen sein. Genau wie bei dem Mordanschlag auf Cruz, als die Waffe zweimal klemmte, oder bei Mr Parkers Schwager, als die Kugeln der FBI-Agenten sein Auto durchsiebten, aber ihm dabei kein Haar gekrümmt wurde. Gott hatte nicht nur Ricco mehrmals vor dem Tod bewahrt, er hatte auch nicht zugelassen, dass Blut an seinen Händen klebte. Gott hatte die Männer *seinetwegen* am Leben gelassen, davon war Ricco jetzt überzeugt. Und es beschämte ihn. Es beschämte ihn, wie Gott über ihn gewacht hatte, während er sich prahlerisch als Atheist ausgegeben und mit Drogen gedealt hatte. Es tat ihm alles so furchtbar leid.

Ricco weinte so laut und so herzzerreißend, dass Corinna plötzlich besorgt ins Zimmer gestürmt kam. »Ricco, was ist los?«

Ricco blickte mit verquollenen Augen zu ihr hoch. »Gott ist mir begegnet!«

»Wie bitte?«

Ricco wischte sich mit der Hand über die Augen. Doch sie füllten sich gleich wieder mit Tränen. »Ich liebe dich, Corinna!«, schluchzte Ricco. »Ich liebe dich!«

Nie zuvor hatte Ricco seiner Frau gesagt, dass er sie liebe. Er war schließlich Mexikaner, und als tougher Mexikaner sprach man solche Worte nicht aus. Aber dieses ganze Machogehabe war Ricco auf einmal egal. Es kümmerte ihn nicht mehr, dass seine Frau seine Zerbrochenheit und seine Tränen sah. Er liebte sie, und sie hatte ein Recht darauf, es nach dreizehnjähriger Ehe endlich einmal aus seinem Munde zu hören.

»Ich liebe dich, Corinna!«

Corinna war völlig verdattert und konnte das Liebesgeständnis ihres Mannes gar nicht richtig einordnen.

»Dad?« Veronica, Michelle und Rita standen in der Schlafzimmertür und sahen ihren Vater besorgt an. Tom, April und Bobby lugten ebenfalls neugierig um die Ecke. »Bist du traurig?«

»Nein«, sagte Ricco und schluckte den Kloß in seinem Hals hinunter. »Ich bin nicht traurig. Ich bin einfach nur glücklich. Kommt her, meine Süßen.«

Er winkte die Kinder zu sich. Sie traten zu ihm ans Bett, und er umarmte und küsste sie. »Ich hab euch unendlich lieb!«, flüsterte er.

»Ich hab dich auch lieb, Daddy«, sagte Michelle.

»Ich dich auch«, schlossen sich die anderen fünf Kinder wie aus einem Munde an.

Ricco nickte Corinna zu, die noch immer etwas unschlüssig im Raum stand. Langsam kam sie näher, und Ricco nahm ihre Hand und zog sie an sich und die Kinder heran.

»Ihr bedeutet mir so viel«, gestand ihnen Ricco mit tränenerstickter Stimme, während er seine Familie an sich drückte, als wolle er sie nie wieder loslassen. »Es tut mir so leid, dass ich nicht immer Zeit für euch hatte. Ich hab so vieles falsch gemacht. Aber ich werde mich ändern. Das verspreche ich euch! Ich liebe euch! Ich liebe euch so sehr!«

Wie lange Ricco vor dem Bett kniete und seine Frau und seine Kinder festhielt, wusste er nicht. Doch eines wusste er mit absoluter Gewissheit: An diesem Abend hatte Gott ihm nicht nur seine Sünden vergeben, er hatte auch einen neuen Ehemann und einen neuen Vater aus ihm gemacht.

19 Neue Schritte

Ricco machte sich nichts vor. Es würde nicht leicht werden, das Leben als Dealer und vor allem den damit verbundenen Luxus einfach so aufzugeben. Alles, was er besaß – das große Haus, den Swimmingpool, die Hausangestellte, die teuren Schlitten in der Garage und all seine verschiedenen Firmen zum Geldwaschen –, all das war mit Drogengeldern finanziert. Nichts von seinem gesamten Besitz hatte er mit ehrlich verdienter Arbeit erworben, und Gott würde es niemals dulden, dass er sich sein neues Leben auf dem schmutzigen Gewinn seiner Drogengeschäfte aufbaute.

Gott, ich weiß, dass ich alles verlieren werde, wenn ich dir nachfolge, betete Ricco an diesem Abend, bevor er zu Bett ging. *Aber bitte nimm mir wenigstens meine Familie und mein Haus nicht weg ... Okay, wenn du das Haus haben willst, dann kannst du es haben. Aber bitte, bitte nimm mir meine Familie nicht weg!*

In dieser Nacht schlief Ricco so gut wie seit Ewigkeiten nicht mehr. Frisch ausgeruht und tatenfreudig schwang er sich am nächsten Morgen die Treppe hinunter in die Küche, wo die Großfamilie bereits am reich gedeckten Frühstückstisch saß. Emilia, das Dienstmädchen, stand am Herd und backte Pfannkuchen.

»Morgen, Emilia! Morgen, Schatz! Morgen, Kinder!«, sagte Ricco fröhlich und verstrubbelte jedem Kind im Vorbeigehen den Kopf, bevor er der überraschten Corinna einen dicken Kuss auf den Mund drückte.

»Iiii!«, riefen die Kinder im Chor.

Corinna wurde ganz verlegen. »Hier gibt's nichts zu gucken, Kinder! Esst eure Pfannkuchen!«

Ricco setzte sich, und Corinna legte ihm einen frischen Pfannkuchen auf den Teller.

»Heute Nachmittag hat Tom ein Fußballspiel«, sagte sie wie beiläufig. »Vielleicht hast du ja Zeit, es dir anzusehen. Es würde ihm viel bedeuten, nicht wahr, Tom?«

»Dad, wenn du nicht kannst, ist es auch okay«, sagte der Siebenjährige mit hängenden Schultern, als ahnte er bereits, dass sein Vater eh keine Zeit für ihn hätte wie all die Male zuvor, wenn er mit seiner Schulmannschaft spielte. Doch zu seinem großen Erstaunen fiel Riccos Antwort völlig anders aus als erwartet.

»Klar komm ich!«, verkündete er und zwinkerte dem Jungen zu. »Ich will doch dabei sein, wenn mein Sohn das alles entscheidende Tor schießt.«

Das Gesicht des Jungen hellte sich auf. Er strahlte, als fielen heute Weihnachten und Ostern auf einen Tag.

»Wirklich?! Du guckst wirklich zu, Dad?!«

»Ich hab gesagt, ich werde mich ändern, und das tue ich, Tom. Ich werde da sein und dich anfeuern.«

»Großartig, Dad!«

»Dann musst du aber auch zu meiner nächsten Ballettaufführung kommen!«, meldete sich Rita zu Wort.

»Und zu meinem Stepptanzauftritt in einer Woche!«, sagte Michelle.

»Und ich will ein Pony!«, rief April lauthals.

»Ich will auch eins!«, rief Bobby.

Ricco hob abwehrend die Hände. »Hey, Leute, eins nach dem anderen! Jetzt komm ich heute erst mal zu deinem Fußballspiel, Tom. Und danach schauen wir weiter, okay?«

Nach dem Frühstück fuhr Emilia die größeren Kinder zur Schule und in den Kindergarten, Bobby spielte mit Klötzen in seinem Zimmer und Judy mit ihrer Rassel in ihrem Bettchen.

»Du meinst das also wirklich ernst, dass du dich ändern willst und so«, stellte Corinna fest, als sie und Ricco unter sich waren und Corinna das Frühstücksgeschirr spülte.

»Das tue ich«, bestätigte Ricco, während er sich demonstrativ ein Geschirrtuch schnappte. »Gott hat mir gestern Abend klargemacht, dass ich so nicht weitermachen kann. Und ich habe mich entschieden: Ich werde nicht mehr mit Drogen dealen.«

Corinna lachte. »Das ist ein Witz, oder?«

»Nein, kein Witz. Ich steig aus. Ich werde Simon noch diese Woche im Gefängnis besuchen und es ihm persönlich sagen. Und mit Chale treff ich mich heute Abend oder spätestens morgen. Ich bin durch mit diesem Kapitel.«

Corinna drehte sich vom Spülbecken weg, trocknete sich die Hände an der Küchenschürze und sah ihren Mann skeptisch an. »Und wie soll das funktionieren? Ich meine, deine legalen Geschäfte waschen ja lediglich die Drogengelder sauber und werfen nicht unbedingt Profit ab. Wovon sollen wir dann leben? Willst du zurück zur DVI?«

»Zur DVI? Ganz bestimmt nicht.«

»Was willst du dann tun? Wir haben acht Kinder, Ricco!«

»Ich werd schon was finden, Corinna.«

Corinna biss sich auf die Unterlippe und verschränkte die Arme. Sie schien gar nicht begeistert zu sein. »Ich weiß nicht, Ricco. Was ist mit den Schulgeldern für die Kinder? Was ist mit dem Haus? Und wir wollten nächstes Jahr nach Mexiko in den Urlaub fliegen. Und Ritas Ballett- und Michelles Stepptanzunterricht kosten ebenfalls Geld. Womit sollen wir das alles bezahlen?«

»Corinna, ich weiß, wir müssen vielleicht ein paar Abstriche machen, aber ... wir schaffen das schon.«

Ricco streckte seine Hand aus, um ihre Schulter zu berühren, doch sie wich zurück.

»Ja, klar«, brummte sie ironisch. »Die Frage ist bloß, wie.«

Ricco war etwas betrübt über Corinnas negative Reaktion. Eigentlich war er davon ausgegangen, sie würde seine Entscheidung gutheißen und ihn dabei unterstützen.

Wahrscheinlich braucht sie einfach ein bisschen Zeit, um meinen plötzlichen Sinneswandel zu verdauen, dachte er.

Am Nachmittag ging Ricco wie versprochen zu Toms Fußballspiel, und der Siebenjährige war furchtbar stolz, dass sein Vater zu seinem Spiel gekommen war. Am Abend traf sich Ricco im *Hollywood Palace* mit Chale und erklärte ihm die Situation. Chale bedauerte zwar, dass Ricco aufhören wollte, wünschte ihm aber alles Gute für die Zukunft.

Auch Simon, den Ricco ein paar Tage später im Gefängnis besuchte, akzeptierte seine Entscheidung. Wäre Ricco bei der italienischen oder Mexican Mafia ausgestiegen, hätte das seinen Tod bedeutet. Doch die »Simon-Sotelo-Organisation« war ein Familiengeschäft. Alle, die dabei waren, waren blutsverwandt und überdies beste Freunde. Es gab kein Konkurrenzdenken oder Misstrauen, das hatte es nie gegeben und gab es auch jetzt nicht, als Ricco erst Chale und danach Simon eröffnete, er werde aussteigen.

»Ich hoffe, du hast dir das gut überlegt«, meinte Simon nur, als sie sich im Besucherraum gegenübersaßen. »Du bist ein sehr guter Dealer, aber kein Geschäftsmann, Cousin. Du wirst alle deine Geschäfte verlieren, wenn kein Drogengeld mehr reinkommt. Das ist dir hoffentlich klar.«

»Ja, ist es«, sagte Ricco. »Trotzdem bleibe ich dabei: Ich werde mein Leben von jetzt an auf Gott ausrichten.«

»Na denn viel Glück, Cousin. Solltest du deine Meinung ändern, kannst du jederzeit zurückkommen, das weißt du.«

»Danke, Simon. Aber dazu wird es nicht kommen.«

»Und was hast du jetzt vor?«, fragte ihn Simon und grinste ihn über den Tisch verschmitzt an. »Du weißt doch gar nicht mehr, wie man ehrliches Geld verdient.«

»Ja, ist tatsächlich schon 'ne Weile her seit meinem letzten offiziellen Arbeitstag bei der DVI. Viereinhalb Jahre, um genau zu sein. Aber das krieg ich schon irgendwie hin. Und das Gute ist: Die DEA hat mir bis jetzt nie etwas nachweisen können. Also kann ich mein neues Leben völlig unbeschwert beginnen.«

»Das ist gut, Cousin. Ich wünsch dir wirklich nur das Beste. Und hey, danke für den Besuch. War schön, dich wiederzusehen.«

»Gleichfalls, Simon. Lass dich nicht unterkriegen.«

»Du dich auch nicht, Ricco.«

Zwei Wochen nach Riccos radikaler Wandlung war Weihnachten. Es wurde das mit Abstand schönste Weihnachtsfest, das Ricco je mit seiner Familie gefeiert hatte. Und es lag nicht an den vielen Geschenken und dem tollen Essen, dem riesigen blinkenden Weihnachtsbaum im Wohnzimmer oder dem Rentierschlitten auf dem Dach, sondern einfach daran, dass Ricco seine Familie zum ersten

Mal so richtig genießen konnte. Er genoss das Flötenspiel von April und Michelle und die Ballett- und Stepptanzeinlage von Rita und Veronica. Er genoss es, Tom zuzusehen, wie er mit geschwellter Brust in seinem neuen Fußballtrikot durchs Wohnzimmer stolzierte. Er genoss das Quieken von Bobby und Richard, wie sie einander mit ihren neuen Spielzeugflugzeugen durchs Haus jagten, er genoss das Strahlen in Corinnas Augen, als sie sein exklusives Geschenk auspackte (einen Goldring mit einem riesigen Rubin) und sich ihm fröhlich um den Hals warf. Er genoss die Gespräche mit seinen und mit Corinnas Eltern, die ebenfalls da waren. Er genoss einfach alles an diesem Abend, und es kam ihm so vor, als wäre das Leben nie perfekter gewesen.

Kaum waren die Feiertage vorbei, begab sich Ricco auf Arbeitssuche. Jeden Morgen setzte er sich mit der *Modesto-Bee*-Zeitung an den Küchentisch, rahmte die Jobs ein, die ihn interessierten, und telefonierte sich dann durch sämtliche Angebote durch.

Am 10. Januar 1980, als er wie jeden Morgen die Zeitung aufschlug, fiel sein Blick auf eine schockierende Schlagzeile: »Mord in Oakdale - Pastorin in Auto erschossen«.

Er las den Artikel durch. Eine Pastorin war in Oakdale, gerade mal 25 Kilometer von Modesto entfernt, von einer anderen Pastorin in ihrem Auto erschossen worden.

Ach du meine Güte, dachte Ricco und fragte sich, was um alles in der Welt eine Pastorin dazu veranlasst haben könnte, eine andere Pastorin zu erschießen. Unwillkürlich musste er an die Mafia denken und daran, dass Gott ihm gesagt hatte, er würde sterben, wenn er sein Leben nicht änderte. Der einzige Grund, warum ihn nicht dasselbe Schicksal ereilt hatte wie diese getötete Pastorin in Oakdale, war Gottes Gnade. Nichts anderes.

Warum allerdings Joe Morgan noch immer nicht in den Drogenmarkt Nordkaliforniens eingedrungen war, blieb Ricco ein Rätsel. Tatsache war, dass auch in den nächsten Monaten nichts geschah. Es gab kein Blutbad, keine Morddrohungen, keine Anschläge. Es geschah einfach ... nichts. Und das war Ricco nur allzu recht. Er hörte auf, seine kugelsichere Weste zu tragen, und ging auch nicht mehr bewaffnet aus dem Haus. Sein Leben war in Gottes Händen, das war die einzige Schutzweste, die er brauchte.

Von nun an ging Ricco regelmäßig zu Wills Hausbibelkreis. Will staunte nicht schlecht, als Ricco ihm erzählte, dass Gott ihm während *seines* Hausbibelkreises erschienen und dass er an jenem Abend eben deswegen so überstürzt gegangen sei. Natürlich verschwieg ihm Ricco, womit er sich bis zu diesem Zeitpunkt seinen Lebensunterhalt verdient hatte. Erstens wollte er den armen Will nicht überfordern, und zweitens war dies eine Information, mit der er sehr vorsichtig umgehen musste. Solange die DEA keine Beweise und kein Geständnis von ihm hatte, konnten sie ihm nichts anhaben. Aber wenn er selbst beginnen würde herumzuposaunen, dass er einer der Köpfe der »Simon-Sotelo-Organisation« gewesen war, könnte er sich den Behörden genausgut selbst ausliefern. Und das stand für Ricco außer Frage. Er hatte im Gefängnis gearbeitet und wusste, wie das System funktionierte. Polizisten überlebten das Gefängnis nicht. Die anderen Gefangenen zerfleischten sie, es sei denn, man steckte sie in Einzelhaft und isolierte sie für den Rest ihrer Haftzeit. Das würde er sich ganz bestimmt nicht antun. Die Verjährungsfrist für Drogenhandel betrug elf Jahre. Und diese elf Jahre würde er schweigen, ohne Wenn und Aber. Der Dealer Ricco Sotelo war gestorben. Das war es, was zählte. Er hatte eine 180-Grad-Wende gemacht und beschlossen, sein Leben von nun an nach Gottes Maßstab auszurichten. Das allein zählte. Er hatte Gottes Vergebung zwar nicht verdient, und dennoch hatte ihm Gott eine neue Chance gegeben, und die würde er sich nicht vermasseln. Um nichts in der Welt.

Nebst Wills Hausbibelkreis besuchte Ricco nun auch jeden Sonntag den Gottesdienst in einer Kirche in der Nähe. Da war ein Hunger in seiner Seele, mehr über Gott zu erfahren. Er hatte Gott auf einer ganz unerwarteten und persönlichen Ebene kennengelernt, und er sehnte sich danach, diese Beziehung zu vertiefen. Allerdings stellte Ricco schon bald fest, dass der Gottesdienst dieser Kirche seinen Hunger nicht zu stillen vermochte. Es war alles so heilig und traditionell und mystisch. Aber Ricco wollte etwas Lebendiges, etwas Persönliches.

Eines Abends redete er mit Will darüber, als er ihn vor der Garage beim Autowaschen antraf.

»Ich versteh das nicht«, sagte Ricco. »Ich setz mich jeden Sonntag in den Gottesdienst und warte darauf, dass irgendetwas passiert. Aber ... es passiert nichts. Wenn ich in den Hausbibelkreis komme, habe ich jedes Mal das Gefühl, von Gott berührt zu werden. In dem Gottesdienst der Kirche, zu der ich gehe, passiert so was nicht. Woran mag das liegen?«

»Nun«, meinte Will, während er mit dem Schlauch das Seifenwasser von der Kühlerhaube spritzte, »warum schaust du nächsten Sonntag nach deinem Gottesdienst nicht einfach mal in unserer Gemeinde vorbei? Unser Gottesdienst beginnt um zehn. Er ist zwar etwas anders, als du es gewohnt bist. Aber vielleicht gefällt's dir ja.«

»Okay«, willigte Ricco ein. »Ich komme.«

Am nächsten Sonntag ging er also wie üblich um acht Uhr in den Gottesdienst seiner Kirche und wartete gespannt darauf, dass irgendetwas passierte. Wie üblich passierte nichts. Dann fuhr Ricco durch die Stadt rüber zu Wills Gemeinde. Schon von Weitem sah er ein riesiges, sporthallenmäßiges Gebäude mit einem gewaltigen Kreuz auf dem gewölbten Dach. Auch das Gelände, wo die Autos parken konnten, war riesig. Eine gewaltige Menschenmenge strömte in die Halle hinein. So etwas kannte Ricco nur von Sportveranstaltungen, aber nicht von gewöhnlichen Gottesdiensten am Sonntagmorgen. Es gab sogar Sicherheitsleute, die in Golf-Carts herumfuhren, um den Leuten freie Parkplätze zu zeigen. Irgendwie kam sich Ricco ein wenig verloren vor. Aber beim Eingang wartete Will auf ihn und nahm ihn fröhlich in Empfang.

»Schön, dass du gekommen bist. Geh'n wir rein und suchen uns einen Platz.«

Der Gottesdienst fand in einem überdimensionalen Auditorium mit großer Bühne statt. Die Halle war zum Bersten voll. Ricco schätzte die Gottesdienstbesucher auf ungefähr 5000. Der Gottesdienst begann mit modernen Liedern, die von einer Band auf der Bühne begleitet wurden. So etwas kannte Ricco nicht von seiner Gemeinde. Aber dann wurde es wirklich seltsam. Plötzlich begannen die Leute die Hände zu heben, einige sangen sogar mit geschlossenen Augen.

Wo um alles in der Welt bin ich da nur reingeraten?, dachte Ricco verwirrt.

Als hätte der Leadsänger Riccos Gedanken gelesen, hörte er mitten im Lied auf zu singen und sagte ins Mikrofon: »Ich weiß, ein paar von euch sind neu hier und verstehen nicht, warum alle die Hände heben. Aber wenn dir jemand eine Waffe vor die Brust hält, dann hebst du die Hände als Zeichen, dass du dich ergibst, richtig? Genauso ist es mit Gott. Wenn wir unsere Hände heben, sagen wir damit nichts anderes als: Wir ergeben uns, Gott! Wir stehen vor dir und haben nichts vorzuweisen als uns selbst. Nimm unser Leben, nimm alles, was du willst. Wir kapitulieren!«

Das ergibt tatsächlich einen Sinn, dachte Ricco. *Das ist genau, was ich in jener Nacht getan habe! Ich habe kapituliert!*

Die Band spielte weiter, und Ricco fühlte sich immer wohler. Ja, er spürte auf einmal genau das, wonach er in der anderen Kirche vergeblich gesucht hatte: Gottes Gegenwart. Sie war da, beinahe greifbar, und sie brachte sein Herz zum Glühen, erst bei den Liedern und später bei der Predigt. Für Ricco stand fest, dass er auch am nächsten Sonntag zu diesem Gottesdienst kommen wollte und all die anderen Sonntage danach ebenso. Er begann auch, seine Familie mit zum Gottesdienst zu bringen, und der Sonntagmorgengottesdienst wurde zum festen Bestandteil in ihrem Leben.

Was Riccos Geschäfte anbelangte, so kam es wie erwartet: Er verlor sie alle. Im August 1980, ein halbes Jahr nach Riccos Bekehrung, war alles gesparte Drogengeld aufgebraucht, und Ricco bezahlte zum letzten Mal die Hausrate mit schmutzigem Geld.

So, Gott, sagte er. *Jetzt hast du alles. Meine Geschäfte. Meine Ersparnisse. Jetzt wär es echt an der Zeit, einen Job zu finden. Ich tu alles, was du möchtest. Aber bitte, gib mir einen Job.*

Ricco hatte Dutzende von Bewerbungen abgeschickt und war zu etlichen Vorstellungsgesprächen eingeladen worden - bisher ohne Erfolg. Doch an dem Tag, als Riccos Vermögen auf null geschrumpft war, erhielt er einen Anruf von der Stadt Modesto wegen eines Jobangebots. Die Stadt suchte jemanden, der des Nachts die weißen Mittelstreifen auf den Straßen erneuerte.

Perfekt, dachte Ricco. *Wenn ich nachts arbeite, sieht mich kein Mensch und keiner wird erfahren, dass der mächtige »Don Ricardo Sotelo« sich nun auf der Stufe eines gewöhnlichen Bauarbeiters befindet.*

Er ging zu dem Bewerbungsgespräch, und während er auf die Antwort der Stadt wartete, ob sie ihn einstellen würde oder nicht, erhielt er einen weiteren Anruf von der Stadt, diesmal von der Bauhofabteilung. Er sollte in einer Woche zu einem Vorstellungsgespräch kommen.

Was genau muss ich wohl bei der Bauhofabteilung machen?, überlegte Ricco. Er ging zu seinem Nachbarn Will, der gerade dabei war, den Rasen zu mähen, und fragte ihn. Seine Antwort kam wie aus der Pistole geschossen: »Ricco, geh da nicht hin!«

»Wieso nicht?«

»Das ist der schlimmste Job in der Stadt! Siehst du all die Grasberge am Straßenrand? Die von all dem gemähten Rasen?«

Ricco nickte. Er hatte selbst schon das Gras seines gemähten Rasens zusammengerecht und an der Straße aufgetürmt, damit die Arbeiter der Stadt es später abholten.

»Nun, genau dafür ist die Bauhofabteilung zuständig. Die bieten dir den Job nur an, weil keiner ihn machen will. Ich meine, wer will schon bei sengender Hitze mit einem Muldenkipper von Haus zu Haus fahren und mit einer Mistgabel all die Grasberge vor den Häusern auf den Kipper laden? Also freiwillig tut sich das keiner an.«

Ricco hatte genug gehört, um zu wissen, dass das genau der Job war, den Gott ihm geben würde. Es würde nicht der Job sein, bei dem er in der Dunkelheit der Nacht untertauchen und seinen Stolz und sein Image als Don Ricardo Sotelo aufrechterhalten konnte. Gott wollte, dass Ricco lernte, demütig zu sein, dessen war er sich sicher. Und deswegen würde Ricco bestimmt auch den Job bekommen, bei dem er sich dazu herablassen musste, am helllichten Tag, sichtbar für alle, bei jedem einzelnen Haus vorbeizugehen, sich zu bücken und mit der Heugabel den Unrat der Leute einzusammeln. Er brauchte gar nicht erst zum Vorstellungsgespräch zu gehen, um das Resultat zu kennen. Genau den Job würde er kriegen, genau den. Und ... so war es auch. Die Stadt stellte ihn als offiziellen Grassammler von Modesto ein. Es war harte Knochenarbeit, denn es war August, der heißeste Monat im Jahr, 35 Grad im Schatten, und Ricco schwitzte wie ein Schwein, während er all das Gras in den Kipper warf (wobei die Hälfte davon meistens nicht mal im Kipper, sondern auf ihm selbst landete). Doch Ricco beklagte sich nicht.

Wenn Gott möchte, dass ich Gras aufsammle, dann werde ich der beste Grassammler von Modesto sein!, so sagte er sich.

Viele Leute aus der Gegend kannten ihn und wussten, dass er eigentlich in dunkle Geschäfte verwickelt war. Und als sie ihn mit der Mistgabel Gras einsammeln sahen, dachten sie insgeheim, er würde bestimmt etwas im Schilde führen, hätte vielleicht geplant, die Stadt auszurauben oder etwas in der Art. Aber Ricco raubte weder die Stadt noch sonst jemanden aus.

Nach drei Monaten Grasschaufeln fand er eine Anstellung als Briefträger. Corinna begann ebenfalls tageweise, bei der Post zu arbeiten, damit sie ihre zehnköpfige Familie einigermaßen durchbringen konnten. Das Dienstmädchen konnten sie sich natürlich auch nicht mehr leisten. Außerdem war Corinna wieder schwanger, und im Februar 1981 kam das jüngste und elfte Familienmitglied zur Welt. Es war ein Mädchen und sie nannten es Tenderley.

Corinna kam mit der neuen Situation und Riccos neuem Lebensstil überhaupt nicht klar. Sie vermisste vor allem eines: den Luxus. Sie vermisste es, erster Klasse nach Mexiko zu fliegen. Sie vermisste es, in teuren Hotels zu übernachten und sich alles auf die Suite bestellen zu können, was sie nur wollte. Sie vermisste es, in teuren Boutiquen shoppen zu gehen und sich Markenkleider und exklusiven Schmuck zu kaufen, Smaragdohrringe oder Colliers aus Saphiren und Perlen. Sie vermisste es, sich mit all ihren vielen Freundinnen in der Stadt zum Kaffee zu treffen, während Emilia zu Hause auf die Kinder aufpasste und den Haushalt für sie erledigte. Sie vermisste das Leben als Diva mehr als alles andere und wollte nicht akzeptieren, dass es damit vorbei war. Ihre Unzufriedenheit war so zermürbend, dass es immer häufiger zu Streitereien zwischen ihr und Ricco kam.

»Was willst du eigentlich von mir?«, rief Ricco eines Abends genervt, als Corinna sich vor dem Zubettgehen wieder über die fehlenden Finanzen beschwerte. »Da versuche ich endlich alles richtig zu machen und gebe mir alle Mühe, dir ein guter Ehemann und den Kindern ein guter Vater zu sein. Und alles, was du tust, ist rumnörgeln und rumnörgeln und rumnörgeln.«

»Stört es dich denn gar nicht, dass wir jeden Cent umdrehen müssen, um irgendwie über die Runden zu kommen?«, entgegnete Corinna gereizt, während sie in ihr Nachthemd schlüpfte. »Durch deinen Entschluss, diesem Gott zu folgen, haben wir alles verloren! Alles! Dir mag das egal sein, mir nicht! Ich kann so nicht leben, Ricco! Ich kann es nicht!«

»Früher hast du es auch gekonnt«, sagte Ricco. »Und wir waren glücklich!«

»Die Zeiten ändern sich eben!«

»Nein, Corinna. *Du* hast dich geändert! Manchmal hab ich das Gefühl, ich kenn dich gar nicht mehr!«

»Und ich hab das Gefühl, dass mir bald die Decke auf den Kopf fällt! Ich hab Bedürfnisse, Ricco! Die Kinder haben Bedürfnisse. Kleider, Schulbücher, Essen, das alles kostet Geld - Geld, das wir nicht haben!«

Langsam verlor Ricco die Geduld. »Soll ich etwa wieder ins Drogengeschäft einsteigen, damit zu zufrieden bist? Wär dir das lieber, ja?«

»Wenigstens hatten wir da noch genug Geld, um die Rechnungen zu bezahlen!«, konterte Corinna. »Und ab und zu konnte ich mir was Nettes zum Anziehen kaufen!«

Ricco musste sich zusammenreißen, um nicht die Beherrschung zu verlieren.

»Geld, Geld, Geld! Immer dreht sich alles nur ums Geld! Ich kann's nicht mehr hören, Corinna!« Er sah seine Frau wütend an. »Tut mir schrecklich leid, wenn ich dir nicht mehr das Leben einer Prinzessin finanzieren kann. Aber so ist es nun mal! Finde dich damit ab, oder such dir einen anderen!«

»Vielleicht mach ich das ja!«, blaffte ihn Corinna an. »Das hier ist doch kein Leben!«

Riccos Nasenflügel bebten. Für einen Moment standen sich die beiden gegenüber wie zwei Wölfe, die kurz davor waren, sich gegenseitig in Stücke zu reißen. Sie hatten sich ja schon einige Male in die Wolle gekriegt und sich unschöne Sachen an den Kopf geworfen. Aber diesmal war Corinna eindeutig zu weit gegangen.

»Das muss ich mir nicht länger anhören«, knurrte Ricco und wandte sich von ihr ab. »Ich bin unten.«

Er stapfte aus dem Schlafzimmer und knallte die Tür hinter sich zu.

»Mach doch, was du willst!«, fauchte Corinna hinter ihm her.

Ricco ging hinunter ins Wohnzimmer, setzte sich Kopfhörer auf, drehte die Musik der Stereoanlage auf volle Lautstärke und legte sich aufs Sofa. Er war stinksauer. Und verletzt. Und beunruhigt. Was war nur los mit ihnen? Früher hatten sie sich nie so gestritten. Was war mit ihrer Ehe geschehen? War das der Preis dafür, dass er aufgehört hatte zu dealen? Das durfte doch nicht wahr sein!

Ricco starrte an die Decke und versuchte sich auf den Rock 'n' Roll zu konzentrieren, der durch die Kopfhörer dröhnte. Er wollte einfach nur ein wenig abschalten und seine meckernde Frau für eine Weile ausblenden. Ricco liebte Corinna, doch manchmal ging sie ihm dermaßen auf den Keks, dass er sich ernsthaft fragte, was gewesen wäre, hätte er sie nicht geheiratet. Seine Gedanken schweiften ab, und nicht zum ersten Mal nach einem Streit mit Corinna flüchtete sich Ricco zu der Person, die er heimlich schon sein ganzes Leben lang liebte. Zu der Person, die sein Herz schon in der Highschool erobert und die er über all die Jahre hinweg nie ganz vergessen hatte.

Er flüchtete sich in Gedanken zu Judy.

20 Ein verlockendes Angebot

Januar 1982

Ich kann da nicht rein, dachte Johnny und trat unschlüssig von einem Bein aufs andere. Er stand schon über eine halbe Stunde da und starrte auf den Eingang der Kirche, zu der auch Ricco ging. Sein Bruder Noah hatte ihn zum Gottesdienst eingeladen, und Johnny hatte ihm versprochen zu kommen. Doch jetzt, wo er da war, verließ ihn der Mut. Seit Sergios Tod hatte Johnny immer mal wieder mit seinem Bruder telefoniert. Er brauchte einfach jemanden, mit dem er reden konnte. Und Noah war tatsächlich für ihn da. Er sagte, er sei Christ geworden, und das hätte sein Leben von Grund auf verändert.

»Du musst gerettet werden, Bruder«, sagte er ihm fast bei jedem Gespräch.

»Wieso gerettet?«, antwortete Johnny jedes Mal spöttisch. »Bin ich etwa am Ertrinken?«

Er war tatsächlich am Ertrinken. Und er wusste es auch. Seine Ehe bröckelte. Sein Leben ging immer weiter den Bach runter. Manchmal, wenn er Stress mit Samantha hatte, übernachtete er in einem billigen Hotelzimmer, dröhnte sich mit Drogen und Alkohol zu und versuchte abzuschalten und seine Frau und all die Probleme für eine Weile auszublenden. Dann erinnerte er sich daran zurück, wie er als kleiner Junge immer vor dem Schlafzimmer seiner Mutter gestanden und durch den Türspalt beobachtet hatte, wie sie vor ihrem Bett kniete und betete. Dieses Bild hatte sich ihm tief eingeprägt. Es war wie eine Oase in dem Chaos seines Lebens.

Als er so unschlüssig vor dem Eingang der Kirche stand, musste Johnny auf einmal daran denken, wie eines Tages im Einkaufszentrum eine mollige schwarze Frau auf ihn zugekommen war und ihn angesprochen hatte.

»Johnny? Johnny Saldaña? Bist du das?«

Johnny hatte etwas verwundert genickt. »Kennen wir uns?«

»Das darf nicht war sein!«, sagte die Frau und war ganz aus dem Häuschen. »Du bist es wirklich! Du kennst mich nicht, aber ich kannte deine Mutter. Wir besuchten dieselbe Kirche. Sie hat dich und deinen Bruder immer zum Gottesdienst mitgebracht. Und jeden Sonntag sah ich sie vorne beim Altar knien und für dich und deine Geschwister beten. Jeden Sonntag.«

Johnny spürte eine wohlige Wärme durch seinen Körper strömen, als er das hörte. Seine Mutter hatte für ihn gebetet.

Dieser Gedanke hatte ihn bewegt. Sehr sogar. Johnny hatte sich nie groß Gedanken über Gott gemacht, und dennoch hatte er gewusst, ja, er hatte in diesem Augenblick intuitiv gespürt, dass es nur einen Einzigen gab, der ihn aus dem Schlamassel seiner Drogensucht befreien konnte - und das war Gott. Und deswegen war er hergekommen. Deswegen stand er an diesem Sonntagmorgen hier, auf dem Parkplatz vor diesem immensen Gebäude, um mit seinem Bruder zusammen den Gottesdienst zu besuchen. Doch seine Füße bewegten sich nicht von der Stelle.

Ich kann da nicht rein, dachte er. *Was soll ich zwischen all den perfekten Leuten mit ihren perfekten Leben und ihren perfekten Familien? Sie werden mich bloß anstarren und mich verurteilen für das, was ich bin. Ich bin sowieso ein hoffnungsloser Fall. Es ist besser, wenn ich gehe.*

»Hey, du da! Kann ich dir irgendwie helfen?«

Johnny drehte sich um. Ein Mann Mitte 40 mit schwarzer Lederjacke, dunklen Augenringen und einem Kaffeebecher in der Hand sah ihn an. Er saß in einem geparkten Auto, als würde er auf jemanden warten, und hatte die Scheibe heruntergekurbelt. »Alles in Ordnung?«

»Äh ja, danke«, murmelte Johnny. Dann drehte er sich auf dem Absatz um und ging schnellen Schrittes davon.

***

Gary Smith blickte dem mexikanischen Burschen nach, bis er hinter ein paar Autos verschwunden war.

Ein rastloser Süchtiger auf der Suche nach dem nächsten Kick, dachte er. Er erkannte Drogenabhängige auf 100 Meter Entfernung. Und genau deswegen war er hier. Genau deswegen opferte er seine kostbare Zeit am Sonntagmorgen, um endlich den durchschlagenden Beweis zu finden, dass Ricardo Sotelo ein Dealer war. Er wusste, dass er dealte und einer der Drahtzieher der »Simon-Sotelo-Organisation« war. Smith musste es nur noch beweisen. Aber das war gar nicht so einfach. Mehrere Jahre war er nun schon an ihm dran, ohne Erfolg. Er hatte Freunde von ihm befragt, Menschen aus seinem Umfeld, aber auch das hatte nichts ergeben. Ihre Reaktion war meistens dieselbe gewesen: »Ricco? Ein internationaler Drogenboss? Niemals! Und wenn doch, glauben Sie wirklich, ich wäre so lebensmüde, Ihnen irgendetwas über ihn zu verraten?«

Smith hatte auch Riccos Finanzen auseinandergenommen und ihm den besten Steuerfahnder auf den Hals geschickt, den er finden konnte, einen Chinesen mit dicker Brille und typisch asiatischem Akzent. Doch als der seinen Bericht ablieferte, sagte er nur beeindruckt:

»Mistel Sotelos Geschäftsbüchel sind helvollagend. Einwandflei. Kein Steuelbetlug, alles kollekt.«

Wie schon damals bei Alfredo Sotelo, der in der Zwischenzeit verstorben war, waren sich Smiths Mitarbeiter einig, ihr Chef würde wieder mal ein Phantom jagen.

»Wir haben den Mann observiert, von oben bis unten durchleuchtet, Zeugen befragt, sein Telefon verwanzt. Wir haben nichts gefunden, was ihn in irgendeiner Form verdächtig macht«, sagte Wayne. »Was sollen wir denn sonst noch tun?«

Aber Smith war sich sicher, dass da etwas faul war, gerade und erst recht, seitdem Ricco einen auf anständigen Bürger machte, als Briefträger arbeitete und obendrein jeden Sonntag zum Gottesdienst pilgerte.

Einmal erzählte Gary seiner Schwester davon. Eunice ging zufällig in dieselbe Kirche, kannte Ricco aber nicht persönlich, was in einer Gemeinde mit 5000 Mitgliedern nicht weiter verwunderlich war.

»Gary«, sagte sie. »Es gibt Menschen, die ändern tatsächlich ihr Leben. Vielleicht ist dieser Ricardo Sotelo ja Christ geworden. So was gibt's wirklich. Gott kann Menschen völlig umkrempeln. Solltest du auch mal probieren.«

Gary hasste es, wenn seine Schwester ihm mit diesen frommen Sprüchen kam. Sie redete schon lange davon, dass Gott sogar in der Lage sei, seine Ehe zu retten. Doch Gary machte sich nichts vor. Seine Ehe stand kurz vor dem Aus. Nancy und er redeten kaum noch miteinander. Und wenn sie versuchten, ein vernünftiges Gespräch zu führen, endete es meistens in einer Katastrophe. Um den Problemen zu Hause aus dem Weg zu gehen, tat Gary das, was er schon immer getan hatte: sich in die Arbeit flüchten. Er kam kaum noch zur Ruhe, wälzte nächtelang Akten, leitete Drogenrazzien und verdeckte Operationen, scheuchte Dealer auf, führte Verhöre durch und jagte unentwegt diejenigen, die noch nicht als »gefangen« auf seiner persönlichen Fahndungsliste markiert waren.

Einen schönen Erfolg konnte die DEA verzeichnen, als es ihr gelang, den flüchtigen Joe Morgan endlich wieder hinter Gitter zu bringen. Er wurde wegen Waffenschmuggels und Drogenhandels zu zwölf Jahren Haft verurteilt. Gerüchten zufolge war es der Plan des »weißen Paten« gewesen, den Drogenhandel in Nordkalifornien zu übernehmen. Aber daraus wurde nun wohl nichts mehr. Einer, der sich ganz besonders im Fadenkreuz von Garys Besessenheit befand, war Ricardo Sotelo. Und weil er den Mexikaner und Hintermann des Simon-Sotelo-Drogenrings unbedingt zur Strecke bringen wollte, opferte er sogar den Sonntag, um ihn persönlich zu beschatten. Deswegen war er ihm bis zu dessen Kirche gefolgt, hatte sein Auto geparkt und wartete nun darauf, dass der Dealer irgendetwas tun würde, was seine wahren Absichten zeigen würde.

Gerade beobachtete er, wie sein Verdächtiger sich einem Imbissstand neben dem Haupteingang näherte und sich einen Kaffee und einen Donut kaufte. Dann sah Sotelo sich um, als hielte er nach jemandem Ausschau.

Aha, dachte Gary. *Also doch. Er ist mit jemandem verabredet.*

Doch seine Überraschung war groß, als sich Sotelo plötzlich zielstrebig in Bewegung setzte und sich einer ganz bestimmten Person näherte - nämlich ihm!

***

Ricco schmunzelte, als er den verblüfften und etwas verunsicherten Gesichtsausdruck des Chefinspektors sah. Damit hatte der Mann wohl nicht gerechnet.

»Mr Smith, nicht wahr?«, sagte Ricco und blieb neben seinem Wagen stehen. »Ricardo Sotelo. Aber das wissen Sie ja bereits.« Er streckte dem Polizisten die Hand entgegen, und der ergriff sie. Die beiden Rivalen schüttelten sich die Hand, ohne sich gegenseitig aus den Augen zu lassen.

»Was wollen Sie?«, fragte Smith misstrauisch.

»Na ja, erstens dachte ich mir, es wäre an der Zeit, sich mal persönlich kennenzulernen. Und zweitens hab ich Ihnen einen frischen Kaffee und einen Donut mitgebracht.« Er reichte Smith den Pappbecher und den in eine Serviette eingewickelten Donut mit Schokoglasur und machte eine kleine Verbeugung.

»Ich wünsche Ihnen noch einen wunderschönen Sonntag, Inspektor.« Und damit ließ er den verdatterten Mr Smith in seinem Wagen sitzen und spazierte erhobenen Hauptes zurück zur Kirche.

***

Einen Monat später

»Was hast du auf dem Herzen, Simon? Wieso wolltest du mich treffen?«

Ricco saß mit Simon in einem Steakhouse in San José und säbelte an seinem übergroßen Steak herum. Simon war vor ein paar Monaten aus dem Gefängnis entlassen worden und schien voller Tatendrang zu sein.

»Ich möchte dir ein Angebot machen«, sagte er. »Vielleicht hast du gehört, dass ich wieder im Geschäft bin und ...«

»Simon«, unterbrach ihn Ricco und hob abwehrend die Hände. »Was auch immer du mir vorschlagen möchtest, du kennst meine Antwort bereits. Ich bin draußen, verstehst du? Ich hab ein neues Leben, und das werde ich nicht aufs Spiel setzen.«

»Jetzt hör dir erst einmal an, worum es geht«, meinte Simon und rutschte aufgeregt auf seiner Bank hin und her. »Also: Carlos hat da einen Typen an Bord geholt, der direkten Kontakt hat zu einem Kartellboss in Culiacán. Und der wiederum sucht einen Käufer für eine Ladung Heroin im Wert von - halt dich fest - *50 Millionen Dollar!*« Er betonte jedes einzelne Wort, und seine Augen leuchteten, während er fortfuhr: »Ich geb dir fünf Millionen, wenn du mitmachst. Na, was sagst du?«

Er blickte Ricco erwartungsvoll an, doch dieser schüttelte gelassen den Kopf. »Die Antwort ist Nein.«

»Nein?!«, wiederholte Simon verblüfft und breitete die Arme aus. »Ich geb dir fünf Millionen Dollar, Cousin! Nicht 2000 pro Tag. *Fünf* Millionen amerikanische Dollar für einen *einzigen* Deal! Überleg doch mal, was du mit dem Geld alles machen könntest. Immerhin hast du eine Frau und acht Kinder.«

»Neun. Es sind neun Kinder. Und die Antwort ist Nein.«

»Ach, komm schon, Ricco! Jetzt tu nicht so, als würde es dir nicht in den Fingerspitzen kribbeln bei einer solchen Summe. Ich verlange auch nicht von dir, dass du danach im Geschäft bleibst. Aber hilf mir bei diesem einen Deal, und du hast für dein Leben ausgesorgt. Ein letzter Deal, Cousin, um der guten alten Zeiten willen. Ein letzter Deal, danach kannst du von mir aus wieder die Post austragen.«

Aber Ricco ließ sich nicht beirren, nicht eine Sekunde lang. »Und wenn du mir 20 Millionen anbieten würdest - ich tu's nicht. Und ich will auch gar keine Details darüber hören. Ich will keine Namen wissen, keine Treffpunkte, keine Zeiten, keine Abläufe. Je weniger ich weiß, desto besser. Und, Cousin«, er beugte sich etwas vor, stützte die Ellbogen auf den Tisch und faltete die Hände, »es geht mich zwar nichts an, aber ... du hättest diesen Neuen nicht in die Familie reinlassen sollen.«

»Du kennst ihn nicht, Cousin. Ich kann ihm vertrauen, glaub mir.«

»Er ist nicht Familie. Der Letzte, der nicht Familie war und dem du vertraut hast, war Matsumoto. Und wir wissen beide, wie das endete.«

Simon lachte. »Keine Sorge, Cousin. Wir lassen uns schon nicht erwischen. Nur noch ein paar Wochen, und wir sind so reich, dass wir uns zehn Anwälte, zehn Richter und jede Menge korrupter Bullen kaufen können. Uns wird die ganze Stadt gehören. Wir werden unbesiegbar sein!«

Ricco sah Simon stirnrunzelnd an. »Ich hab kein gutes Gefühl dabei. Bei einem Deal dieser Größenordnung ist die Wahrscheinlichkeit, dass etwas schiefläuft, einfach viel zu hoch. Es gibt zu viele Faktoren, die nicht vorhersehbar sind. Du wirst Leute anheuern müssen, die du nicht wirklich kennst und die alles gefährden könnten. Nimm meinen Rat an und blas die ganze Aktion ab, solange es noch geht.«

Aber Simon wollte nichts davon hören. Sie aßen auf, bezahlten das Mittagessen und gingen auseinander, jeder zurück in sein Leben. Und während Ricco am Nachmittag die Post austeilte und nochmals über das Gespräch mit Simon nachdachte, wurde ihm erst klar, wie sehr er sich doch in den vergangenen Jahren verändert hatte und wie wenig sein jetziges Leben noch mit dem von damals gemeinsam hatte. Er wünschte sich nur, sein Cousin würde dieselbe Entscheidung treffen und aussteigen, bevor es dafür zu spät wäre. Denn aus irgendeinem ihm unerfindlichen Grund hatte Ricco den starken Eindruck, dass die Geschichte kein gutes Ende nehmen würde.

***

Mai 1982

»Leute, es geht los!« Smith tauschte einen Blick mit Wayne und zwei anderen Polizisten, die sich mit ihnen zusammen im Überwachungsbus befanden. Er rückte mit seinem Drehstuhl näher an das schmale Pult vor der technischen Anlage und lauschte gespannt. Man hörte das Klopfen an die Motelzimmertür, dann ein Quietschen, als sie geöffnet wurde. Smith warf einen Blick auf seine Armbanduhr. Es war ein Uhr morgens.

»Kirk, Henry. Sotelo hat uns herbestellt.«

»Arme ausstrecken. Beine auseinander«, sagte eine tiefe Männerstimme.

»Wir sind nicht bewaffnet.«

»Davon wollen wir uns lieber selbst überzeugen.«

Ein paar Sekunden war es still. Smith hoffte, die Kerle würden die versteckten Mikrofone nicht finden und die Operation nicht auffliegen lassen. Seit Matsumoto war es das erste Mal, dass es der DEA gelungen war, wieder so nah an Simon Sotelo ranzukommen. Sotelo hatte seine Strafe zwar abgesessen, aber Smith wusste, dass es nur eine Frage der Zeit war, bis der alte Fuchs wieder zu dealen beginnen würde. Und er hatte recht behalten. Mehr als das. Einigen Quellen zufolge plante Sotelo eine ganz große Nummer und suchte deswegen Piloten. Smith war es gelungen, über Bekannte von Bekannten Sotelos Interesse an zwei vermeintlichen Piloten zu wecken, die bereit waren, den Job für ihn zu erledigen. Dass Kirk und Henry in Wirklichkeit verdeckte Ermittler waren, davon hatte der Drogenbaron keine Ahnung. Und hoffentlich würde das auch so bleiben.

»Ihr seid sauber. Kommt rein. Sotelo erwartet euch.«

Schritte waren zu hören und das Quietschen, als die Motelzimmertür hinter den beiden jungen Männern wieder geschlossen wurde.

»Setzt euch«, sagte ein Mann, dessen Stimme Smith nur allzu gut kannte. Es war Simon Sotelo. »Ich will gleich zur Sache kommen. Könnt ihr dieses Baby hier fliegen?« Ein feines Geräusch, als würde Simon ein Papier über den Tisch schieben, war zu hören.

»Theoretisch ja«, antwortete Kirk.

»Und praktisch?«

»Nun, dieses spezielle Modell bin ich noch nie geflogen. Du, Henry?«

»Nein«, sagte Henry. »Aber mit 30, 40 Flugstunden können wir definitiv lernen, wie man den Vogel fliegt.«

»Kostenpunkt?«, fragte Sotelo.

»Ich schätze, 10 000 pro Nase müssten reichen.«

»Ich geb euch 25 000. Wie viel Zeit braucht ihr dafür?«

»Drei bis vier Monate.«

»Gut. Der Deal geht im August über die Bühne. Genaues Datum wird folgen.«

»Alles klar«, sagte Kirk. »Und was genau ist unsere Aufgabe?«

»Ihr startet mit der Frachtmaschine vom Flughafen in San Francisco und fliegt direkt nach Culiacán. Dort trefft ihr euch mit einem Mann namens Jorge. Er und seine Leute werden das Heroin ins Flugzeug laden. Dann fliegt ihr den Vogel zurück nach San Francisco, wo wir die Ladung übernehmen. Das ist alles.«

»Wie läuft es mit der Geldübergabe für den Stoff?«

»Das Geschäftliche wickeln El Toro und ich im Voraus ab, hier in Kalifornien. Die Ware wird also bereits bezahlt sein, wenn ihr nach Mexiko runterfliegt.«

Smith spitzte seine Lauscher. Hatte Sotelo gerade »El Toro« gesagt? El Toro war der Kopf eines der größten Drogenkartelle von Culiacán. Und der war Sotelos Geschäftspartner?

»Und wie viele Kilos wollt ihr in die Staaten schmuggeln?«, fragte Henry.

»1,8 Tonnen«, antwortete Sotelo, als wäre nichts weiter dabei. Den falschen Piloten im Motelzimmer und auch Smith, Wayne und den anderen beiden Polizisten im Überwachungsbus blieb für einen Moment die Spucke weg.

»1,8 Tonnen?!«, wiederholte Kirk. »Wir sollen mit 1,8 Tonnen Heroin im Laderaum in die USA zurückfliegen?«

»Habt ihr ein Problem damit?«

»N...nein. Nein, haben wir nicht. Aber ... 1,8 Tonnen? Wie um alles in der Welt wollen Sie den Stoff durch den Zoll schaffen?«

»Darüber macht euch mal keine Gedanken«, sagte Simon ruhig. »Ihr kümmert euch ums Fliegen, wir kümmern uns um den Rest. Ich bezahl euch für den Job je 50 000. Noch Fragen?«

»Ich denke nicht.«

»Schön. Carlos wird euch morgen das Geld für die Flugschule übergeben. Alles Weitere folgt später. Auf eine gute Zusammenarbeit.« Damit beendete Simon das Gespräch.

Kirk und Henry verabschiedeten sich von Simon und verließen das Motelzimmer, und Smith lachte sich triumphierend ins Fäustchen. 1,8 Tonnen Heroin. Das würde der Fang des Jahrhunderts werden! Diesmal würde er den Sotelos endgültig das Genick brechen, und zwar allen von ihnen, einschließlich Ricardo, der hundertprozentig auch mit von der Partie war. Egal, wie fromm er sich ausgab, einen 1,8-Tonnen-Heroin-Deal würde er sich nicht entgehen lassen.

Und dann würde er ihn endlich hochnehmen! Ihn und die ganze Bande, und El Toro als Sahnehäubchen obendrein. Smith konnte es kaum erwarten.

***

August 1982

Ricco war einfach nur sprachlos. 17 Jahre hatten sie sich nicht gesehen, und sie war noch genauso wunderschön wie damals. Judy hatte noch immer dasselbe Lächeln und denselben unwiderstehlichen Charme. Sie stand beim Getränketisch in der Sporthalle ihrer alten Schule und schenkte sich gerade einen Kaffee ein. Insgeheim hatte Ricco gehofft, er würde sie beim Highschool-Treffen ihres Jahrganges wiedersehen. Und jetzt, wo sie tatsächlich da war, fühlte er sich zurückversetzt in die Zeit, als er hoffnungslos in sie verliebt gewesen war. Und das Verrückte dabei war: Er war es irgendwie noch immer! Mit klopfendem Herzen starrte er zu ihr hinüber, und es pochte so stark wie damals an der Tankstelle, als er sie zum letzten Mal gesehen und mit sich gerungen hatte, ob er sie zu einem Date einladen sollte. Damals waren sie beide 19 Jahre alt gewesen. Jetzt waren sie 36, und das Leben hatte so einige Narben hinterlassen. Ob Judy ihn überhaupt noch erkennen würde nach all den Jahren?

Etwas zögerlich ging Ricco auf sie zu und stellte sich neben sie. »Gilt das Angebot mit dem Karamell-Popcorn noch immer?«

Judy drehte sich zu ihm um, dann fiel ihr die Kinnlade herunter.

»Ricco?! O Mann, Ricco! Bist du das?!«

»Hi, Judy. Lange nicht gesehen, was?«

»Mensch, wie geht's dir? Was machst du so? Ist das schön, dich zu sehen, Ricco!«

»Gleichfalls, Judy. Du ... du siehst toll aus.«

Sie lachte. »Danke. Du aber auch. Komm, setzen wir uns.«

Ricco nahm sich ebenfalls einen Kaffee, dann setzten sie sich an einen der runden Tische im hinteren Teil der Sporthalle. Im vorderen Teil spielte eine Band, und all die ehemaligen Schülerinnen und

Schüler der Live Oak Highschool schwangen das Tanzbein. Ricco fiel als Erstes der Ring an Judys linker Hand auf.

»Du bist verheiratet?«

»Ja«, sagte sie. »Und du wirst nie erraten mit wem.«

»Kenn ich ihn?«

»Ihr wart im selben Baseballteam. Es ist Dave.«

»Dave? Du bist mit Dave verheiratet?«

Judy nickte. »Und wir haben zwei Kinder, Anny und Peter. Wir wohnen immer noch in Morgan Hill. Und du? Du wolltest doch Polizist werden. Bist du einer geworden?«

Ricco trank einen Schluck von seinem Kaffee. Die anfängliche Nervosität hatte ein wenig nachgelassen. »Ja, bin ich. Ich hab vier Jahre lang als Gefängnisaufseher in einem Hochsicherheitsgefängnis gearbeitet.«

»Wow. Das ist bestimmt hart.«

»Ist es. Deswegen hab ich auch aufgehört. Und jetzt arbeite ich als Briefträger.«

»Als Briefträger?«

»Ist ein toller Job«, schwärmte Ricco. »Ich bin den ganzen Tag an der frischen Luft und lege täglich 25 Kilometer zu Fuß zurück.«

Dass er zwischen dem Hochsicherheitsgefängnis und der Post so ganz nebenbei die Nummer zwei des größten Drogenrings Nordkaliforniens gewesen war, verschwieg Ricco natürlich.

»Und wo wohnst du?«, fragte ihn Judy weiter aus.

»In Modesto, mit meiner Frau und meinen neun Kindern.«

»Du hast *neun* Kinder?!«

Ricco schmunzelte. »Du solltest mal beim gemeinsamen Abendessen dabei sein. Da ist was los, sag ich dir.«

»Kann's mir lebhaft vorstellen«, lachte Judy. »Neun Kinder. Du meine Güte. Mir sind zwei schon genug.« Sie nippte an ihrem Kaffee, aß einen Keks und musterte Ricco mit einem fröhlichen Lächeln im Gesicht.

»Bist du glücklich mit deinem Leben?«, wollte Judy wissen.

Ricco wurde es bei dieser Frage ganz warm ums Herz, und wieder einmal fragte er sich, was wohl gewesen wäre, hätte er damals den Mut gehabt, Judy um ein Rendezvous zu bitten. Was wäre gewesen, hätte Judy sich in ihn verliebt? Vielleicht wäre sein Leben völlig anders verlaufen, vielleicht wäre er nie ins Drogengeschäft eingestiegen, vielleicht hätte er aber auch nie diese unglaubliche Begegnung mit Gott gehabt, die sein Leben um 180 Grad gewendet hatte. Im Grunde brachte es nichts, darüber nachzudenken, was gewesen wäre, hätte er dieses oder jenes anders entschieden. Die Vergangenheit war, wie sie war, und konnte nicht mehr verändert werden. Aber die Zukunft, die war noch nicht geschrieben, und Ricco wollte das Beste daraus machen.

»Ja, ich bin sehr glücklich«, sagte er und lächelte Judy an. »Ich bin übrigens vor zwei Jahren Christ geworden. Ich geh jeden Sonntag in den Gottesdienst.«

»Im Ernst?«, sagte Judy, und ein Strahlen kam in ihre Augen. »Ich bin auch Christ!«

Ricco verschlug es die Sprache. Damit hatte er nie gerechnet. »Du bist Christ?!«, wiederholte er überrascht. »Wie lange schon?«

»Ich war schon in der Highschool Christ«, antwortete Judy und lachte begeistert. »Mensch, Ricco! Das ist ja wunderbar!«

»Wow«, murmelte Ricco. »Unglaublich.«

Das war es also, was Judy von all den anderen Mädchen an der Highschool abgehoben hatte. Es war Gott gewesen, den Ricco unbewusst gespürt hatte, wenn er in ihrer Nähe war. Deswegen war es ihm vorgekommen, als müsste er auf der Stelle tot umfallen, wenn er auch nur versuchen würde, sich ihr anzunähern. Gott hätte es nie zugelassen, dass ein grober Kerl wie er etwas mit einem sanftmütigen Mädchen wie Judy anfangen würde. Er hatte sie beschützt, auch wenn sie nie etwas von Riccos Gefühlen für sie mitbekommen hatte.

Und sie wird es auch nie erfahren, schwor sich Ricco. *Egal, was ich für sie empfinde, ich darf und ich werde es ihr niemals sagen. Sie hat eine Familie. Sie ist glücklich. Dieses Glück werde ich ganz bestimmt nicht zerstören.*

Sie unterhielten sich den ganzen Abend und lachten zusammen über alte Highschool-Geschichten. Ricco wünschte sich, der Abend würde nie zu Ende gehen. Aber natürlich ging er zu Ende, und nachdem sie ihre Adressen ausgetauscht und sich versprochen hatten, sich mal zu besuchen und vielleicht sogar mit ihren Familien gemeinsam zu campen, kehrte Ricco nach Modesto zurück.

Als er nach Hause kam, war seine Frau erstaunlicherweise noch wach und erwartete ihn im Morgenrock an der Eingangstür.

»Sie haben Simon verhaftet«, sagte sie niedergeschlagen. »Und Carlos und Chale auch.«

Die Unbeschwertheit des Abends war schlagartig wie weggeblasen. »Was?!«, rief Ricco entsetzt. »Wann?«

»Heute Morgen, steht alles in der Zeitung«, sagte Corinna und reichte Ricco die *Modesto-Bee*. »Dich haben sie auch angeschwärzt.«

»Wie bitte?!«

»Ja, dieser Chefinspektor der DEA hat dich mehrmals in seinem Interview erwähnt und deinen Namen derart durch den Schmutz gezogen, dass man meinen könnte, er würde eine persönliche Vendetta[12] gegen dich führen.«

»Nein.«

»Doch. Ich konnte es auch kaum glauben. Lies es selbst.«

Ricco setzte sich im Wohnzimmer aufs Sofa und las die dick unterstrichene Headline, die die halbe Titelseite ausfüllte: »Internationaler Drogenring gesprengt. Kriminelle Multi-Millionen-Dollar-Organisation zerschlagen.« Darunter war ein Passfoto von Simon, Carlos und Chale und ein etwas verschwommenes Bild einer Festnahme.

Ich hab dich gewarnt, Cousin, dachte Ricco, während er sich die Fotos und die Schlagzeile ansah. *Ich hab dir doch gesagt, das würde schiefgehen. Warum hast du bloß nicht auf mich gehört?*

Ricco blätterte auf die dritte Seite und las den Zeitungsbericht aufmerksam durch. Es war genau so gekommen, wie Ricco es Simon vorausgesagt hatte. Sein Cousin hatte den falschen Leuten vertraut. Er hatte Piloten engagiert, die in Wirklichkeit verdeckte Ermittler waren. So hatte die DEA von der 50-Millionen-Dollar-Lieferung erfahren und brauchte nur noch abzuwarten, bis der Deal über die

---

12 Italienische Bezeichnung für »Blutrache«.

Bühne ging. Smith musste sich allerdings entscheiden, ob es ihm wichtiger war, 1,8 Tonnen Heroin zu beschlagnahmen oder einen der größten Drogenbarone Culiacáns zu fassen. Da das Heroin und El Toro nicht zeitgleich in den USA sein würden, gab es nur ein Entweder-oder. Smith entschied sich für El Toro. Denn die Chance, dass sich ein Kartellboss aus Culiacán ein zweites Mal aus der Höhle des Löwen wagen und amerikanischen Boden betreten würde und die DEA davon Kenntnis hätte, war mehr als gering. Den genauen Tag seiner Ankunft wusste Smith nicht. Aber sämtliche Zollbehörden an den Flughäfen waren instruiert worden, sich sofort bei ihm zu melden, wenn ein Mexikaner namens Fernando Hernandez ins Land einreiste. Am 13. August war es dann soweit. El Toro landete in San Francisco, um sich mit Simon Sotelo zu treffen und ihm die 50 Millionen Dollar für sein Heroin zu überreichen. Die Drogenfahnder erwischten ihn zwar nicht in flagranti bei einem Deal, doch das gesammelte Beweismaterial gegen ihn und die »Simon-Sotelo-Organisation« war belastend genug, um alle zu verhaften: zuerst El Toro in seinem Strandhotel in Monterrey, dann Simon in seiner Villa in San José, anschließend Chale, Carlos und ein halbes Dutzend weitere hochkarätige Dealer, die mit Simon zusammenarbeiteten. In dem Zeitungsinterview erklärte Smith, dass es noch einen weiteren Dealer gebe, der dem internationalen Drogenring angehöre, und das sei Ricardo Sotelo aus Modesto. Er sagte, die Ermittlungen gegen ihn würden auf Hochtouren laufen, und er werde persönlich dafür sorgen, dass dieses Ungeziefer, dieser hinterhältige Schurke, endlich seine gerechte Strafe erhalte. Die Wut und Entschlossenheit in Smiths Worten waren nicht zu überlesen. Und Ricco wurde es auf einmal ganz mulmig zumute.

O Herr, betete er. *Bitte lass nicht zu, dass das geschieht. Du kennst mein Herz. Du weißt, dass ich nicht mehr der Mann bin, der ich früher einmal war. In deinem Wort steht, dass keine Waffe, die man gegen dich schmiedet, etwas ausrichten kann. Darauf vertraue ich, Jesus. Bitte bewahre mich und meine Familie vor dem Rachefeldzug dieses Mannes. Bitte lass ihn aufhören, mich zu verfolgen! Bitte!*

In den nächsten Tagen wurde Ricco ständig auf den Zeitungsartikel angesprochen, und er musste alle möglichen Leute davon überzeugen, dass es sich um ein großes Missverständnis handle und er natürlich nichts mit diesem Drogenring zu tun habe. Aber das war Riccos kleinstes Problem. Innerlich betete er von Herzen, dieser Gary Smith möge doch endlich einsehen, dass der Dealer Ricco Sotelo nicht mehr existierte.

Und dann, ein paar Wochen, nachdem Smith den ganzen Sotelo-Clan hochgenommen hatte, geschah etwas, womit keiner gerechnet hatte.

***

Ein lauter Knall war zu hören. Gary Smith schrie auf und wirbelte herum. Er hatte das Gefühl, als würde seine Bauchhöhle explodieren. Die Kugel drang in seinen Körper ein und schleuderte ihn auf den Korridor. Gary versuchte sich aufzurappeln, doch der Schmerz, der durch seinen Unterleib jagte, hielt ihn davon ab. Er blickte an sich herunter und sah, wie sich sein Hemd rasch mit Blut vollsog.

Gott, nein!, dachte er. *Ich bin getroffen!*

Er hätte überhaupt nicht hier sein sollen. Es war Sonntagmorgen, und er hatte dienstfrei. Doch wieder mal hatte der Chefinspektor der DEA es vorgezogen, der dicken Luft zu Hause zu entfliehen und sich in die Arbeit zu stürzen. Das hätte er wohl besser bleiben lassen. Aber wer konnte denn ahnen, dass der Dealer, den sie in seiner Wohnung verhaften wollten, Panik kriegen und einfach durch die Tür auf sie schießen würde?

»Officer verletzt!«, rief ein Polizist in sein Funkgerät. »Wir brauchen hier einen Arzt! Schnell!«

Während zwei Polizisten die Wohnung des Verdächtigen stürmten, lag Gary auf dem Flur und spürte, wie er langsam die Besinnung verlor.

»Halten Sie durch, Inspektor!«, hörte er neben sich eine Stimme wie durch Watte. »Hilfe ist unterwegs. Halten Sie durch!«

Doch Gary merkte, wie seine Augen schwerer und schwerer wurden. Die Umrisse des Korridors wurden immer verschwommener. Die Welt um ihn herum begann langsam zu verschwinden.

Das war's wohl, ging es Gary durch den Kopf. Dann wurde es ihm schwarz vor den Augen.

***

Eine halbe Stunde später

Der Gottesdienst hatte eben erst begonnen. Ricco und Corinna saßen in einer der vordersten Reihen. Die Kinder besuchten ihr eigenes Programm. Corinna konnte dem Gottesdienst nicht wirklich etwas abgewinnen. Aber die Gemeinde hatte eine ausgezeichnete Kinderbetreuung, und das war für sie Grund genug, ihren Mann Sonntag für Sonntag zu begleiten. Gerade hatte die Band ein neues Lied angestimmt, als der Pastor ans Mikrofon ging und die heilige Atmosphäre ziemlich abrupt unterbrach.

»Es tut mir leid. Aber Eunice Smith hat ein dringendes Anliegen an die Gemeinde. Bitte, Eunice.« Er schob die junge Frau ans Mikrofon. Sie war nervös, und Ricco sah ihr gleich an, dass etwas Schlimmes passiert sein musste.

Mit hastiger Stimme sagte sie: »Es geht um meinen Bruder. Gary Smith. Er ist Chefinspektor bei der DEA, wie vielleicht einige von euch wissen. Vor ungefähr einer halben Stunde hat er bei einem Einsatz einen Bauchschuss abgekriegt.« Ein bestürztes Gemurmel ging durch die Menge. Ricco wurde es mit einem Mal ganz heiß.

»Ich habe es eben gerade erfahren«, fuhr Eunice fort. »Die Ärzte sagen, sein Zustand sei kritisch. Er hat viel Blut verloren und braucht dringend eine Bluttransfusion. Natürlich kann das Krankenhaus Blut von der Blutbank anfordern. Wir haben jedoch Angst, mein Bruder könnte sich dabei mit Aids infizieren. So was soll schon öfter vorgekommen sein. Gary hat die seltene Blutgruppe AB negativ. Ich weiß, es ist anmaßend, in einem Gottesdienst um Spender zu bitten.

Aber ...« Sie machte eine kurze Pause und blickte flehend in die Menge. »Bitte, wenn jemand hier ist, der AB negativ hat, dann kommt zum Ausgang und meldet euch bei mir. Wir brauchen alle Spender, die wir kriegen können. Bitte helft mir, das Leben meines Bruders zu retten! Bitte!«

Sie gab dem Pastor das Mikrofon zurück und ging rasch von der Bühne. Der Pastor wiederholte den Spenderaufruf und betonte, wie wichtig es sei, in einer solchen Situation als Gemeinde zusammenzustehen. Ricco zögerte keine Sekunde und sprang unverzüglich von seinem Sitz.

»Was soll das?«, fragte ihn Corinna verwundert.

»Meine Blutgruppe ist AB negativ.«

»Na und? Du hast doch gehört, um wen es hier geht.«

»Durchaus.«

Corinna packte Ricco am Arm und zog ihn zu sich herunter. »Du willst deinem Erzfeind das Leben retten?«, zischte sie schockiert und möglichst leise, sodass die Leute neben ihr in der Sitzreihe es nicht hören konnten. »Dem Mann, der dich in aller Öffentlichkeit durch den Schmutz gezogen hat und dich um jeden Preis vernichten will, willst du *dein* Blut spenden?«

»Genau das will ich«, sagte Ricco entschlossen, und bevor die ziemlich konsternierte Corinna ihn daran hindern konnte, drängte er sich an den Sitzenden vorbei zum Mittelgang.

Eunice Smith wartete bereits ungeduldig beim Ausgang. Ricco war ihr nie zuvor begegnet. Er hatte nicht mal gewusst, dass Gary Smith eine Schwester hatte, die ausgerechnet in dieselbe Gemeinde ging wie er. Außer Ricco waren noch ein paar andere Leute zum Blutspenden bereit, und Eunice hörte nicht auf, sich bei ihnen zu bedanken. Sie erklärte ihnen den schnellsten Weg zum Krankenhaus, und dann fuhren sie los.

Das Blutspenden dauerte gerade mal zehn Minuten. Als Ricco fertig war und auf den weißen Krankenhauskorridor hinaustrat, sah er, wie sich Eunice mit zwei Frauen unterhielt, die auf den Stühlen im Gang saßen. Eine mochte Mitte 20 sein und blickte apathisch vor sich hin, die andere war vielleicht 40 Jahre alt und völlig aufgelöst. Ricco ging auf die Frauen zu. Als Eunice ihn sah, winkte sie ihn zu sich.

»Das ist einer aus meiner Gemeinde, der bereit war, Blut zu spenden«, erklärte sie den beiden Frauen. »Ricco, nicht wahr?«

»Ja.«

»Ricco, das sind Garys Frau Nancy und seine Tochter Tricia.«

»Hallo«, sagte Ricco und nickte den beiden zu. Tricia sah ihn nicht an, blickte nur starr auf einen imaginären Punkt auf der gegenüberliegenden Wand. Nancy schenkte Ricco ein flüchtiges Lächeln.

»Danke«, sagte sie und tupfte sich mit einem Taschentuch die Augen. »Das ist nicht selbstverständlich, was Sie da getan haben. Vielen Dank.«

»Kein Problem«, sagte Ricco.

Mrs Smith schniefte. »Er hätte heute gar nicht arbeiten müssen. Aber er hat jede Gelegenheit genutzt, um mir aus dem Weg zu gehen. Er wollte lieber Drogendealer jagen als Zeit mit seiner Familie zu verbringen ...« Ihre Lippen bebten, während sie das zerknüllte Taschentuch zwischen den Fingern drehte. Mit brüchiger Stimme redete sie weiter, als müsste sie die Last, die sie schon so lange mit sich herumschleppte, endlich irgendwo abladen. »Manchmal hatte ich das Gefühl, als jagte er keine Verbrecher - sondern sich selbst. Und mit jedem Dealer, den er hinter Gitter brachte, versuchte er sich selbst zu beweisen, dass er sein Leben sehr wohl im Griff hatte, allen Umständen zum Trotz. Ich weiß, ich habe auch meinen Teil dazu beigetragen, dass es so weit kam. Ich habe Fehler gemacht. Viele Fehler. Ich hab ihn angeschrien, ich hab ihn angeschwiegen, ich hab ihm auf alle erdenklichen Arten zu verstehen gegeben, dass ich mit unserer Beziehung unzufrieden war und dass er allein die Schuld dafür trug. Und ich wollte nicht wahrhaben, dass ich ihn damit immer weiter von mir wegstieß, anstatt ihn zurückzugewinnen.« Tränen rollten ihr übers Gesicht. »Ich würde ihm so gerne sagen, wie leid es mir tut. Ich würde so gerne noch mal von vorn beginnen. Aber vielleicht werden wir nie mehr die Gelegenheit dazu haben.«

Eunice, die sich neben ihre Schwägerin gesetzt hatte, ergriff ihre Hand. »Gary schafft das schon. Du wirst sehen, es wird alles gut.«

Nancy wischte sich über die feuchten Augen und sah Ricco an. »Sie müssen entschuldigen. Ich wollte Sie damit nicht belästigen. Nochmals danke, dass Sie Blut gespendet haben. Ich weiß das wirklich sehr zu schätzen.«

»Hab ich sehr gerne getan«, sagte Ricco. »Ich lass Sie dann mal allein. Und nur Mut, Gary ist ein zäher Mann. Ich bin sicher, er wird durchkommen.«

»Sie kennen ihn?«

»Wir hatten beruflich viel miteinander zu tun.« Ricco schmunzelte. »Lange Geschichte. Also dann, meine Familie wartet. Hat mich gefreut, Sie kennenzulernen.«

Er drehte sich auf dem Absatz um und ging davon.

»Warte!«, rief Eunice hinter ihm her. Ricco blieb stehen und wartete, bis sie ihn eingeholt hatte. »Darf ich dich nächsten Sonntag nach dem Gottesdienst als kleines Dankeschön zum Mittagessen einladen?«

»Das ist sehr nett. Aber du bist mir nichts schuldig.«

»Wenigstens zu Kaffee und Kuchen?«

»Nein, wirklich nicht. Aber richte deinem Bruder herzliche Grüße von mir aus, wenn er wieder aufwacht.«

»Okay, das mach ich. Und von wem, sage ich, ist der Gruß?«

»Von Ricardo Sotelo«, antwortete ihr Ricco. »Sag ihm, ich hätte mich geändert. Sag ihm, dass von jetzt an mein Blut durch seine Adern fließt. Und sag ihm, dass er das nie vergessen soll.«

Ein geheimnisvolles Lächeln umspielte seine Lippen. Dann nickte er Eunice zum Abschied zu und ging davon.

Am nächsten Sonntag wurde im Gottesdienst der Gemeinde mitgeteilt, Eunices Bruder hätte die Operation gut überstanden und wäre auf dem Weg der Besserung. Ricco fragte sich, ob Smith wohl seine Nachricht erhalten hatte. Er hoffte es. Und er hätte zu gerne seinen Gesichtsausdruck dabei gesehen ...

21 Ende und Anfang

So erfrischend die sonntäglichen Gottesdienste auch waren und so erfüllend sein neues Leben mit Gott war, mit etwas hatte Ricco doch sehr zu kämpfen: Die Ehe mit Corinna wurde immer schwieriger. Doch gab es in dieser Zeit eine Person, an der sich Ricco innerlich festklammerte wie an einen Rettungsring: Judy. Auch wenn Judy verheiratet war und Ricco nie etwas gesagt oder getan hätte, was ihre Ehe mit Dave in irgendeiner Weise hätte gefährden können, so nutzte er doch jede Gelegenheit, um sie zu sehen.

Nach ihrer ersten Begegnung beim Highschool-Treffen im August 1982 trat Ricco kurze Zeit später in den Campingklub von Morgan Hill ein und war auf einmal ein leidenschaftlicher Camper. Die Großfamilie im Schlepptau, fuhr er in der nächsten Zeit immer wieder zu Judy und lud sie und ihre Familie ein, den Tag mit ihnen auf dem Campingplatz zu verbringen. Judy brachte dann einen Salat mit, die Kinder spielten am Bach unter den großen Bäumen, und die beiden Ehepaare saßen vor dem Trailer, grillten, aßen, tranken und plauderten bis in die Nacht hinein. Ricco ließ sich nie anmerken, was er für Judy empfand. Doch für ihn war jede Begegnung mit ihr wie ein Spaziergang durch ein Sonnenblumenfeld. Sich mit ihr zu unterhalten gab ihm das Gefühl, wieder atmen zu können. Allein ihre Hand zu schütteln und ihr in die Augen zu sehen, ließ sein Herz höher schlagen.

Auch wenn sich Ricco bewusst war, dass seine Ehe unter dem Ausstieg aus dem Drogengeschäft gelitten hatte, so war er sich doch sicher, dass sich alles in den kommenden Jahren wieder einrenken würde. Doch er hatte sich getäuscht.

Im Frühjahr 1990 kam Corinna eines Tages ins Schlafzimmer und stellte Ricco unverblümt vor vollendete Tatsachen.

»Ich hab jemanden kennengelernt«, sagte sie.

»Machst du Witze?«

»Tu nicht so, als würde es dich überraschen«, meinte Corinna zickig. »Seien wir ehrlich: Wir führen schon lange keine Beziehung mehr.«

»Das ist nicht wahr, Corinna.«

»Ist es sehr wohl. Und ich habe es satt, auf etwas zu warten, das nie eintreffen wird. Ich will mein Leben zurück.«

»Dein Leben? Welches? Das einer Gangsterbraut? Willst du, dass ich deinetwegen so ende wie Simon, Raul, Chale oder Fredo?«

»Ich will die Scheidung, Ricco.«

Ricco sah Corinna mit offenem Mund an. Ihre Worte trafen ihn mit voller Wucht und zerschmetterten 24 Jahre Ehe mit einem einzigen Schlag in tausend Scherben. Ricco fühlte sich, als würde ihm jemand den Boden unter den Füßen wegziehen. Corinna hatte einen Freund. Und sie benahm sich nun, als wäre es das Selbstverständlichste auf der Welt, dass man den Partner wie einen Wagen nach einigen Jahren gegen einen neuen eintauscht. Dabei hatte Ricco gedacht, sie hätten gemeinsam genug tiefe Wurzeln geschlagen, um jeglichen Stürmen standzuhalten. Offenbar hatte er sich getäuscht. Corinna wollte die Scheidung. Ricco brauchte erst einmal einen Moment, um sich darüber klar zu werden, was das bedeutete. Im Grunde hätte er es wissen müssen. Corinna war schon lange nicht mehr zufrieden mit ihrem Leben. Immer diese Nörgelei wegen des Geldes und weil sie sich dieses und jenes nicht mehr kaufen konnte. Sie hatte sich so sehr an den fürstlichen Lebensstil gewöhnt, den Ricco ihr als internationaler Drogenhändler geboten hatte, dass sie nicht mehr bereit war, darauf zu verzichten. Und so sehr er sich auch wünschte, das nötige Kleingeld zu haben, um seine Frau mit Rubinen und Edelsteinen zu überhäufen, er hatte es nicht. Tatsache war, dass er sich seine Frau nicht mehr leisten konnte. Das war die traurige Bilanz ihrer Ehe: Sie war gescheitert mangels Geld. Wut, Bitterkeit und Hass stiegen in Ricco auf. Er sah Corinna an und empfand, was er ihr gegenüber noch nie empfunden hatte: Ekel.

»Du widerst mich an, Corinna!«, knurrte er und ballte seine Fäuste. »Ich kann dich nicht mehr ansehen! Geh mir aus den Augen, bevor ich etwas tue, was ich bereuen könnte!«

In den nächsten Wochen kämpfte Ricco wie ein Löwe gegen seinen Groll an. Er wollte Corinna nicht hassen, und doch tat er es. Wäre er kein Christ gewesen, hätte er sie umbringen lassen, so verletzt und zornig war er. Er fühlte sich verraten und ausrangiert.

Gott, nimm bitte diesen Hass von mir!, betete er jeden Tag. *Ich will mich nicht von Corinna scheiden lassen. Aber ich ertrage sie auch nicht mehr länger in meiner Nähe. Was soll ich nur tun?*

Sie vereinbarten, erst die Hochzeit ihrer ältesten Tochter Michelle abzuwarten, damit ihre Scheidung nicht das Gesprächsthema Nummer eins an der Festtafel wäre.

Nach der Hochzeit war Ricco immer noch im Zwiespalt mit sich selbst. Immerhin waren Corinna und er ein viertel Jahrhundert zusammen gewesen. Und das sollte nun einfach vorbei sein? Unschlüssig lag Ricco im Bett und bat Gott um ein Zeichen.

Gott, wenn du es erlauben möchtest, dass diese Ehe endet, wenn du es zulassen möchtest, dass ich mich von dieser Frau trenne, dann will ich, dass du *es mir sagst, und zwar mit einer lauten und deutlich hörbaren Stimme.*

Kaum hatte er das Gebet zu Ende gesprochen, betrat Corinna das Schlafzimmer und eröffnete Ricco mit einer lauten und deutlich hörbaren Stimme: »Du brauchst die Scheidungspapiere nicht mehr einzureichen, denn ich habe es bereits getan.«

Präziser und schneller hätte Gott sein Gebet nicht beantworten können. Mit einem Mal überkam Ricco eine absolute Ruhe, und der Sturm in ihm legte sich von einer Sekunde auf die andere.

Okay, Gott, sagte Ricco und fügte sich in sein Schicksal. *Die Stimme ist angekommen. Also soll es so sein.*

Die Scheidung von Corinna setzte Ricco schwer zu. Er hatte an nichts mehr Freude. Alles war so sinnlos und leer. Da hatte er sein Leben in Ordnung gebracht, hatte aufgehört, mit Drogen zu dealen, ging jeden Sonntag zum Gottesdienst und wollte so leben, wie es Gott gefällt, und dann geschah so etwas. Die erste Nacht ohne Corinna weinte Ricco ohne Ende.

Wochen vergingen, Monate und sogar Jahre. Und noch immer hatte Ricco die Trennung nicht überwunden. Manchmal schrie er nächtelang zu Gott, er möge ihm doch endlich seine Lebensfreude wiedergeben.

Die Freundschaft mit Judy bedeutete Ricco in dieser Zeit unendlich viel. Ohne dass sie sich dessen bewusst war, half sie ihm, nach seiner Scheidung nicht gänzlich den Halt im Leben zu verlieren. Sie sahen sich nicht häufig, aber zumindest alle fünf Jahre beim Highschool-Treffen. Und jedes Jahr schickten sie sich gegenseitig eine Weihnachtskarte.

Doch dann, an Weihnachten 2004, schrieb Judy Ricco etwas, was ihn zutiefst erschütterte: *Ich habe Krebs. Ich bekomme jetzt eine Chemotherapie, aber wenn die nicht hilft, werde ich schon bald bei Gott sein.*

Im September 2005 besuchte Ricco Judy ein letztes Mal in ihrem Haus in Morgan Hill und brachte ihr einen riesigen Rosenstrauß vorbei. Er wollte ihr Blumen schenken, solange sie noch am Leben war. Judy war schon sehr schwach und hatte durch die Chemo alle ihre wunderschönen Haare verloren. Ricco nahm ihre Hände in die seinen und betete für sie. Dann umarmte er sie, küsste sie zärtlich auf ihren kahlen Kopf und flüsterte ihr leise Lebewohl zu.

Zwei Wochen später starb Judy.

Nach Judys Tod war Ricco am Boden zerstört. Es kam ihm vor, als wäre ein Teil von ihm mit ihr gestorben. Er hatte sie so sehr geliebt. Mit Corinna war er 24 Jahre verheiratet gewesen und hatte sie über die Jahre hinweg lieben gelernt - doch nie so wie Judy. Sein Herz hatte immer Judy gehört. 42 Jahre lang. Und Judy hatte es nie erfahren ...

Manchmal, wenn Ricco am Schreibtisch in seinem Schlafzimmer saß, seinen Blick über all die vielen Fotos an der Wand gleiten ließ und an die Geschichten dachte, die damit verbunden waren, wurde ihm ganz melancholisch zumute. Da hingen Fotos von seiner Zeit bei der Armee. Auf einem Foto saß er mit George Ventura, seinem Blutsbruder, auf der Treppe vor einer Militärbaracke. George hatte nach der Militärzeit geheiratet und lebte mit seiner Familie in Ohio.

Ricco und er waren über all die Jahre hinweg gute Freunde geblieben.

Neben den Armeefotos hing Riccos Urkunde von seiner erfolgreich abgeschlossenen Polizeiausbildung. Das Diplom war nun auch schon 31 Jahre alt, und so lange war es auch her, seitdem Ricco als Justizvollzugsbeamter im gewalttätigsten Hochsicherheitsgefängnis Kaliforniens gearbeitet hatte. An seine Zeit bei der DVI dachte Ricco noch immer mit einem mulmigen Gefühl in der Magengegend zurück. Nur ein einziges Foto hatte er von jener Zeit aufbewahrt. Es hing allerdings nicht an der Wand, denn es gehörte nicht unbedingt zu den Dingen, an die er sich gerne erinnerte. Es war ein Tatfoto, das zeigte, wo Ricco gestanden hatte, als Pajaro sich unter dem Müllhaufen versteckt hatte, um ihn anzugreifen. Gott sei Dank hatte er deswegen keine Albträume mehr, und auch der Alarm der Fritteuse im Schnellrestaurant ließ ihm nicht mehr die Nackenhaare zu Berge stehen.

Nebst diesem einen Gefängnisfoto hatte Ricco eine Schachtel voller Zeitungsartikel über all die Morde und Messerstechereien, die während seiner Zeit bei der DVI geschehen waren. Natürlich waren die brutalen Bandenkriege auch danach weitergegangen. Und Joe Morgans Macht war trotz seiner neuen Inhaftierung nach wie vor ungebrochen. 1992 war der Film »American Me« ins Kino gekommen, der den Aufstieg von La Eme im kalifornischen Gefängnissystem darstellte. Die Hauptcharaktere basierten auf den echten Paten der Mexican Mafia, nämlich Cheyenne und Joe Morgan. Die Filmemacher begingen allerdings einen fatalen Fehler. Sie zeigten, wie Cheyenne zu Beginn seiner Gefängniskarriere sexuell missbraucht und am Ende des Films nicht wie im echten Leben von der Nuestra Familia, sondern von seinen eigenen Leuten ermordet wird. Die Mexican Mafia war rasend vor Wut über diese verzerrte Darstellung der Ereignisse. Morddrohungen flatterten dem Regisseur ins Haus. Joe Morgan verklagte ihn und die Universal Studios aufgrund der Ungereimtheiten im Film. Und wegen der homosexuellen Vergewaltigungsszene, die den Ethikcode von La Eme zutiefst beleidigte, wurden drei Berater des Films wenige Tage nach der Filmpremiere kurzerhand umgebracht. Ein Jahr später starb Joe Morgan im Alter von 64 Jahren im Corcoran-Staatsgefängnis in Kalifornien. Insgesamt 40 Jahre seines Lebens hatte der La-Eme-Anführer hinter Gittern verbracht.

Ein Foto, das Ricco sorgfältig aufbewahrt hatte und das er nun von der Wand nahm, zeigte ihn, seinen Bruder und alle Cousins, wie sie in einem Kasino in Las Vegas gut gelaunt nebeneinanderstanden und in die Kamera lächelten. Leider hatte es auch für Riccos Cousins kein Happy End gegeben. Simon war nach seiner zweiten Verhaftung im August 1982 zu 25 Jahren Freiheitsstrafe verurteilt worden. Zwanzig Jahre saß er ab, dann starb er im Gefängnis an einem Herzinfarkt. Raul gelang es, aus dem Gefängnis auszubrechen. Er war einer Arbeiterkolonne zugeteilt, die die Straßen reinigen sollte. Rauls Freundin parkte in der Nähe, und als Raul der vereinbarten Stelle nahe genug war, rannte er davon, setzte sich in ihr Auto, und gemeinsam flohen sie nach Mexiko. Doch seine Freiheit war nur von kurzer Dauer. Nur wenige Monate später starb auch er an einem Herzinfarkt. Chale wurde 2001 aus dem Gefängnis entlassen und starb ein Jahr danach an Krebs. Fredo war bereits 1979 wegen seines Drogen- und Alkoholkonsums gestorben.

Die Einzigen, die von der »Simon-Sotelo-Organisation« noch übrig waren, waren Ricco und Carlos. Carlos hatte seine Gefängnisstrafe abgesessen, und ein Jahr nach seiner Entlassung hatte er Ricco angerufen und ihm mitgeteilt, er habe sein Leben wieder auf die Reihe gekriegt, sei endlich clean und wolle von nun an denselben Weg einschlagen wie Ricco, nämlich den Weg mit Jesus. Ricco hätte seinen Cousin am liebsten durchs Telefon umarmt, so sehr freute er sich über diese Nachricht. Seither verabredeten sich die beiden immer mal wieder zum Abendessen. Sie redeten über Gott und die Welt, plauderten über die guten alten Zeiten und lachten darüber, wie sie Gary Smith und die DEA an der Nase herumgeführt hatten.

»Der gute alte Smith«, hatte Carlos bei einem ihrer Treffen gemeint. »Den haben wir ganz schön auf Trab gehalten, was?«

»Ja, das haben wir«, hatte Ricco amüsiert bestätigt. »Die grauen Haare hat er wohl uns zu verdanken.«

»Hast du je wieder von ihm gehört?«

»Nein. Der Tag, an dem ich ihm Blut gespendet habe, war der letzte Tag, an dem ich mit ihm zu tun hatte. Danach bin ich nie wieder von ihm oder seinen Agenten beschattet worden.«

»Ich hab gehört, er ist nun im Ruhestand und lebt mit seiner Frau in Texas.«

Ricco lachte. »Im Ruhestand? Gary Smith? Niemals! Der wird noch auf dem Totenbett ungeklärte Fälle bearbeiten. Smith ist ein Menschenjäger, und das wird er immer bleiben.«

»Da hast du wahrscheinlich recht«, hatte Carlos eingeräumt. »Ich für meinen Teil bin einfach nur froh, dass ich es lebend aus diesem Sumpf aus Drogen und Kriminalität herausgeschafft habe. Jeden Tag, den ich als freier Mann erleben darf, empfinde ich als Geschenk von oben.«

»Geht mir genauso«, hatte ihm Ricco beigepflichtet.

Ein weiteres Bild an Riccos Schlafzimmerwand zeigte seine Kinder, als sie noch klein waren, wie sie fröhlich im Garten spielten. Beim Betrachten dieses Fotos wurde Ricco jedes Mal aufs Neue bewusst, was für ein Privileg es war, dass Gott ihm das Gefängnis erspart hatte und er Zeit mit seinen Kindern hatte verbringen dürfen, hatte erleben dürfen, wie sie groß werden. Es war pure Gnade, und er nahm das nicht auf die leichte Schulter.

Er musste auch daran denken, dass seit einigen Jahren die Verjährungsfrist abgelaufen war und dass er seitdem keinen Hehl mehr aus seiner dunklen Vergangenheit machen musste. Die Erste, der er davon erzählt hatte, war seine Tochter Michelle gewesen. Sie war 23, als er sein Schweigen brach, und sagte erst einmal gar nichts.

»Wahnsinn«, hatte sie nach einer langen Pause endlich hervorgebracht. »Ich war die Prinzessin eines Drogenbosses und wusste nicht mal was davon.« Sie hatte fassungslos den Kopf geschüttelt. »Das war die Zeit, wo es die guten Cornflakes zum Frühstück gab, nicht wahr?«

Tom hatte davon erfahren, als er 19 Jahre alt und frisch verliebt war. Er fand es einfach nur hammermäßig, dass sein Vater ein ehemaliger Drogenbaron war. Und als seine Freundin ihn über seine Familie ausfragte, meinte er mit wichtiger Miene: »Tja, also, da gibt es schon etwas, was du über unsere Familie wissen solltest. Mein Vater war einer der größten Drogendealer Nordkaliforniens. Ist das ein Problem für dich?«

Viele Fotos über Riccos Schreibtisch waren so alt, dass die Farben darauf längst verblichen waren. Doch es gab auch neuere Fotos, Fotos, auf denen Menschen abgebildet waren, die erst viele Jahre nach Riccos Ausstieg aus dem Drogenhandel in sein Leben getreten waren. Eines dieser Fotos zeigte Ricco Arm in Arm mit seinem allerbesten Freund, einem Mexikaner, der genau wie Ricco nicht nur einmal dem Tod entronnen war. Sein Name war Johnny. Johnny Saldaña.

***

Ricco und Johnny lernten sich 1999 auf dem Parkgelände von Riccos Gemeinde kennen. Ricco hatte den Job übernommen, während des Gottesdienstes mit dem Golf-Cart vor der Kirche herumzusausen und dafür zu sorgen, dass kein Auto gestohlen wurde und keine Teenager draußen herumlungerten und Unfug anstellten. Das Gelände war so groß, dass Ricco nicht der Einzige war, der mit einem Golf-Cart herumflitzte, und eines Sonntags wurde der Sicherheitstruppe ein Neuer zugeteilt: ein kräftiger Mexikaner namens Johnny.

»Hi, ich bin Ricco«, stellte sich Ricco dem Neuen vor und streckte ihm aus dem Golf-Cart die Hand entgegen.

»Johnny«, sagte Johnny und schüttelte Riccos Hand. »Bist du schon lange dabei?«

»In der Gemeinde bin ich seit 19 Jahren, aber als Golf-Cart-Rennfahrer erst seit meiner Scheidung.«

»Willkommen im Klub«, sagte Johnny und zog den Mund schief. »Bin ebenfalls geschieden. Und das nach 17 Jahren Ehe.«

»Bei mir waren's 24«, gestand Ricco dem Mann, den er gerade mal 30 Sekunden lang kannte. Doch wie sich ihre Blicke kreuzten, spürte Ricco, dass er in diesem Fremden soeben einen Verbündeten gewonnen hatte.

»Man denkt immer, so was passiere nur den anderen, nicht wahr?«, stellte Johnny fest. »Und dann trifft es dich selbst, und deine Welt bricht zusammen.«

Ricco atmete tief durch. »Ich weiß genau, was du meinst. Ich war völlig fertig, als Corinna ausgezogen ist. Ich hab gedacht, ich würde das schon irgendwie wegstecken. Aber Tatsache ist, ich kaue noch heute daran herum, und das nach neun Jahren.« Er runzelte die Stirn. »Manchmal denke ich, ich könnte nie wieder richtig glücklich sein. Natürlich, ich habe Jesus. Ohne ihn wäre ich verloren. Aber es ist nicht leicht für mich, allein zu sein.«

»Hey«, meinte Johnny. »Warum setzen wir uns nicht da drüben hin und quatschen ein wenig, solange es hier ruhig ist? Ich spendier dir einen Kaffee.«

»Okay, einverstanden.«

Sie fuhren zum Haupteingang, von wo aus man das Gelände gut überblicken konnte, parkten ihre Golf-Carts und setzten sich mit einem Becher Kaffee auf eine Bank.

»Wie bist du mit der Scheidung klargekommen?«, fragte Ricco Johnny.

Johnny lachte bitter. »Gar nicht. Ich hab mich schlimmer in die Drogen gestürzt als je zuvor.«

Ricco machte große Augen. »Du warst drogenabhängig?«

»Ich war ein Wrack. Kokain, Heroin, LSD, PCP - was auch immer ich in die Finger kriegte, hab ich genommen. Du kannst froh sein, wenn du nie damit in Berührung gekommen bist. Es zerstört dein Leben.«

»Nicht nur deins«, seufzte Ricco.

»Hast du je Drogen genommen?«

»Nein«, sagte Ricco, und im selben Atemzug, als wäre es das Selbstverständlichste auf der Welt, fügte er hinzu: »Ich hab sie verkauft.«

Jetzt war es Johnny, der dumm aus der Wäsche guckte. »Du warst ein Dealer?«

»Schon mal was von der Simon-Sotelo-Organisation gehört?«

»Ja, klar hab ich das. Als der Drogenring aufflog, musste ich plötzlich das Doppelte für eine Bubble Heroin hinblättern. Und du hast für diese Drogenbarone gearbeitet?«

»Ich war selbst einer von ihnen.«

Johnny fiel die Kinnlade runter. »Is' nicht wahr. Du warst einer der Anführer der Simon-Sotelo-Organisation?«

»Ich war die Nummer zwei, direkt unter meinem Cousin Simon.«

»Nein.«

»Doch. Heroin und Kokainhandel im großen Stil. Das war mein Ding, bis ich vor 19 Jahren Gott kennenlernte und ausstieg.«

Johnny war für einen Moment sprachlos. Dann schüttelte er fassungslos den Kopf. »Ist ja heftig. Das heißt, es waren *deine* Drogen, die *mein* Leben ruinierten.«

»Ich fürchte, ja«, räumte Ricco ein. »Tut mir echt leid, Mann.«

»Na ja«, meinte Johnny achselzuckend. »Hättest *du* sie nicht geliefert, hätte es jemand anders getan. Es war immer noch meine Entscheidung, mir das Zeug reinzuziehen.«

»Wie bist du davon losgekommen?«

»Die kurze oder die lange Fassung?«

»Ich hab Zeit. Der Gottesdienst endet nicht vor halb zwölf.«

»Also gut«, meinte Johnny, nahm einen Schluck von seinem Kaffee und begann zu erzählen.

»Mit elf hab ich meinen ersten Joint geraucht. Mit 15 begann ich mit Heroin und Kokain. Von da an drehte sich mein Leben nur noch um den nächsten Kick. Als ich 17 war, hab ich einen Kerl halb totgeprügelt, weil ich unter Drogen stand. Mit 19 heiratete ich Samantha und versprach ihr, mit dem ganzen Müll aufzuhören, was ich natürlich nicht tat. Ich funktionierte zwar, hatte einen Job, bezahlte meine Rechnungen mehr oder weniger pünktlich. Wir hatten sogar zwei Kinder. Aber vom Freitagabend nach der Arbeit bis zum Montagmorgen in der Früh war ich fast durchgehend high. Tja, so ging das mehr oder weniger bis vor sechs Jahren, als meine Frau sich von mir scheiden ließ. Da stürzte ich vollends ab. Ich hatte tonnenweise Freundinnen. Fünf Jahre lang kokste ich jeden Tag, und fünf Jahre lang betrank ich mich jeden Tag, bis ich körperlich und psychisch völlig fertig war. Nichts machte mehr Spaß. Ich wollte einfach nur, dass jemand mich liebt, aber keiner schien sich für mich zu interessieren. Alles war so sinnlos und leer. Manchmal stellte ich mich unter die Dusche und weinte und weinte und weinte. Ich hielt es nicht mehr aus. Ich fühlte mich miserabel und dachte sogar daran, mir das Leben zu nehmen.

Mein Bruder Noah ist Christ. Und er sagte mir immer wieder: ›Du musst gerettet werden, Bruder. Du musst Jesus kennenlernen.‹ Er erzählte mir von einer christlichen Drogenreha, aber ich sträubte mich dagegen. Doch vor ungefähr einem Jahr war ich an einem Punkt angelangt, wo es nicht mehr weiterging. Ich hatte meine Wohnung verloren und lebte in einem schäbigen Motelzimmer. Ich wusste, der Einzige, der mir jetzt noch helfen konnte, war Gott. Und so rief ich meinen Bruder an und sagte ihm: ›Kannst du mich abholen und in diese Reha bringen?‹ Er fuhr mich hin. Die Reha ist etwa 70 Kilometer von Modesto entfernt, weit draußen in der Pampa, damit man nicht so leicht zurück in die Stadt fliehen kann, um sich neuen Stoff zu besorgen. Ich war einfach nur müde, unendlich müde, so als hätte mich ein Joch 1000 Jahre lang zu Boden gedrückt. Und dort draußen in der Wildnis, weit weg von all den Drogen, dem Sex, den Partys und meinen falschen Freunden, kniete ich nieder und übergab mein Leben Jesus. Ich hab dann eine Weile bei meinem Bruder gewohnt, und er half mir, wieder auf die Beine zu kommen.«

Er wandte sich Ricco zu und lächelte. »Das ist meine Geschichte.«

»Wow«, sagte Ricco angetan von Johnnys Lebensbericht. »Da hast du ja einiges durchgemacht.«

»Ich bin sicher, das hast du auch«, meinte Johnny und nahm einen Schluck von seinem Kaffee. »Jeder hat seine Bürde, nicht wahr? Ich bin nicht stolz auf die Person, die ich gewesen bin, und das bist du wahrscheinlich auch nicht. Aber weißt du was? Gott hat uns beide da rausgeholt. Das heißt, er hat wohl doch noch Verwendung für uns.«

»So wird es wohl sein«, gab ihm Ricco recht und dachte kurz nach. »Weißt du, als ich noch ein mächtiger Mann im Drogengeschäft war, haben mich ständig Leute angerufen, weil sie wollten, dass ich der Pate ihrer Kinder würde, damit sie in der Verwandtschaft und Nachbarschaft mit mir angeben konnten. Jetzt rufen sie mich an und bitten mich zum Sterbebett ihrer Verwandten, damit ich für sie bete.«

»Das ist super«, sagte Johnny. »Ich selbst habe begonnen, mich um die Kids in der Nachbarschaft zu kümmern und sie mit in die Gemeinde zu nehmen. Da sind so viele, die ohne Vater aufwachsen, und ich weiß genau, wie sie sich fühlen. Ich versuche ihnen das Vorbild zu sein, das ich als Teenager nie hatte. Es ist echt toll zu sehen, wie Gott mich da gebraucht, nicht trotz, sondern gerade *wegen* meiner Vergangenheit. Hätt ich ehrlich gesagt nie für möglich gehalten.«

Einen Moment lang saßen die beiden schweigend da, tranken ihren Kaffee und blickten über die Tausende von geparkten Autos vor der Kirche. Es war schon komisch. Da waren sie sich gerade erst begegnet, und schon redeten sie über ihre tiefsten Gedanken und Gefühle, als würden sie sich seit Jahren kennen. Da war etwas, was sie miteinander verband, obwohl das eigentlich gar keinen Sinn ergab, wenn man bedachte, aus was für gänzlich unterschiedlichen Leben sie kamen. Ricco konnte es sich jedenfalls nicht erklären, und Johnny offenbar auch nicht, denn plötzlich kicherte er.

»Was ist?«, fragte Ricco.

»Ist das nicht witzig? Wir zwei zusammen auf dieser Bank? Du, ein ehemaliger Drogenbaron von ganz oben in der Hierarchie, und ich, ein ehemaliger Drogenabhängiger von ganz unten in der Hackordnung? Also Gott hat echt Humor.« Er schüttelte amüsiert den Kopf. »Ich wette, ich war einer deiner besten Konsumenten. Besten Dank auch für all die Flashs.«

»Nicht der Rede wert.« Ricco schmunzelte verschmitzt. »Wenn wir schon dabei sind: Ich muss mich auch bei dir bedanken.«

»Dafür, dass ich so bescheuert war, deinen Stoff zu kaufen?«

»Nein, dafür, dass du so nett warst, mir meinen Swimmingpool zu finanzieren.«

Die beiden Mexikaner sahen sich an, und auf einmal mussten sie lachen. Ihr Zusammentreffen und die Vorstellung, dass sie im Grunde beide - wenn auch in einer ziemlich kranken Art und Weise - voneinander abhängig gewesen waren, war einfach zu schräg.

»Oh, der Swimmingpool. Keine Ursache«, winkte Johnny übertrieben großzügig ab. »Vielleicht darf ich ja mal ein paar Runden darin schwimmen, damit ich sehe, wie du mein Geld angelegt hast.«

»Da muss ich dich leider enttäuschen«, grinste Ricco spitzbübisch. »Ist nichts mehr übrig von deiner Investition. Aber eine Kaffeemaschine hab ich noch von damals. Du kannst gerne mal auf einen Kaffee vorbeikommen.«

Er klopfte Johnny auf die Schulter, und dann prusteten sie schon wieder los. Ricco musste so sehr lachen, dass ihm das Zwerchfell wehtat. Es war Ewigkeiten her, seitdem er so herzhaft gelacht hatte. Und es war unglaublich befreiend. Ja, Gott hatte echt Humor. Jahrelang hatte Ricco ihn unter Tränen angefleht, ihm seine Freude zurückzugeben, und Gott schickte ihm ausgerechnet einen ehemaligen Drogenabhängigen über den Weg, um dieses Gebet zu erhören. Und es kam noch besser: Ricco und Johnny verstanden sich so gut, dass sie von nun an jede freie Minute zusammen verbrachten. Egal, was sie unternahmen, sie lachten von morgens bis abends. Und mit jedem Lachen war es, als würde Riccos Trennungsschmerz kleiner, und seine Lebensgeister kehrten zu ihm zurück.

Die nächsten Jahre wurden für Ricco die schönsten seines Lebens. Er und Johnny waren unzertrennlich. Sie gingen zusammen in Bibelkurse, ins Fitnessstudio und zu Baseballspielen. Ricco war bei der Hochzeit von Johnnys Kindern und Johnny bei der Hochzeit von Riccos Kindern eingeladen. Einmal flogen sie sogar gemeinsam nach Las Vegas, allerdings nicht mit 100 000 Dollar im Handgepäck, dafür aber mit einer ordentlichen Portion Humor und Lebensfreude im Herzen. Ricco und Johnny wurden beste Freunde, und das sind sie bis heute geblieben.

Heute ist Ricco 66 Jahre alt und sehr glücklich. 28 Jahre lang hat er als Briefträger gearbeitet und lebt nun als Rentner zurückgezogen in einem kleinen Haus in Modesto. Er ist noch genauso kräftig und aktiv wie damals und zusammen mit Johnny trainiert er jeden

Morgen vor dem Frühstück eine Stunde im Fitnesscenter, um nicht einzurosten. Während der Baseballsaison, vom Frühjahr bis zum Sommer, ist Ricco nur selten zu Hause anzutreffen. Dann besucht er seine neun erwachsenen Töchter und Söhne in Los Angeles, Oklahoma, Boston und Modesto und geht zu jedem Highschool-Abschluss und Baseballspiel seiner zahlreichen Enkel. Dass keines seiner Kinder in die Drogenszene oder Kriminalität abgerutscht ist, empfindet Ricco als großes Wunder, genauso wie die Tatsache, dass er bei seinem Lebenswandel keinen Mord auf dem Gewissen hat.

Es gibt so vieles, wofür Ricco Gott dankbar ist, dafür dass er es lebend aus der DVI und dem Drogengeschäft geschafft hat, dafür, dass er für seine kriminelle Laufbahn nicht in den Knast musste und dafür, dass ihm Gott wundervolle Kinder, Enkelkinder und Freunde wie Johnny geschenkt hat. Ja, Ricco ist ein wahrer Glückspilz, und er genießt seinen Ruhestand in vollen Zügen.

Und wenn ihn jemand fragte, ob es etwas gäbe, was er an seinem jetzigen Leben ändern möchte, so wäre seine Antwort eindeutig:

»Nichts. Absolut nichts.«

Informationen zur Autorin

Mehr Infos und Fotos zu Riccos Leben sowie zu allen weiteren Büchern von Damaris Kofmehl auf: www.damariskofmehl.org

New Chance International (gegründet von Damaris Kofmehl und ihrem Mann Demetri Betts): Hilfswerk, um die junge Generation in der Schweiz, in Deutschland, Brasilien und weltweit mit dem Evangelium zu erreichen.
www.newchanceinternational.com